ANDREAS KRAUS

GRUNDZÜGE
DER GESCHICHTE BAYERNS

GRUNDZÜGE

BAND 54

ANDREAS KRAUS

GRUNDZÜGE
DER GESCHICHTE BAYERNS

1984

WISSENSCHAFTLICHE BUCHGESELLSCHAFT
DARMSTADT

CIP-Kurztitelaufnahme der Deutschen Bibliothek

Kraus, Andreas:
Grundzüge der Geschichte Bayerns / Andreas
Kraus. – Darmstadt: Wissenschaftliche
Buchgesellschaft, 1984.
　(Grundzüge; Bd. 54)
　ISBN 3-534-08081-5
NE: GT

12345

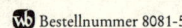 Bestellnummer 8081-5

© 1984 by Wissenschaftliche Buchgesellschaft, Darmstadt
Satz: Maschinensetzerei Janß, Pfungstadt
Druck und Einband: Wissenschaftliche Buchgesellschaft, Darmstadt
Printed in Germany
Schrift: Linotype Garamond, 9/11

ISSN 0533-344X
ISBN 3-534-08081-5

INHALT

VORWORT

Die Geschichte Bayerns in den Grundzügen ihrer Entwicklung darzustellen, wurde schon oft versucht; immer wieder wird dieser Versuch angesichts der Fülle des Geschehens, das vorausgesetzt werden muß, auf kaum mehr erträgliche Verallgemeinerungen, oft auf bloße subjektive Deutung hinauslaufen, der Leser möge das dem Autor nachsehen.

Der beigegebene Literaturüberblick stellt eine Auswahl dar, die nicht dazu gedacht ist, in das wissenschaftliche Studium der bayerischen Geschichte einzuführen – das vermag nur das Handbuch der bayerischen Geschichte von Max Spindler –, sondern es nennt Werke und Studien, die besonderes Gewicht haben oder die Gegenpositionen zu denen des Verfassers einnehmen.

Zu danken habe ich der Wissenschaftlichen Buchgesellschaft für Jahre der Geduld, den Mitarbeitern am Institut für Bayerische Geschichte und an der Kommission für bayerische Landesgeschichte für vielfältige Hilfe. Möge das Büchlein die vielen Erwartungen, die an mich herangetragen wurden, nicht enttäuschen!

München, 15. Juni 1982

DIE BAYERISCHE FRÜHZEIT

Im Raum zwischen Donau, Lech, Alpennordseite und Enns ist um die Wende vom 5. zum 6. Jahrhundert archäologisch, durch die Anlage der Friedhöfe als Reihengräberfelder und durch die Art der Grabbeigaben, ein neues, und zwar germanisches Bevölkerungselement nachzuweisen, das im Verlauf des frühen 6. Jahrhunderts immer stärker in Erscheinung tritt, bis um die Jahrhundertmitte auch erstmals ein Name für den neu gebildeten oder doch erst jetzt historisch zu fassenden Stamm in den Quellen erscheint, in der Gotengeschichte des Jordanes und im Reisegedicht des Venantius Fortunatus, der Name der Bayern: 'Bajuvarii'. Name und ältere Grabfunde weisen gleichermaßen auf eine Herkunft des Stammes oder doch seines Traditionskernes aus Böhmen hin, wo die germanischen Funde gerade um jene Zeit abbrechen, zu der sie erstmals südlich der Donau erscheinen.

Es ist möglich, und die ältesten Funde legen diese Annahme auch nahe, daß es bereits unter dem Ostgotenkönig Theoderich zu einer friedlichen Landnahme der Bayern in Noricum und dem Ostteil Rätiens kam, es ist auch anzunehmen, daß dem ersten großen Wanderzug der Germanen aus Böhmen, wie übrigens auch bei Alemannen und Sachsen, ein zweiter folgte, jetzt vielleicht bereits unter der Oberherrschaft der Franken. Jedenfalls ist für die Regierungszeit des Merowingerkönigs Theudebert (534–548) die fränkische Herrschaft „bis an die Grenzen Pannoniens" bezeugt. Vermutlich hat der Ostgotenkönig Witigis, der in seinem Verzweiflungskampf gegen Byzanz den Rücken frei haben mußte, 538 nicht nur die Alemannen, sondern auch die ostwärts von ihnen siedelnden Bajuwaren dem fränkischen Machtanspruch preisgegeben. Es ist auch höchst wahrscheinlich, daß der erste namentlich bekannte Bayernherzog, der zu 555 erwähnte Garibald, fränkischer Herkunft war, vermutlich ein Angehöriger der Trustis des Merowingerkönigs Chlothar. Er entstammte dem Geschlecht der Agilolfinger, in welchem, der Lex Bajuvariorum zufolge, die Herzogswürde erblich war, solange es den Königen der Franken treu sein würde. Die Stellung eines Herzogs bei den Germanen östlich des Rheins läßt sich nicht, wie man bisweilen versucht hat, nach Analogie der spätantiken Ämterordnung erklären, die für die staatliche Entwicklung im Merowingerreich in der Tat grundlegend geworden ist. Man muß auch die germanische Auffassung vom Heerkönigtum in Rechnung stellen; der Herzog der Bayern war, wie jener der Alemannen, zwar dem Frankenkönig für seine Politik Rechenschaft schuldig und konnte notfalls – wenn die Machtverhältnisse es erlaubten – abgesetzt werden, doch bereits die Bindung der Herzogswürde an die Abkunft von einem Geschlecht, das durch Alter und Würde geheiligt war, rückte den Herzog in die Nähe der germanischen Könige, und als Heerkönig tritt der Herzog im Gesetzbuch der Bayern auch in erster Linie in Erscheinung, mit absoluter Befehlsgewalt und richterlicher Hoheit auf dem Heerzug, zu dem er alle Freien des Landes aufbieten konnte, mit all jenen Einschränkungen in friedlichen Zeiten, die wir auch bei den Principes in der ›Germania‹ des Tacitus kennen. Der Herzog war ferner Herr über alles ungenutzte Land, reicher Grundbesitz auch – möglicherweise – aus der Zeit der Landnahme befähigte ihn, Vasallen an sich zu binden. Auf seinen Gütern saßen auch 'exercitales', die zu unbeschränkten Kriegsdiensten verpflichtet waren, den Unterhalt seines Hofes gewährleisteten die Dienste und Abgaben zahlreicher 'coloni' oder 'fiscalini', die auf Höfen saßen, 'mansus', über die der Herzog das Obereigentum hatte.

Begrenzt wird die Macht des Herzogs vor allem durch das Herrschaftsrecht des Adels, seit der Mitte des 8. Jahrhunderts auch durch den wachsenden Einfluß der Kirche. Adel wird, im Gegensatz zu den fränkischen Volksrechten, in der Lex Bajuvariorum ausdrücklich genannt, und zwar beruht er, wie der Ausdruck 'genealogiae' für die fünf Geschlechter der Huosi, Fagana, Trozza, Hachilinga und Aniona besagt, auf adeliger Herkunft, nicht nur auf außerordentlichem Reichtum an Grund und Boden, den wir im 8. Jahrhundert in zahlreichen großartigen Stiftungen und Klostergründungen fassen können, und politischer Macht durch die Betrauung mit öffentlichen

Ämtern, als Richter und Grafen. Der Graf hatte die Aufgabe, die Freien und die herzoglichen Vasallen seines Bezirks im Feld anzuführen und über Vergehen auf dem Heerzug zu richten, im Frieden hatte er für die Einhaltung der Pflicht zum Besuch des Dings, der Gerichtssitzung, zu sorgen, auf welcher der Richter unter dem Schutz des Grafen zu Gericht saß.

Das Recht zu finden war Aufgabe des Umstands, der zum Gerichtsbezirk gehörenden Freien. Zu ihnen, die im Gesetz 'liberi' heißen, zählen rechtlich auch die Angehörigen der fünf Genealogiae, die sich nur durch das Wergeld von den übrigen Vollfreien unterscheiden; auch die besonders im frühen 9. Jahrhundert so zahlreich auftretenden 'nobiles' werden in der Lex nicht besonders bedacht, sie werden sogar im Bußenkatalog – anders als in dem älteren Gesetz der Alemannen, wo es eine deutlich abgehobene Schicht von Personen gibt, die zwischen dem hohen Adel, den 'Primi Alemani', und den Freien stehen – nicht einmal erwähnt. Ihre große Zahl macht es wenig wahrscheinlich, daß mit 'nobilis vir' stets ein Mitglied einer der Genealogiae gemeint ist; es scheint also, daß sich, durch Reichtum an Grundbesitz und den dadurch bedingten herausgehobenen Waffendienst als Panzerreiter, aber auch durch die Betrauung mit den Ämtern eines Grafen, Judex oder herzoglichen bzw. königlichen Actors wie generell durch Vasallität eine neue Schicht von Adeligen gebildet hat, die vielleicht auch auf einer älteren, in der Lex aber nicht faßbaren, bevorzugten Stellung einer mittleren Schicht aufbaut.

Bedingt durch seinen Charakter als Rechtsbehelf, der vorwiegend Straftaten katalogisiert, aber keine ständische und soziale Ordnung dokumentieren will, führt die Lex Bajuvariorum bei der Einordnung der 'liberi' zu keiner vollen Klarheit. Sicher ist jedenfalls, daß mit dieser Bezeichnung alle Personen gemeint sind, die nicht 'servi', Unfreie, waren, also sowohl Adelige wie freie Bauern, herzogliche Vasallen wie zu Diensten und Abgaben verpflichtete Barschalken. Daß alle 'liberi' sog. 'Herzogsfreie' waren, Personen, deren Freiheit dadurch bedingt ist, daß sie in persönlicher Abhängigkeit vom Herzog stehen und dank ihrer Ansiedlung auf Herzogsland Dienste und Abgaben, vor allem Kriegsdienste und Kurierdienste zu leisten haben, ist eine neuere Konstruktion; es gibt allerdings eine als 'exercitales' bezeichnete Gruppe, bei der man eine solche Abhängigkeit vom Herzog nachweisen kann. Allerdings ist keine Rede davon, daß ihre Freiheit durch diese Abhängigkeit bedingt war.

Die Freiheit der 'liberi', die die Masse der Bevölkerung darstellten, konnte also auch eingeschränkt sein. Das war sicherlich der Fall bei den Barschalken, die, wie schon der Name sagt, freie Knechte waren, 'liberi tributales', wie es bisweilen auch heißt, 'coloni', wie auch zu lesen ist. Bei ihnen handelte es sich, da sie vor allem im Salzburger Raum vorkommen, und zwar im 8. Jahrhundert fast nur als Leute des Herzogs, höchstwahrscheinlich um Nachkommen von Bauern auf römischem Staatsland, die mit ihren Gütern in Abhängigkeit vom Herzog gekommen waren, aber persönlich frei, das heißt keine Sklaven, waren. Auch solche sind in großer Zahl in den Quellen erwähnt, 'servi' oder 'mancipia', Unfreie, die als Knechte und Mägde der Bauern wie der Grundherren begegnen. Eine besondere Schicht unter ihnen, die Adalschalken, Unfreie im Herzogsdienst, genossen besondere Vorrechte, sie konnten sogar Güter und Leibeigene verschenken. Die Nachrichten über die Freien, die in irgendeiner Abhängigkeit lebten, wie über die Unfreien, zahlreiche Angaben über Schenkungen von Villae, ganzen Gutskomplexen mit abhängigen Gütern führen zu dem Schluß, daß es spätestens im 8. Jahrhundert bereits jene Wirtschafts- und Herrschaftsform gegeben hat, die man später 'Grundherrschaft' nannte; die Tatsache, daß diese Schenkungen hauptsächlich bei den Herzögen begegnen, in besonderer Häufigkeit im Salzburger Raum, könnte zu dem Schluß führen, daß, wie bei Franken und Langobarden, diese frühe Grundherrschaft auch bei den Bayern Erbe der Römerzeit ist.

Jedenfalls ist es keine Frage, daß dieses Erbe in vieler Hinsicht sehr dicht war, wie vor allem den meist vorgermanischen Flußnamen und manchen kelto-romanischen Ortsnamen zu entnehmen ist, auch vielen Benennungen aus dem Bereich der materiellen Kultur, dem Bauhandwerk, der Land- und Almwirtschaft, dem Weinbau. Die Träger dieser Kultur waren in ihrem Kern sicher Kelten, die seit 15 v. Chr. intensiv romanisiert worden waren. Seit dem 5. Jahrhundert v. Chr. lebten diese Kelten auf der schwäbisch-bayerischen

Hochebene und in den Alpentälern, gegliedert in zahlreiche Stämme, unter denen die Vindeliker und die Noriker die bekanntesten sind. Im Jahre 15 v. Chr. wurde Rätien von den Römern unterworfen und romanisiert, das Königreich Noricum, das schon seit dem Zug der Cimbern und Teutonen mit den Römern verbündet war, verlor ebenfalls seine Selbständigkeit. Das ganze Land nördlich der Alpen hatte seit dem ersten Auftreten der Alemannen 233 immer wieder unter den Germaneneinfällen zu leiden; schließlich gab 488 Odoakar, seit 476 als Magister militum Herr des Weströmischen Reiches, den Befehl zur Räumung des Landes nördlich der Alpen. Zur Gänze zogen die Romanen sicherlich nicht ab, gibt es doch selbst im bayerischen Flachland, weniger in Ufer-Noricum, an der Donau von Passau bis Wien, noch eine ganze Reihe von römischen Ortsnamen, vor allem um Salzburg und in Tirol sind sie sehr häufig, romanische Personennamen finden wir noch im späten 8. und frühen 9. Jahrhundert. Besonders eindrucksvoll ist die Kontinuität zwischen Antike und Mittelalter im religiösen Bereich. In Lorch, dem antiken Lauriacum, dauerte die Verehrung des heiligen Florian über die Zeiten hin, auch die heiligen Bischöfe Valentin und Maximilian wurden nicht vergessen, in Regensburg wurde ein spätantiker Friedhof weiterhin belegt, auch in Salzburg überdauerte das Christentum die Zäsur von 500 in eindrucksvoller Präsenz. In Binnen-Noricum vollends, im Alpenraum östlich der Salzach und südlich des Tauernkammes, lebte bis etwa 600 das antike Kirchenwesen in ungestörter Kontinuität fort.

Von einer bayerischen Kirche wird man aber vor dem ausgehenden 7. Jahrhundert nicht reden dürfen, auch wenn die Agilolfinger schon zu Ausgang des 6. Jahrhunderts Christen gewesen sein dürften, da Theodolinde, die Tochter Herzog Garibalds und Gemahlin des Langobardenkönigs Authari, in Zusammenarbeit mit Papst Gregor dem Großen die arianischen Langobarden der katholischen Kirche zuführte. Auch die Missionstätigkeit der Iroschotten um 600 hinterließ wenig Spuren, mag man auch nicht ohne Berechtigung die Gründung des Klosters Weltenburg auf sie zurückführen. Die Grundlagen für eine dauerhafte Organisation, damit die Gewähr für kontinuierliche Entwicklung, ist erst fränkischen Missionaren um und nach 700 zu danken. Sie waren Missionare, keine Politiker – alle Spekulationen über diesen Punkt sollte man besser unterlassen – und arbeiteten eng mit jenem Herzog Theodo zusammen, der fränkische Bevormundung am wenigsten hingenommen hätte. Der heilige Emmeram in Regensburg, der heilige Rupert in Salzburg, als letzter der heilige Korbinian in Freising arbeiteten von einem festen Zentrum aus, das Netz von Kirchen jedoch, das wohl bereits sie anlegten, war noch nicht straff zusammengefaßt, das Land selbst noch nicht als Einheit auch im kirchlichen Bereich anzusehen. Herzog Theodo versuchte das 715 vergebens zu erreichen; trotz der grundsätzlichen Zustimmung des Papstes Gregor II. kam es, da Theodo bereits 717 starb, nicht mehr zur Errichtung einer hierarchischen Ordnung in Bayern. Das gelang erst, unter veränderten Umständen, 739 dem heiligen Bonifatius; er gründete als päpstlicher Legat für Bayern die Bistümer Regensburg, Salzburg, Freising und Passau und gab ihnen Bischöfe, 740 legte er auch, im Zusammenwirken mit Herzog Odilo und dem Angelsachsen Willibald, den Grund zum späteren Bistum Eichstätt, das aus Teilen Augsburgs und Regensburgs zusammengefügt wurde und zweifellos, nach der bayerischen Niederlage von 743, unter fränkischem Einfluß entstand.

Der westliche Teil des Herzogtums gehörte wahrscheinlich bereits damals zum Bistum Augsburg, das 740, allerdings nicht von Bayern aus, ebenfalls seine Grenzen zugewiesen erhielt. Wahrscheinlich um 760 wurden die bayerischen Teile dieses Bistums jedoch zu einen eigenen Bistum Neuburg/Staffelsee zusammengefaßt, Karl der Große gliederte es 807 wieder dem Bistum Augsburg an. Die Tatsache, daß Bayern keinen Erzbischof erhielt und keine eigene Kirchenprovinz wurde, obwohl Herzog Odilo zweifellos schon damals in Spannung zu dem fränkischen Hausmeier Karl Martell stand, scheint dafür zu sprechen, daß Bonifatius sich durch diese Gründungen nicht in Widerspruch zur fränkischen Politik stellen wollte. Erst 798, als keine Gefahr mehr bestand, daß Bayern durch eine kirchliche Sonderstellung auch seine politische Unabhängigkeit unterstreichen wollte, ließ Karl der Große die Erhebung Salzburgs zur Metropole zu; nicht unterstellt waren ihr Eichstätt und Augsburg.

In die Aufgabe, das Christentum im Land zu verwurzeln, teilten sich mit dem Regularklerus die zahlreichen noch im 8. Jahrhundert in Bayern entstehenden Klöster. Die Domklöster zu Regensburg, Salzburg und Freising wurden bereits von den fränkischen Missionsbischöfen gegründet, Weltenburg geht vielleicht sogar in die Zeit der Iroschotten zurück. Mit Herzog Odilo dann setzte die große Gründungswelle ein, die, von seinem Sohn Tassilo verstärkt aufgenommen, so bedeutende Klöster entstehen ließ wie Niederalteich, Wessobrunn, Kremsmünster, Innichen und Mondsee. Von den großen Adelsfamilien gegründet wurden Benediktbeuern, Schäftlarn, Scharnitz, das bald nach Schlehdorf transferiert wurde, und das reiche Tegernsee. Eine Reihe kleinerer Klöster, die zum Teil nicht lange Bestand hatten, traten noch zur Agilolfingerzeit hinzu. Wie wichtig die Klöster und ihre Schulen insgesamt, neben ihrer Seelsorgsaufgabe, auch für die Grundlegung einer höheren geistigen Kultur in Bayern waren, zeigen die noch erhaltenen Zeugnisse der hier blühenden Schreibschulen und die ersten gewaltigen Schöpfungen althochdeutscher Dichtung in Bayern, das Wessobrunner Gebet oder das Muspilli, das Gedicht vom Weltgericht, das wahrscheinlich in Regensburg entstand.

Noch zur Zeit der Agilolfingerherzöge erhielt Bayern auch seinen ersten großen Geschichtsschreiber, Bischof Arbeo von Freising; er verfaßte die Lebensbeschreibung seines Vorgängers Korbinian und des heiligen Emmeram von Regensburg, ein Werk, das voll ist auch von Nachrichten zur Geschichte des Stammes und seiner Fürsten, aber doch kein Geschichtswerk, das die Schicksale des Stammes selbst zum Inhalt hätte. So erfahren wir davon zur Hauptsache nur aus den Annalen, die im Frankenreich entstanden sind, und weniges durch den Langobarden Paulus Diaconus. Die spärlichen Nachrichten sind für das 6. und 7. Jahrhundert so dunkel, daß im Grunde nicht mehr an sicheren Erkenntnissen zu gewinnen ist als solche, welche die Grundgegebenheiten erhellen. Sie sind bestimmt von der allgemeinen politischen Lage, die gekennzeichnet ist durch die Übermacht der Franken, die an ihrer Oberhoheit über Alemannen und Bayern festhalten und sie immer wieder nachdrücklich in Erinnerung bringen, dann durch das mit den Franken konkurrierende

Reich der Langobarden südlich der Alpen und durch die im Osten herandrängenden Slawen, die zunächst im Alpenraum Fuß fassen und noch vor 600 die letzten Reste antiken Lebens im Drautal vernichten, bis sie dann ihrerseits durch die Awaren angegriffen werden und der bayerischen Hilfe bedürfen.

Bayerische Siedlung aber, charakterisiert vor allem durch Orte, deren Namen mit dem Suffix '-ing' und einem Personennamen gebildet werden, etwa 'Sendling' – der Name 'Sendling' bedeutet dann 'bei den Leuten des Sentilo' –, dringt im Osten bis 700 nicht weiter vor als bis zur Enns, die Alpentäler werden erst sehr viel später erfaßt. Auch nach Süden muß, nach dem Zeugnis des Venantius Fortunatus, für die Zeit um 565 als Siedlungsgrenze der Alpenrand angenommen werden, erst um 600 erreichte die bayerische Herrschaft den Brenner, 680 das Bozener Becken; bajuwarische Siedlung ist bestenfalls in den Haupttälern anzunehmen, doch sind auch hier die Ortsnamen weithin von romanischen Vorformen bestimmt. Es gibt Anzeichen dafür, daß sich die deutsche Sprache südlich des Brenner erst im 15. Jahrhundert ganz durchgesetzt hat. Auch der Nordgau, das Gebiet nördlich der Donau, zwischen der Regnitz-Pegnitz-Furche und dem Bayerischen Wald und Böhmerwald bis hin zum Fichtelgebirge, wird erst seit dem 8. Jahrhundert kontinuierlich besiedelt; die Masse der Ortsnamen gehört in das 10., ein großer Teil in das 11. und 12. Jahrhundert, nur der Westen, vom Altmühltal bis hinauf nach Altdorf und Hersbruck, weist Reihengräber aus dem 7. Jahrhundert auf. Eindeutig sind, wie trotz einiger abweichender Theorien festgestellt werden muß, die Aussagen der Quellen über den Lech als Westgrenze des Herzogtums; daß am östlichen Lechrain ein breiter Streifen alemannisch besiedelt ist, ändert an den politischen Gegebenheiten nichts.

Hier im Westen ist von Kämpfen nichts bekannt, die Grenzregelung zum Herzogtum Alemannien erfolgte also wohl in friedlicher Vereinbarung, im Süden dagegen kam die bayerische Expansion erst nach Zusammenstößen mit den Langobarden zum Stehen; seit etwa 700 wird das Verhältnis zu ihnen allerdings bestimmt von der gemeinsamen Gegnerschaft zu den Franken. Nicht zuletzt das Bündnis mit dem Langobardenreich, ungeachtet der dort seit dem Ausgang des 7. Jahrhunderts nicht abreißenden Thronkämpfe, in die auch die Agilolfinger eingreifen, führte zur Zeit Herzog Theodos zu einer ersten Phase bayerischer Selbständigkeit, die sich unter anderem in der eigenmächtigen Teilung der Herrschaft durch Theodo unter seine Söhne äußerte. Die nach seinem Tode ausbrechenden Kämpfe unter den Erben führten jedoch 725/28 zum Eingreifen Karl Martells und zur Wiederherstellung der fränkischen Oberhoheit, gegen die sich Herzog Odilo 743, zusammen mit den alemannischen Herzögen, vergebens aufbäumte. Er wurde am Lech von Pippin geschlagen, der Nordgau wurde von Bayern abgetrennt, und als Odilo 748 starb, wuchs sein Sohn Tassilo, der aus seiner Ehe mit Hiltrud, der Schwester Pippins, stammte, unter der Vormundschaft Pippins auf. Ein feierlicher Treueid, abgelegt 757 zu Compiègne, band in Zukunft den Bayernherzog unverbrüchlich an den Frankenkönig. Der fränkische Einfluß im Herzogtum wuchs auch in Adel und Kirche unverkennbar.

Der Bruch Tassilos mit Pippin 763 verhinderte, daß Bayern schon jetzt fränkische Provinz wurde. Die königsgleiche Stellung, in der Tassilo jetzt etwa zwei Jahrzehnte erscheint, im Gebrauch der Titulatur 'vir inluster', wie die Merowinger, in der Datierung seiner Urkunden nach seinen Herrscherjahren, auch in der völlig selbständigen Außenpolitik – er unterwirft 772 die Alpenslawen und verbündet sich erneut mit den Langobarden – kann jedoch die wirklichen Machtverhältnisse nicht verdecken. Nachdem Karl der Große das Langobardenreich erobert und sich, als 'patricius Romanorum', zum weltlichen Herrn auch des Kirchenstaates gemacht hat, nach seinen Erfolgen über die Sachsen war Bayern isoliert; schon 781 hatte Tassilo zu Worms seinen Teueid erneuert, 787 zwang ihn Karl der Große erneut zur Kapitulation, 788 setzte er ihn zu Ingelheim ab und verbannte ihn und seine Familie ins Kloster, Bayern übergab er seinem Verwandten Graf Gerold als Statthalter.

Das Land blieb also als Einheit erhalten, auch wenn es jetzt Provinz geworden war; mit der Herrschaft Karls des Großen versöhnte seine Sorge für die bayerische Ostgrenze – er zerstörte in mehreren Feldzügen das Reich der Awaren, mit denen die Bayern nicht fertig geworden waren – und wohl auch sein Ansehen bei der Kirche, nicht zuletzt sein Rang als Römischer Kaiser. Auch unter seinen Nachkommen blieb Bayern als politischer Körper unversehrt, bald verlor es auch wieder seine Stellung als Provinz und wurde als Ausstattung karolingischer Prinzen Königreich. Unter Ludwig dem Deutschen, der 830 als 'Rex Bajuvariorum' urkundete, der aber seit 840 König des gesamten Ostfrankenreiches war, blieb Bayern Königsland, als jener Teil des Gesamtreiches, auf das sich der König vor allem stützte und für das er auch, durch eine ausgreifende Ostpolitik, am meisten sorgte. Schon unter Karl dem Großen war Böhmen in Abhängigkeit geraten, die Zerstörung des Awarenreiches öffnete das Land bis weit nach Pannonien hinein dem herrschaftlichen Zugriff der Franken, reiche Schenkungen an Kirche und Adel förderten die jetzt einsetzenden Versuche zur kolonisatorischen Erschließung des Landes, die Anlage von Marken, die Karl der Große bereits einleitete, sicherte die Grenzen, die bis Unterpannonien hinein vorgelagerten slawischen Herzogtümer wurden der fränkischen Hoheit unterworfen und zahlten Tribut.

Dieses System war bedroht, als es seit der Jahrhundertmitte mährischen Fürsten wie Rastizlaw oder dann seinem Neffen Swatopluk gelang, ihre Macht über Böhmen und Pannonien auszudehnen und ein slawisches Großreich zu begründen, das schließlich auch, nachdem der Slawenapostel Methodius am bayerischen Widerstand gescheitert war, die kirchliche Selbständigkeit gewinnen konnte. In immer wieder erneuerten verlustreichen Kämpfen gelang es Ludwig dem Deutschen wenigstens, dieses slawische Großreich in Grenzen zu halten und die Einbeziehung auch der Alpenslawen zu verhindern.

865 übergab Ludwig seinem ältesten Sohn Karlmann Bayern als Teilregnum, erneut also wurde dem Land seine Bedeutung eindringlich bewußt, wie sich denn auch Karlmann 'Rex Bawariorum' nannte, wie einst sein Vater. Verstärkt wurde diese Beziehung, als 876 Ludwig der Deutsche starb und Karlmann damit selbständig war, Bayern gewissermaßen unabhängig. Rückläufig wurde dieser Prozeß, als Karlmann nach einem vergeblichen Versuch, in Italien Fuß zu fassen und anstelle seines westfränkischen Onkels Karl des Kahlen die Kaiserkrone zu erlangen, bereits wenige Jahre später starb

und sein Bruder Karl der Dicke wieder das gesamte Ostfrankenreich, schließlich sogar das alte Karolingerreich beherrschte. Arnulf, der Sohn Karlmanns aus einer nicht kirchlich legitimierten Verbindung, war beschränkt auf die Herrschaft in Kärnten, im engeren Bayern amtierte als Statthalter Graf Engildeo, der allein noch die Einheit des Landes repräsentierte.

Die Erhebung Arnulfs von Kärnten zum König der 'Francia orientalis', nicht zuletzt durch die Hilfe des bayerischen Adels, gab Bayern noch einmal jene Stellung zurück, die es in den letzten Jahren eingebüßt hatte; es wurde Königsland, hier besaß Arnulf seinen wichtigsten Rückhalt, in Regensburg, dem Vorort Bayerns, weilte er am häufigsten, in St. Emmeram ist er begraben. Er führte auch die Politik Ludwigs des Deutschen gegenüber Böhmen und Mähren fort, insgesamt nicht ohne Erfolg, wenngleich erst der Tod Swatopluks 894 zum Zerfall des Mährenreichs und zur neuerlichen Unterwerfung Böhmens führte. Arnulf hinterließ seinem unmündigen Sohn Ludwig freilich kein Reich, das von einem Kind regiert werden konnte. Die Schwäche des Königs ermutigte die zentrifugalen Kräfte, die Vielfalt der Interessen, die sich zur Zeit der Regentschaft geltend machten, lähmte jede einheitliche Politik. Allerorten traten die regionalen Machthaber mit eigenen Ansprüchen hervor, das Ergebnis war der Zerfall des karolingischen Reiches in einzelne Herrschaftskörper, so wie sie das Jahrhundert karolingischer Herrschaft hindurch ihre Zusammengehörigkeit behauptet hatten. 911 starb Ludwig das Kind, der letzte Karolinger im Ostfrankenreich. Sein Tod besiegelte nur noch das Ende einer Epoche.

STAMM UND REICH:
DER NEUBAU DES 10. JAHRHUNDERTS

Das Westfrankenreich und Italien waren bereits nach dem Tode Karls des Kahlen in einzelne Königreiche zerfallen; im Ostfrankenreich hatte Arnulf den Auflösungsprozeß noch einmal aufgehalten, unter seinem Sohn waren die Tendenzen zur Verselbständigung der Teile unübersehbar, die Bischöfe Salomon von Konstanz und Hatto von Mainz, die anstelle des unmündigen Königs das Reich regierten, waren nicht imstande, ihm zu begegnen. Notwendigkeiten regionaler Selbsthilfe angesichts des Drucks auswärtiger Feinde, der Normannen und der Ungarn, aber auch alte Bestrebungen des Stammesadels führten zur Wiederbelebung von Einrichtungen, die scheinbar durch ein ganzes Jahrhundert der Karolingerherrschaft verschüttet waren, die aber in Wirklichkeit gerade durch eines der leitenden Prinzipien dieser Herrschaft immer wieder ins Gedächtnis gerufen worden waren. Das karolingische Teilungsprinzip hatte in der Regel die alten Grundlagen benützt, um auf ihnen die Teilregna zu begründen, und selbst wenn, wie unter Ludwig dem Deutschen und Arnulf, die Teile wieder zum Ganzen zusammengefügt worden waren, hatten königliche Statthalter die alten Einheiten regiert, in Bayern die Markgrafen Ernst, Engildeo, schließlich Luitpold. Sein Sohn Arnulf nennt sich wieder, wie einst die Agilolfinger genannt worden waren: 'divina ordinante providentia dux Baioariorum'. Wenn man die Tatsache der Entstehung eines 'jüngeren Stammesherzogtums' für Bayern leugnen will, verkennt man die Wirklichkeit des frühen 10. Jahrhunderts, der Stamm gab sich einen Herzog, und er stand bis zum blutigen Tag von Mühldorf 955 geschlossen hinter dessen Geschlecht. Daß alte Reminiszenzen dabei wirksam waren, wird man ebensowenig leugnen wollen, wenn man weiß, daß die Lex Bajuvariorum bis ins 12. Jahrhundert herein in Geltung war und immer wieder abgeschrieben wurde.

Das bedeutet nicht, daß der neue Herzog, der sich wohl schon 908 so nannte – ein Jahr nach der vernichtenden Niederlage des bayerischen Heerbanns unter seinem Vater Luitpold zu Preßburg gegen die Ungarn –, dieselbe Machtfülle besessen hätte wie einst Tassilo. Die Grafen hatten inzwischen ungemein an Bedeutung gewonnen, im Verlauf der Wirren des 9. Jahrhunderts war das Amt zum Lehen geworden und mit dem Besitz an Lehen und Eigengütern zur Einheit verschmolzen, während umgekehrt das Königsgut vielfach jeder Kontrolle entglitten war und große Teile verloren gegeben werden mußten. Es scheint allerdings, als habe Arnulf das Königsgut nicht angetastet; daß er deshalb für den Aufbau einer ihm persönlich verfügbaren Vasallität den reichen Besitz der Kirche usurpiert habe, wie der gegen Arnulf voreingenommene Biograph des Bischofs Ulrich von Augsburg behauptet, wird durch keine andere zeitgenössische Quelle bestätigt. Ob Arnulf überhaupt vor 920 Königsrechte gegenüber der Kirche in Anspruch genommen hat, ist sehr fraglich; selbst auf der Synode von Hohenaltheim werden keine diesbezüglichen Vorwürfe gegen ihn erhoben. Er tritt in den ersten Jahren vielmehr in erster Linie als Anführer des bayerischen Heerbanns in Erscheinung, seine Legitimation begründen seine Siege über die Ungarn, die zeitgenössischen Annalen sind voll des Lobes.

Wie einst die karolingischen Königreiche, Bayern oder Alemannien, um 900 Francien, Hochburgund und Niederburgund, so konnten auch jetzt wieder die neuen Zusammenschlüsse der Stämme in Sachsen, am Rhein und Main, in Schwaben und Bayern sich selbst genug sein, als 911 der letzte ostfränkische Karolinger starb. Es gab keinen Erben; als Prinzip für die Bestellung eines Nachfolgers, wenn man ihn für nötig hielt, empfahl sich das Wahlprinzip, das bei der Begründung der neuen Königreiche im Westen und in Italien wie wahrscheinlich auch bei Bayern und Sachsen, sicher 915 dann bei den Schwaben angewendet wurde. Aus den Stämmen kamen auch die Wähler, und sie wurden ausdrücklich als ihre Vertreter in den Quellen genannt. So entstand also das neue Ostfränkische Reich, das mit der Wahl des Frankenherzogs Konrad zu Forchheim 911 begann, aus dem Auftrag der Stämme, ihr Zusammenschluß also steht am Beginn und macht das Wesen des neuen Reiches aus.

Es scheint nicht, daß Herzog Arnulf persönlich zu Forchheim zugegen war, er hat aber die neue Zentralgewalt nicht von vorneherein abgelehnt, wie auch Konrad zunächst ein gutes Verhältnis mit den Stammesgewalten anstrebte. Zu Spannungen, dann zu Kämpfen kam es erst 916, vermutlich wegen der überzogenen Ansprüche des Königs, der seine Legitimationsbasis verkannte und im Bündnis mit der Reichskirche zur karolingischen Reichsauffassung zurückzulenken versuchte. Ihm gelangen dabei nur Teilerfolge; Sachsen vermochte er nicht zu bezwingen, im Kampf um Bayern empfing er schließlich 918 die tödliche Wunde.

Damit hatten sich die Stämme behauptet, und es scheint auch, daß Schwaben und Bayern die Absicht hatten, die Konsequenzen zu ziehen. Sie nahmen jedenfalls an der Wahl Heinrichs von Sachsen zum neuen König des Ostfrankenreiches nicht teil; die Bayern erhoben sogar ihren Herzog zum König – sicher nicht zum König des Deutschen Reiches („in regno Teutonicorum"), wie eine erst im 12. Jahrhundert entstandene Abschrift der Salzburger Annalen des 10. Jahrhunderts besagt, sondern zum König im „regnum Bawarie", wie es einst Karlmann gewesen war. Im nun folgenden Thronkampf – der nicht von Arnulf ausging, wie es bei einem Anspruch allgemeiner Art natürlich gewesen wäre – unterlag der Herzog der Schwaben, Arnulf von Bayern schloß mit König Heinrich 921 zu Regensburg einen Vertrag, der Bayern zwar wieder ins Reich zurückführte, aber gleichzeitig dem Herzog Königsrechte garantierte, die der vollen Selbständigkeit sehr nahe kamen: selbständige Außenpolitik, königsgleiche Herrschaft über die bayerische Kirche. Wäre 933/34 sein Griff nach der langobardischen Königskrone für seinen Sohn Eberhard nicht gescheitert, hätte es wohl kaum die Möglichkeit gegeben, Bayern im entstehenden Deutschen Reich zu halten. Daß es zur Sicherung des Zusammenhalts der neuen Schöpfung für den König unerläßlich war, auch Italien und Burgund an das Reich anzuschließen – worauf Beumann hinweist –, hat schon Heinrich I. erkannt, Otto I., sein Sohn und Nachfolger, vollendete durch die Angliederung Italiens und den Erwerb der Kaiserkrone das Werk seines Vaters.

Voraussetzung wie Ergebnis war die fortlaufende Unterdrückung

der Selbständigkeitstendenzen der Stämme, das heißt des Stammesadels. 936 ließ sich Otto zu Aachen salben, was sein Vater noch abgelehnt hatte, und mit der Krone Karls des Großen krönen; die Herzöge der vier Hauptstämme leisteten ihm Dienste als Marschall,
Kämmerer, Truchseß und Mundschenk, sie waren damit nicht mehr
seinesgleichen, wie noch zur Zeit Heinrichs I. Zwei Jahre später bereits ging er einen Schritt weiter, er setzte Herzog Eberhard von
Bayern ab, den Sohn und Nachfolger Arnulfs, vermutlich, weil er
sich geweigert hatte, auf jene Machtfülle zu verzichten, die er geerbt
hatte. Auch der Frankenherzog Eberhard erlitt damals dieses
Schicksal; es ging also um einen allgemeinen Versuch, die Stammesgebiete wieder, wie unter Karl dem Großen, zu Provinzen zu degra-
dieren. Allerdings hatte inzwischen das Lehenswesen auch auf die
höchsten Staatsämter übergegriffen, Herzog Arnulf war, wie sich
aus den Bemerkungen bei Widukind von Corvey („amicus regis")
und Luitprand von Cremona („miles regis") schließen läßt, Vasall
des Königs geworden, nicht Beamter, nicht Amtsherzog. So war
auch Herzog Berthold, der Bruder Arnulfs und Nachfolger seines
Neffen Eberhard, zwar von Otto I. eingesetzt worden, auch verfügte er nicht mehr über die bayerische Kirchenhoheit oder das
Recht selbständiger Außenpolitik, aber er sprach in eigenem Namen
Recht und bot den Heerbann auf, wenn es erforderlich war, und daß
die bayerischen Grafen zu seinem Haus hielten, zeigte sich im großen Aufstand von 953 bis 955, der vom Königssohn Liudolf, Herzog
von Schwaben, und vom Schwiegersohn Ottos, Herzog Konrad von
Lothringen, ausging und nicht zuletzt gegen den seit 948 als Herzog
von Bayern amtierenden Bruder Ottos, Heinrich, gerichtet war,
aber binnen kurzer Zeit zum Aufstand der Stämme gegen die Herrschaft des Sachsenkönigs wurde.

Der Aufstand ist gescheitert, in blutiger Schlacht wurde der bayerische Adel 955 zu Mühldorf geschlagen, im gleichen Jahr, in dem
Otto I. durch seinen Ungarnsieg vor Augsburg sein Königsheil un-
widerleglich bekräftigte. Bayern wurde jetzt für dauernd dem Reich
eingegliedert.

Daß der Herzog des Landes jedoch der Bruder des Königs war,
hob seine Stellung doch weit über jene, die noch seinem Vorgänger

Berthold zugedacht war. Selbst der frühe Tod Heinrichs 955 konnte daran nichts ändern. Sein Sohn Heinrich, obgleich noch unmündig, erlangte ein gewisses Verfügungsrecht über das Reichsgut in Bayern, auch die Aufsicht über die bayerischen Grafen mit dem Recht, sie notfalls auch abzusetzen, scheint ihm zugesprochen worden zu sein, seine Stellung war eher jene eines Vizekönigs als die eines Amtsherzogs. Auch die Reichsklöster, wenigstens in Regensburg, wohl auch Niederalteich, standen deutlich unter der Herrschaft des Herzogs. Dieser Zustand blieb auch erhalten durch jene bewegte Epoche hindurch, die vom Tode Ottos I. bis zur Wahl Ottos III. 983 reichte, die wiederholt Herzog Heinrich mit dem Beinamen 'der Zänker' im Aufstand gegen seinen kaiserlichen Vetter sah. Daß der Aufstand, der zunächst keinen anderen Charakter hatte als den eines Streits um Rang und Erbe innerhalb der Familie, zuletzt auch Interessen des Landes berührte, mag man daraus schließen, daß 977 auch der neue Herzog Heinrich, der Sohn Herzog Bertholds, der letzte Luitpoldinger, sich gegen Otto II. erhob. 976 waren die Babenberger, ein mächtiges mainfränkisches Geschlecht, mit der Ostmark belehnt worden, die sich seit 955, seit dem Sieg über die Ungarn, in unablässiger Expansion bis über den Wiener Wald hinaus ausdehnte, in gleichzeitig wachsender Selbständigkeit gegenüber dem Mutterland.

Seit 983, unbestritten seit 985, seit dem Verzicht des Luitpoldingers Heinrich auf Bayern und seiner Wiedereinsetzung in Kärnten, war Heinrich II. wieder Herzog von Bayern, nach seinem Tod 995 sein Sohn Heinrich, der dann den Beinamen 'der Heilige' erhielt. Er war der letzte Nachkomme König Heinrichs I. in direkter Linie, als 1002 Otto III. gestorben war, und erhob Anspruch auf den deutschen Königsthron; nach langen Kämpfen setzte er sich durch. Bayern wurde damit wieder Königsland; die direkte Herrschaft des Königs, nur wenige Jahre unterbrochen durch Einsetzung eines Herzogs, der keinen Rückhalt im Land, damit keine eigene Macht und im Grunde auch kein brennendes Interesse an der Schaffung eines großen Wirkungskreises in Bayern besaß, bedeutete, daß die Kräfte des Landes mehr als bisher der Reichspolitik zu dienen hatten, sie bedeutete noch mehr, daß der Adel und die Kirche direkt vom König abhingen, ihr Zusammenhalt mit dem Land also gestört war, das Land selbst in Gefahr geriet, zu zerfallen. Die Übereignung der Masse des bayerischen Herzogsgutes, neben reichem Königsgut, durch Heinrich II. an das 1007 neu gegründete Bistum Bamberg mußte darüber hinaus jeden Herzog, der nicht mit seinem Besitz im Lande selbst wurzelte, zur Ohnmacht verurteilen, so daß es schließlich überhaupt nicht mehr darauf anzukommen schien, ob es überhaupt einen Herzog gab oder nicht. Das war tatsächlich der Fall gegen Ende der Regierungszeit Kaiser Konrads II. und unter Heinrich III.; jeweils ihre unmündigen Söhne, unter Heinrich III. zeitweilig sogar seine Gemahlin Agnes, hatten das Amt des Herzogs inne, damit gab es keine eigentliche Stammesführung mehr, und zwar nicht nur in Bayern oder in Franken, das seit 938 bereits Königsland war, sondern seit 1039 auch in Schwaben. Das Ergebnis war nicht nur eine Steigerung der königlichen Macht, die jetzt kaum mehr ebenbürtige Konkurrenten hatte, sondern auch eine außerordentliche Vermehrung bedrohlicher regionaler Erscheinungen, insgesamt eine wachsende Machtfülle des hohen Adels. 1003 hatte Heinrich II. einen Aufstand des Markgrafen Heinrich von Schweinfurt, der den Raum am oberen Main und den bayerischen Nordgau beherrschte, niederzuwerfen, Konrad II. sah sich Schwierigkeiten in Kärnten gegenüber, Heinrich III. griff ein, als 1045 das gewaltige Erbe der Ebersberger, des damals mächtigsten bayerischen Adelsgeschlechts, zu verteilen war; vor allem die Auseinandersetzungen am Mittel- und Niederrhein rissen unter ihm kaum mehr ab.

Im Grunde bedeutete die Vereinigung des Amtes des Herzogs mit jenem des Königs keine neuerliche Zentralisierung der Staatsgewalt, da der König keine zentralen Verwaltungsorgane besaß, deren Hilfe ihm die Bewältigung seiner Aufgaben erleichtert hätte, sondern ein noch höheres Maß an Dezentralisation als bisher, da die Herzöge wenigstens die Stammesgebiete noch zusammengefaßt hatten, dank ihrer Gerichtshoheit und ihrer Stellung als Anführer des Stammesaufgebots. Seit der Königsherrschaft der Ottonen, in besonderer Intensität seit Heinrich II., stützte sich der König jetzt vor allem auf die Reichskirche. Ihre Dienste bei Feldzügen und bei der Beherbergung des königlichen Hofes, ein Entgelt für die reichen Schenkungen aus dem Königsgut, bildeten den unerläßlichen Rückhalt für seine Politik.

Je länger, je mehr übernahmen die mächtigsten Kirchenfürsten, die von Köln, Mainz, Trier, Salzburg und Magdeburg, die einstige Rolle der Herzöge, der Stammeszusammenhalt zerbröckelte unter dem Druck dieser Politik wie unter den Auswirkungen der direkten Lehensbindung der Grafen an den König. Im bayerischen Stammesgebiet entstanden unter Heinrich III. sogar drei neue Markgrafschaften, auf dem Nordgau um Cham und Nabburg, und die Neumark gegen Ungarn, die ebenfalls die Autorität des Herzogs einzuengen geeignet waren. Darüber hinaus band der König seit 1025 durch den zielstrebigen Ausbau der Verwaltung des über das ganze Reich hin zerstreuten Königsguts durch Ministerialen ganze Landstriche direkt an seine Person. Die bisher von den Pfalzgrafen ausgeübte Aufsicht über das Königsgut in den Stammesländern wurde zur bloßen Formalität beim Urkundenvollzug.

Die Könige seit Heinrich II. erfüllten allerdings auch die großen Aufgaben, die ihnen im Reich und in Europa gestellt waren, mit Nachdruck und zum Teil beträchtlichem Erfolg. Bayern hatte besonderes Interesse an einer Zerschlagung der bedrohlichen Machtkörper, die mit der Bildung des polnischen, dann eines böhmischen Großreiches im Osten entstanden waren; kaum je rissen die Feldzüge ab, die zum großen Teil auch von Bayern ausgingen, vor allem seit auch von Ungarn neue Gefahr drohte. Die Entlassung Polens und Ungarns aus dem deutschen Kirchenverband, durch Erhebung von Gran und Gnesen zu Erzbistümern noch unter Otto III., die Erhebung ihrer Herrscher zu Königen hatten den Widerstand gegen die deutsche Lehenshoheit nicht zu besänftigen vermocht.

Zuletzt blieb sie nur noch in bezug auf Böhmen erhalten, seither, seit etwa der Mitte des 11. Jahrhunderts, hörten damit auch die heftigen Kämpfe im wesentlichen auf. Für Bayern waren sie insofern von außerordentlicher Bedeutung, als sich unter dem Schutz, der dem Reich zu danken war, der Landesausbau in der Ostmark und in Kärnten vollziehen konnte. Adelige und kirchliche Grundherren, denen das seit 955 eroberte Land zugeteilt worden war, setzten auf ihrem Boden Siedler an, das Land wurde gerodet, neue Klöster entstanden, die großen Gründungen der Babenberger, Melk, Klosterneuburg, Heiligenkreuz bei Wien, Lilienfeld – ein neues Land begann sich zu bilden. Aber gerade mit dem Ende der Bedrohung von außen, mit dem Aufhören also des Zwangs zum Zusammenhalt und Zusammenwirken von Stamm und Reich, begann jener Zerfallsprozeß, der bis zum Ende des Mittelalters nicht mehr aufzuhalten sein sollte. Bayern spielte in der ersten Phase dieses Entwicklungsprozesses eine entscheidende Rolle.

WIEDERBELEBUNG DES HERZOGTUMS –
KÖNIG UND HERZOG IM WIDERSTREIT

1061 übertrug Agnes von Poitou, die Witwe Kaiser Heinrichs III., die bis dahin die Stelle des Herzogs eingenommen hatte, dem sächsischen Grafen Otto von Northeim das Herzogtum Bayern. Das Land wurde also damit erneut aus der unmittelbaren Königsherrschaft entlassen, wie bisher schon wiederholt. Wie auch bisher schon hätte dieses Ereignis Episode bleiben können, da Otto von Northeim in Bayern keinen Fuß breit Bodens besaß und nach wie vor seine Machtbasis in Sachsen sah. Als aber 1070, nach der Absetzung Ottos von Northeim, im schwäbischen Grafen Welf IV. ein neuer Herzog ernannt wurde, dessen Haus ein volles Jahrhundert hindurch dieses Amt innehaben sollte, war wirklich ein neuer Anfang gemacht.

Er stand indessen unter ungeheuren Belastungen. Otto von Northeim war von Heinrich IV. abgesetzt worden, weil er in der Reichspolitik nicht weniger als im Hinblick auf Sachsen dem König im Wege stand. Auch für die Geschichte Bayerns hat die große Wende, die mit dem Schicksal Heinrichs IV. zusammenhängt, mit seinem Gang nach Canossa wie mit dem Investiturstreit überhaupt, ihre außerordentliche Bedeutung. Für Bayern ergeben sich dabei zwei Sonderaspekte. Die Übertragung des Herzogsamtes auf Welf IV. 1070 bringt, ohne daß dies wohl beabsichtigt war, eine neue Entwicklung in Gang, die zur Erblichkeit der Herzogswürde, damit zur Entstehung einer Herzogsdynastie führte, jener der Welfen, und sie hatte das Wiederaufleben der Spannungen zwischen König und Herzog zur Folge, die seit dem Ende des 10. Jahrhunderts im wesentlichen überwunden schienen. Gefördert wurde diese Erscheinung durch die säkulare Auseinandersetzung, in die sich Heinrich IV. mit Gregor VII. verwickeln ließ und die den deutschen Fürsten die Möglichkeit gab, in ihrem Widerstand gegen die Königslandpolitik Heinrichs die denkbar schärfste Waffe einzusetzen, Kirchenbann und Absetzung, so daß im Verlauf dieses Kampfes die endgültige Abstreifung des seit Heinrich II. dem Herzogsamt deutlich anhaftenden Charakters einer Beamtenfunktion gelang; hatte es sich doch um eine Regierung fast ohne Herrschaftscharakter gehandelt, ohne Verfügung über Herzogsgut, geschweige denn Reichsgut, ohne Herrschaftsrechte über die Reichskirche, ohne nachweisbare Befehlsgewalt über Grafen und Edelfreie außerhalb der persönlichen Vasallität.

In die Auseinandersetzung trat, nach den ersten Rückschlägen, die Heinrich IV. in seinem Ringen um den Ausbau des sächsischen Königsgutes am Harz hinnehmen mußte, auch der neue Herzog von Bayern ein. Der über den König verhängte Kirchenbann erlaubte die Formierung einer Opposition, die vor allem von den Herzögen getragen wurde, von Rudolf von Rheinfelden, dem Herzog von Schwaben, Berthold von Zähringen, Herzog von Kärnten, Herzog Welf von Bayern; den Sachsenherzog Magnus hatte Heinrich bereits abgesetzt, er und eine Reihe sächsischer Grafen hatten den Widerstand in Sachsen getragen. Daß auch Herzog Welf in diese Front eintrat, obwohl er dem König in besonderer Weise verpflichtet war, hängt sicherlich nicht mit einer besonderen Verehrung für den Papst zusammen, sondern allein mit der Notwendigkeit, seine neuerworbene Stellung gegen den König zu sichern, sich in seinem Herzogtum durch Erwerb von Vogteien, Grafschaften und Grundbesitz eine tragfähige Herrschaftsbasis zu sichern und auch die Reichskirche in ein Abhängigkeitsverhältnis zum Herzogtum zu bringen. Da er einem Geschlecht entstammte, dessen Hausbesitz hauptsächlich in Schwaben lag, war er in Bayern nur wenig begütert; jeder Versuch, über die schmale territoriale Basis am Lechrain hinauszukommen, mußte ihn auch in Gegensatz zu den Grafen in diesem Raum bringen. In der Tat waren es vor allem die bayerischen Grafen und ihre Ministerialen, welche die Schlachten des Königs schlugen. Ihrem Druck gegenüber war es dem Welfen denn auch nicht möglich, die Kontrolle über das Herzogtum zu gewinnen, Heinrich IV. setzte ihn ab und übte das Amt des Herzogs selbst aus, Regensburg war lange Zeit das Zentrum, von dem aus er den Kampf um das Reich führte. Aber auch in seiner Randposition in Oberschwaben und am Lechrain, aus der ihn der König nie verdrängen konnte, war der Welfe immer noch gefährlich genug.

Wenn man den Welfen als Gregorianer bezeichnet, wie das so oft geschieht, so wird man der Wirklichkeit des späten 11. Jahrhunderts nicht gerecht. Welf IV. hat zwar im Zusammenwirken mit Bischof Altmann von Passau sein Hauskloster Rottenbuch gegründet, aber von einer Unterstützung der beiden bayerischen Kirchenfürsten, die wirklich Gregorianer waren, Anhänger der Reformbewegung, Altmann von Passau und Gebhard von Salzburg, durch den Herzog verlautet nichts. Beide wurden vertrieben, Welf aber bemühte sich nur um seine territorialen Interessen in Konkurrenz zum Bischof von Augsburg. Daß die gregorianische Reformbewegung in Bayern vor 1100 überhaupt von allgemeiner Bedeutung gewesen sei, läßt sich ebenfalls nicht sagen. Bestimmend waren im klösterlichen Bereich noch weithin die Reformideen von Gorze, die im wesentlichen unpolitisch waren, auch die Gründungen kaiserlicher Parteigänger wie des Pfalzgrafen Kuno, der Rott am Inn als sein Hauskloster stiftete, gehören diesem älteren Zusammenhang an. Die neuen Gründungen freilich, St. Nicola in Passau, das erste Chorherrenstift in Bayern, und das Benediktinerstift Göttweig, beides Gründungen Altmanns von Passau, und Admont, die Gründung Gebhards von Salzburg, setzten doch bereits neue Akzente, vollends das um 1100 gegründete Nordgaukloster Kastl, eine Stiftung der Markgrafen von Cham und der Grafen von Habsberg und Sulzbach, gehört bereits in den Hirsauer Zusammenhang, in die deutsche Phase der Cluniazenserreform. Politische Intentionen mit diesen Gründungen zu verbinden, dürfte abwegig sein.

Wie auch immer die Motive für die Gegnerschaft der süddeutschen Herzöge zu Heinrich IV. beschaffen sein mochten, Papst Urban II. setzte immerhin in Herzog Welf so viel Vertrauen, daß er 1089 die Ehe zwischen seinem gleichnamigen Sohn und der Markgräfin Mathilde von Tuszien vermittelte, die zum Zusammenwirken der deutschen und oberitalienischen Gregorianer und zur völligen Lähmung der kaiserlichen Politik führte. Erst die Auflösung dieser Ehe 1095 öffnete dem Kaiser wieder den Weg ins Reich, 1096 belehnte er Welf wieder mit Bayern, 1098 kam es auch zur Regelung der Verhältnisse in Schwaben; Zähringer und Welfen mit ihren schwäbischen Herrschaften wurden vom neuen Schwabenherzog Friedrich von Staufen so gut wie unabhängig.

1098 versprach Heinrich IV. dem Welfen auch die Nachfolge seines Sohnes im Herzogtum, das war die Sicherung der Dynastie. Auf seine Königslandpolitik hatte Heinrich IV. längst zu verzichten gelernt, für den Augenblick gab es keinen Gegensatz mehr zwischen König und Herzögen. Erst der Sohn und Nachfolger Heinrichs IV. nahm noch einmal den Kampf um Sachsen auf, wie er auch erneut Rom und Italien in seine Ansprüche einbezog. Da Welf V. jedoch, als bayerischer Herzog Welf II., Heinrich V. weder hier noch dort in den Weg trat, schien die Zeit der Konflikte zwischen Königtum und Herzogsgewalt für Bayern jetzt beendet.

In der nächsten Generation entzündeten sie sich freilich erneut, aber jetzt auf einer neuen, einer höheren Ebene; es ging jetzt nicht mehr darum, dem Herzog in seinem Amtsbereich jene Eigenständigkeit und Bewegungsfreiheit zu sichern, die mit der Feudalisierung der Ämter an sich geboten war, der Herzog tritt jetzt selbst eine königsgleiche Stellung an. Das Eintreten Heinrichs des Schwarzen, des Bruders und Nachfolgers Welfs V., bei der Königswahl von 1125 für den Sachsenherzog Lothar von Supplinburg, statt für seinen staufischen Schwiegersohn Herzog Friedrich von Schwaben, verschaffte seinem Sohn Heinrich, den man später 'den Stolzen' nennen sollte, die Hand der Erbtochter Lothars, damit die Anwartschaft auf das Herzogtum Sachsen und die Königskrone. Da die Staufer die Entscheidung nicht akzeptierten, war die nächste Folge ein zehnjähriger Thronkampf, in dem sich Lothar schließlich durchsetzte, ehe er 1137 auf dem Rückweg von Italien in Reutte starb. Es hatte nichts genützt, daß er noch kurz zuvor seinem Schwiegersohn die Throninsignien übergeben und ihn damit als Nachfolger vorgeschlagen hatte. Heinrich der Stolze, der sich rühmte, von der Nordsee bis zum Tyrrhenischen Meer Herrschaft auszuüben, hatte sich zu viele Feinde gemacht, eine Reihe bayerischer Grafen, darunter die mächtigen Andechser, Bischöfe und Erzbischöfe in Deutschland und in Italien, nicht zuletzt den Papst, dem er Tuszien, das Erbe der Markgräfin Mathilde, vorenthielt.

So kam es unter kirchlichem Einfluß zur Königswahl des Staufers Konrad, die ihm jetzt ebenso wie in den Jahren zuvor Kaiser Lothar und seinem welfischen Schwiegersohn, die Rechte der Krone und damit einen nicht unbeträchtlichen Vorsprung an Macht und Autorität zur Verfügung stellen sollte. Er setzte ihn rücksichtslos ein und forderte von Heinrich dem Stolzen, der jetzt die Herzogtümer Bayern und Sachsen beherrschte, die Herausgabe eines der beiden Herzogtümer; nur so konnte er wirklich König sein. Als der Welfe sich weigerte, sprach er ihm beide ab und erzwang damit wieder einen Kampf, der jahrelang vor allem Bayern und Schwaben heimsuchen sollte und der auch nicht endete, als Heinrich der Stolze bereits 1138 starb. Sein Bruder Welf VI. erhob jetzt seinerseits Ansprüche auf Bayern, Heinrichs Witwe Gertrud führte für ihren Sohn Heinrich, der dann nach seinem Wappentier 'der Löwe' genannt werden sollte, den Kampf von Sachsen aus weiter, wo ihr reicher Hausbesitz lag und damit ihre Machtbasis, die für den Staufer unangreifbar war.

Das Herzogtum Bayern übergab Konrad III. zunächst seinem Stiefbruder, dem Babenberger Leopold, dann verwaltete er es zwei Jahre selbst, 1142 setzte er Leopolds Bruder Heinrich ein, mit dem Beinamen 'Jasomirgott', gleichzeitig gestand er Heinrich dem Löwen das Herzogtum Sachsen zu, die wichtigste Voraussetzung für den Frieden. Die Erhebung des österreichischen Markgrafen zum bayerischen Herzog konnte für das Herzogtum selbst von außerordentlicher Bedeutung werden, in vieler Hinsicht. Es war für den Herzog freilich schwierig, sich im Kerngebiet des Landes durchzusetzen, da seine persönliche Macht, d. h. sein Hausbesitz, damit seine Ministerialen und seine unmittelbaren Vasallen, weit im Osten lokalisiert war, und auch das wenige Herzogsgut war an Salzach und Inn konzentriert, Regensburg dagegen war dem Herzog schon weithin entfremdet. Aber wenn dem Herzog aus dem Hause Babenberg genügend Zeit geblieben wäre, hätte doch der Versuch, Stammland und Mark wieder enger aneinander zu binden, gelingen müssen, es sind ja später weit schwierigere politische Kombinationen möglich geworden. Auf Bayern verzichten wollte aber Welf VI. auch nach dem Friedensschluß von 1143 nicht, und als es jahrelang nicht gelang, seinen Widerstand zu brechen, erhob auch Heinrich der Löwe wieder Anspruch auf das ganze Erbe seines Vaters.

Das Ringen um Bayern mündete in diesen Jahren in die großen Zusammenhänge europäischer Politik ein, der Welfe wie der Staufer streckten ihre Fühler aus bis nach Byzanz und zum Normannenreich in Süditalien. Entschieden wurde das Ringen dann doch auf heimischem Boden, 1150, nach seiner Niederlage bei Flochberg in Schwaben, verzichtete Welf VI. auf Bayern, 1152, als sein Neffe Friedrich Barbarossa, Herzog von Schwaben, als Nachfolger seines Onkels Konrad III. zum deutschen König gewählt worden war, wurde er mit der Markgrafschaft Tuszien, dem Herzogtum Spoleto und Sardinien entschädigt, wurde also Herzog und Reichsfürst. Gewählt hatte seinen Vetter Barbarossa auch Heinrich der Löwe. Noch 1152 setzten auch die Verhandlungen ein, die zur Rückgabe des Herzogtums Bayern an ihn führen sollten, 1156 kamen sie zum Abschluß, als Heinrich von Babenberg auf Bayern verzichtete und dafür seine Markgrafschaft zum Herzogtum erhoben wurde. Damit kam ein Prozeß zum Abschluß, der sich seit der Übergabe der Markgrafschaft an die Babenberger 976 immer mehr verdichtet hatte, begünstigt von den räumlichen Gegebenheiten, den langen Jahrzehnten faktisch herzogsloser Zeit in Bayern wie durch das Fehlen jeglicher besitzmäßigen Verankerung des welfischen Herzogshauses östlich von Inn und Salzach. Auch die übrigen Großen des Landes hatten die Babenberger aus ihrem Herrschaftsgebiet, das immer mehr zum 'Land' wurde, zur 'Terra Austriae', größtenteils auszuschließen vermocht, die Besitzungen der Bistümer Passau, Salzburg, Regensburg und Freising wie einer Reihe bayerischer Klöster hatten sie fest in ihre Landesherrschaft einzuordnen verstanden. Wichtige Passagen der Urkunde, des 'Privilegium minus', die im Zusammenhang mit den Vorgängen von 1156 ausgestellt worden war, begünstigten die weitere Entwicklung in dieser Richtung außerordentlich.

Für Bayern bedeutete das Jahr 1156 einen tiefen Einschnitt noch in anderer Hinsicht. Obwohl Heinrich der Löwe in Sachsen sein Machtzentrum sah, im reichen Hausgut seines Großvaters Lothar um Braunschweig und Lüneburg, gelang ihm doch auch in Bayern eine Neufundierung der herzoglichen Amtsgewalt, die im Grunde

doch seit mehr als einem Jahrhundert nicht mehr zur Geltung gekommen war. Heinrich der Löwe hielt sich insgesamt nicht länger
als vielleicht zwei Jahre in seinem Herzogtum in Bayern auf, trotzdem hatte er keinerlei Schwierigkeiten, seine Autorität durchzusetzen; selbst wo er den Bogen überspannte, wie bei den Versuchen von
1158 und 1160/61, den Bischöfen von Freising und Regensburg die
Zollhoheit, und damit – wie Heinrich meinte – die Ausübung her-
zoglicher Rechte in ihren Herrschaftsbereichen streitig zu machen,
setzte er sich weithin durch. Die Zollstätte im herzoglichen München trat an die Stelle der Freisinger Brücke zu Föhring. Seine
Machtgrundlagen waren nicht ausgedehnte Besitzrechte und zahlreiche Ministerialen wie in Sachsen; auch vom welfischen Lechrain
gehörte ihm wenig, Herr in Peiting, Schongau, Kaufering oder Me-
ring war Herzog Welf, wenngleich lange Zeit auch dem Löwen der
Lechrain als Basis zur Verfügung stand, zumal dann, als ihm die
Vogtei des Chorherrenstifts Polling und des Reichsklosters Wessobrunn zugefallen war. Auch das Herzogsgut in und um Regensburg
und um Ranshofen und Braunau nährte seine Macht nur unwesentlich, sie gründete in erster Linie in seiner Amtsgewalt, mehr noch in
der Entschiedenheit, mit der er sie geltend machte. Er berief Landtage ein und amtierte auf ihnen als Schiedsrichter zwischen Grafen,
Bischöfen und Äbten, er setzte, wo er es für nötig oder für wün-
schenswert hielt, den Landfrieden durch, und selbst der Kirche gegenüber machte er Ansprüche geltend wie keiner seiner Vorgänger.
Seine Landtage wurden fast von allen Bischöfen besucht, und nicht
selten hielt er sie, gewissermaßen königliches Herbergsrecht for-
dernd, auf Kirchengrund ab. Den Grafen gegenüber, die doch seinem Vater nicht selten härtesten Widerstand geleistet hatten, machte
er seine Lehenshoheit geltend und setzte sie durch; als die Grafen
von Burghausen und die Hallgrafen ausstarben, trat er auf Grund
herzoglichen Heimfallsrechts in ihr Erbe ein, damit setzte er den
Wittelsbachern das Beispiel, dessen Nachahmung vor allem den
Neubau des Territorialherzogtums des 13. Jahrhunderts ermöglichte.

Es ist keine Frage, daß Heinrich der Löwe aus seinem Herzogtum
Bayern ein Fürstentum hätte machen können, das an Geschlossen-

heit auch dem Herzogtum Österreich nicht hätte nachstehen müssen, wenn es ihm gegeben gewesen wäre, sich mit der Herrschaft über Bayern zu bescheiden. Er setzte aber auf Sachsen, ungeachtet der heftigen Kämpfe, in die er hier verwickelt wurde, da die Großen des Landes, Grafen und Bischöfe, den rücksichtslosen Ausbau der Herzogsgewalt nicht hinnahmen. Die gewaltigen Entwicklungsmöglichkeiten im östlichen Vorland mochten den Herzog gereizt haben, doch das alte Sachsen war so leicht nicht zu bezwingen, es erforderte alle Kraft. Zuletzt schien der Versuch gelungen, damit aber war der Herzog weit mächtiger als selbst der Kaiser; die Löwenresidenz zu Braunschweig war bereits von königlichem Zuschnitt, Dichter und Geschichtsschreiber priesen den königlichen Sinn und die königliche Macht des Herzogs, zu Konstantinopel wurde er mit königlichen Ehren empfangen.

Der Sturz kam jäh und unvermutet. So wie der Löwe in Bayern, ohne ausreichende territoriale Machtentfaltung, allein durch die herzogliche Amtsgewalt echte Herzogsherrschaft aufzubauen verstanden hatte, genügte Barbarossa zur Bändigung des Löwen bereits die königliche Autorität allein, die Lehenshoheit und die Gerichtshoheit des Königs. Im Prozeß der Entfremdung zwischen dem Welfen und dem Staufer, der in den Vorgängen von Chiavenna 1179 kulminierte, steht an gewichtiger Stelle sicherlich auch der Entgang des Welfenerbes am Lechrain und in Oberschwaben. Welf VI., der beider Onkel war, hatte es 1176 etwa Barbarossa versprochen, als Heinrich der Löwe sich weigerte, den geforderten Preis für sein Erbe zu zahlen, das er für selbstverständlich hielt. Dieser weithin geschlossene Welfenbesitz von Landsberg bis Ravensburg fiel damit in Zukunft an die Staufer; der Bayernherzog, der ohnedies so wenig territorialen Rückhalt im Lande selbst besaß, verlor nun auch die Basis, auf die er sich bisher stets hatte stützen können. Die Verweigerung der Kriegshilfe für seinen glücklicheren Vetter war nur zu verständlich.

Bei der Folge von gerichtlichen Schritten, die zur Absetzung des Herzogs und zum Verlust seiner Lehen und Eigengüter führten, haben, außer seinen treuesten Anhängern in Sachsen, nur einige schwäbische Grafen für ihn gesprochen, in Bayern rührte sich keine

Hand für ihn. Sicher war an dieser Haltung der bayerischen Großen der Umstand beteiligt, daß er keiner der ihren war, daß die Dynastie das ganze Jahrhundert hindurch in Bayern nicht Fuß zu fassen vermocht hatte. Wahrscheinlich zielte diese Ablehnung auch auf den Herzog selbst, den gefährlichsten Konkurrenten der Grafen und Bischöfe im Ausbau loser Machtbereiche zu geschlossenen Territorien, unter Ausschluß fremder Machthaber, durch Abrundung überkommener Besitzungen durch Erwerb von Vogteien und neuen Grafschaftsrechten, durch den Ausbau von Burgen und die erste Anlage von Städten. Auch der Welfenherzog hatte sich auf diese Bahn begeben, nicht ohne Umsicht und Glück, bedrohlich waren seine Erfolge aber noch nicht. Die Grafen von Andechs, von Wittelsbach, die Bogener, Ortenburger, Sulzbacher und die Markgrafen von Cham waren ohne Zweifel dem Herzog noch ebenbürtig, und auch wenn die Verhältnisse nicht so weit gediehen waren wie in Sachsen, wo Grafen und Bischöfe, durch eine von Bayern gänzlich verschiedene Entwicklung dazu in ganz anderem Maße berechtigt, dem Herzog die land- und lehensrechtliche Unterordnung verweigerten, so konnte der Einschnitt von 1180 doch auch in Bayern einen solchen Zerfall des Herzogtums, damit des Landes einleiten. Daß dies nicht geschah, war nicht zuletzt das Verdienst des neuen Herzogsgeschlechts. Am 16. September 1180, nachdem auch in Bayern die Absetzung des Löwen vom Lande gebilligt worden war, belehnte Friedrich I. zu Altenburg den bisherigen Pfalzgrafen des Landes Otto von Wittelsbach mit dem Herzogtum Bayern. Damit begann eine neue Epoche seiner Geschichte.

RECHT UND VERFASSUNG,
KIRCHE UND GEISTIGE KULTUR
IM HOHEN MITTELALTER

Erst Heinrich der Löwe hatte die uralten herzoglichen Rechte wieder neu ins Bewußtsein gebracht, in der Salierzeit war davon nichts mehr geblieben, war doch vor 1070 kein Herzog da, der eine das Land übergreifende, es in seiner Einheit erhaltende Autorität hätte geltend machen können. Nach 1070 aber begann bereits jenes Ringen im Reich, in dem alle Träger öffentlicher Macht zwei volle Menschenalter hindurch gegeneinander standen und keinerlei Autorität mehr galt. Ob irgendeiner der Vorfahren Heinrichs des Löwen in Bayern je die volle Amtsgewalt des Herzogs ausgeübt hat, die Landfriedenshoheit, Einberufung von Landtagen und Hoftagen und Vorsitz im Fürstengericht, Führung des Landesaufgebots, wissen wir nicht, wir haben keine Zeugnisse dafür. Daß das Land aber seine Einheit bewahrt hatte, ergibt sich aus vielen Einzelzügen noch in der frühen Stauferzeit; auch wenn der Kaiser selbst die Bischöfe und Äbte, die zur Reichsheerfahrt verpflichteten Glieder der Reichskirche aufbot, so scheinen sie doch unter der bayerischen Fahne gekämpft zu haben, der Pfalzgraf führte jedenfalls bisweilen den bayerischen Heerbann an. Der Amtsgewalt des Herzogs korrespondierte überhaupt jene des Pfalzgrafen, der innerhalb des Landes die Interessen des Königs vertrat und gleichzeitig Stellvertreter des Herzogs sein konnte. Er amtierte aber jeweils nur im Auftrag; die letzten das Land übergreifenden Amtshandlungen des Pfalzgrafen fallen, soweit zu sehen ist, in die Herzogsjahre Ottos I.

Dem Land zugeordnet waren auch die Bischöfe und Reichsäbte. Sie folgten dem Ruf des Herzogs zu Hof- und Landtagen; die Reichsacht, die 1171 gegen den Erzbischof von Salzburg verhängt worden war, hatten der Herzog bzw. der Pfalzgraf zu vollziehen, gerichtliche Entscheidungen des Herzogs griffen auch in das

Hoheitsgebiets des Erzbischofs ein. Nicht selten hielt der Herzog Landtage auch auf bischöflichem Besitz. Andererseits bot der Kaiser Bischöfe und Reichsäbte auf; sie waren also, wie der Heerschild das auch ausweist, Kronvasallen, und ihr Recht suchten und fanden sie vor dem Kaiser, nicht vor dem Herzog. Lange konnte diese Zwitterstellung der Reichskirche auch in Bayern nicht mehr dauern, nachdem in Sachsen ihre Trennung vom Land längst Wirklichkeit war.

Enger als Bischöfe und Reichsäbte waren die bayerischen Grafen vor 1180 dem Land verbunden, auch wenn sie, wie jene, den Hof des Kaisers suchten und auch auf seinen Reichstagen zu Regensburg und Bamberg zugegen waren. Friedrich I. war außerdem, so scheint es, an einer unmittelbaren Verbindung zu ihnen, die im Heerschild dem Herzog zugeordnet waren, interessiert. Vögte der Reichskirche mußten den Königsbann suchen, und in Landfriedensfragen unterstanden sie direkt, ohne herzogliche Zwischeninstanz, dem König, wie der Landfrieden von 1152 zeigt. Die Grafschaft trug jetzt allerdings einen Charakter, der mit jenem der ausgehenden Salierzeit nur noch wenig zu tun hatte. Nach 1060/70 setzte ein grundlegender Wandlungsprozeß ein, der durch die Möglichkeit des Bürgerkrieges mit Verfall der allgemeinen wie der regionalen hoheitlichen Gewalten erheblich gefördert wurde. Zunächst hatten die Grafen im Rahmen der sogenannten Gaugrafschaft wie von alters her die Gerichtsbarkeit im Namen des Königs über die Freien auch außerhalb ihrer eigenen Grundherrschaften, die Rechtsprechung über Gut und Eigen blieb ihnen auch in der Zeit des Übergangs bis zum Heimfall der Grafschaften in Bayern an den Herzog. Das gräfliche Hochgericht dagegen, das durch den Einfluß der Landfriedensgesetzgebung um das Blutgericht erweitert wurde, erfuhr gerade in der Zeit Heinrichs IV. seine folgenschwerste Einschränkung. Jetzt werden durch königliche Bannleihe, wie wir sie dem Privileg Heinrichs IV. von 1075 für Kloster Hirsau entnehmen können, Hoch- und Blutgericht auch den Vögten übertragen, in den Immunitätsbezirken liegt sie also jetzt beim hochadeligen Vogt – wobei der Ausschluß des Grafen aus den Immunitätsbezirken allerdings nicht erst in dieser Epoche erfolgt. Wie die Privilegien für St. Emmeram in Regensburg von 959

30

und 980 zeigen, fällt diese Entscheidung zum Teil schon damals. Durch die ständige Ausdehnung der Bezirke unter dem Einfluß der Reformideen und im Zuge des seit der Karolingerzeit nicht zum Stillstand gekommenen Prozesses der Ergebung in Zensualität und kirchliche Grundhörigkeit schmelzen die Grafschaften jetzt schlechterdings zu den unmittelbaren Herrschaftsbezirken der Grafen zusammen, deren Mittelpunkte die Burgen bilden, nach denen die Geschlechter seither genannt werden. Die königlichen und herzoglichen Vasallen wieder suchen, soweit sie nicht selbst Grafen sind, das Gericht ihrer Herren, für ihre eigenen Herrschaften nehmen sie wohl in der Regel eben dieselben Rechte in Anspruch wie die Grafen für die ihren.

Die Grafschaften, die uns seit dem späten 11. Jahrhundert entgegentreten, verändern unter dem Einfluß dieser Faktoren ihren Charakter und ihre rechtlichen Grundlagen völlig. Es ist jetzt durchaus möglich, da die Grafenherrschaft ja an der durch Burgen gesicherten Adelsherrschaft hängt, diese Herrschaften und damit auch die Grafschaften zu teilen, ohne daß die damit verbundenen Rechte verlorengehen. Verloren geht nur ihr reiner Amtscharakter. Die Grafschaft erscheint mit dem Besitz verbunden, mit dem Allod, sie wird zur allodialen Grafschaft. Es gibt aber einen zweiten Entwicklungsstrang. Seit die hohe Vogtei ein so offenbares Herrschaftsinstrument wird, daß sie, mit Ausübung des Hochgerichts und des Blutbanns, der Grafschaft rechtlich und machtpolitisch gleichgestellt scheint, werden zu Hofstiftsvögten nicht mehr gerne die der Domkirche benachbarten Grafen genommen, denn man fürchtet die Entfremdung der Kirchengüter und ihre Verschmelzung mit der gräflichen Herrschaft. Trotzdem ist dieser Prozeß nicht aufzuhalten, denn die jetzt zu Vögten gewählten Adeligen, die sich oft schon bei ihrem ersten urkundlichen Auftreten Grafen nennen, bauen in Kürze aus den neu verliehenen Rechten, aus ihrem Eigengut, aus königlichen und herzoglichen Lehen, oft auch aus ausgedehnten Rodungsherrschaften Grafschaften neuer Art auf, die an Umfang und Macht den alten nicht nachstehen. Das ist der Fall in Bayern bei den Grafen von Sulzbach, den Bamberger Hochstiftsvögten, den Regensburger Vögten aus dem Hause der Grafen von Bogen, den Formbachern, die wohl durch die Passauer Hochstiftsvogtei hochgekommen sind, den späteren Grafen von Hirschberg, deren Machtgrundlage die Eichstätter Hochstiftsvogtei war, den Grafen von Scheyern, dann von Wittelsbach, wahrscheinlich Nachkommen der Luitpoldinger, die erst im Besitz der Vogtei über Freising wieder ins Licht der Geschichte treten. Ob auch Klostergründungen durch Dynasten und die anschließende Betrauung mit der Klostervogtei solche Rechte entstehen ließen, wie bisweilen behauptet wird, ist nicht schlüssig zu klären und generell sicher nicht anzunehmen, da solche Gründungen meist von Geschlechtern vorgenommen werden, die längst im Besitz dieser Rechte waren. Nicht auszuschließen ist freilich das Bestreben, Streubesitz auf diese Weise der Hoheit anderer Grafen zu entziehen. Auch wirkte die Übertragung größerer Klostervogteien ebenfalls, wie es scheint, in Richtung auf ständische Rangerhöhung. Die Herren von Abensberg etwa, die Teilvögte über den Streubesitz von St. Emmeram im westlichen Donaugau waren, erscheinen seit etwa 1170 als Grafen, ähnlich die Vögte von Moosburg und jenes Geschlecht, das als Vögte von Mögling bekannt war. Auch förmliche Erhebungen zum Rang eines Grafen ohne jede räumliche und rechtliche Machterweiterung kommen jetzt vor, etwa bei den Herren von Leuchtenberg um 1167. Ein sprengendes Element, das für den Zusammenhang des Herzogtums verhängnisvoll werden konnte, lag, wie schon betont, in dem generellen Anspruch des Königs auf ausdrückliche Verleihung des Blutbannes an die Vögte – der sich wohl nur für die Reichsklöster verwirklichen ließ. Sie wurden damit unmittelbare königliche Vasallen. Unbeschadet ihrer Lehensabhängigkeit vom Herzog hatten die Grafen, die Vögte der Reichskirche waren, damit wenigstens in einem Punkt bereits die Gleichstellung mit dem Herzog erreicht. Die Gefahr, daß auch sie aus dem Land heraustreten würden, zumal 1156 der Markgraf von Österreich, 1180 der Markgraf der Steiermark mit ihren Ländern förmlich zu Herzögen erhoben worden waren, um 1180 der Graf von Andechs und Markgraf von Istrien zum Titularherzog von Meranien, war um diese Zeit nicht mehr zu verkennen. Damit aber wäre der neue Herzog allein auf seine Vogteien – über das Hochstift Freising, über Weihenstephan, die Wittelsbacher Hausklöster Scheyern, Indersdorf und Ensdorf, über Niedermünster in Regensburg – und auf seine unmittelbare Grundherrschaft zurückgeworfen gewesen.

Das hätte bedeutet, daß der Herzog nur über einen Bruchteil der Landeseinwohner noch echte Herrschaft ausgeübt hätte, denn es gab, ausgenommen die Bischofsstädte, noch keine Städte, deren Bürger Freie und damit nur dem Herzog zu Diensten verpflichtet gewesen wären. Die freien Bauern aber waren bis auf eine verschwindende Minderheit zusammengeschmolzen – später zählte man etwa 5 % –, und auch sie gehörten zum Grafengericht, unterstanden nicht unmittelbar dem Herzog. Ihm folgten nur die wenigen edelfreien Herren, die sich dem Druck, der von den gräflichen Ministerialen ausging, entziehen konnten und Vasallen des Herzogs waren; ihre Zahl ist nicht bekannt. So kamen die Leistungen der Bauern, Gilt, Zinsen, Scharwerk, Heerbannsteuer, Vogtpfennig, Gerichtsgefälle und Zehnten nur den Grafen und Vögten wie ihren kirchlichen Grundherren zugute, der Herzog besaß kein Recht auf Steuern über seine engere Herrschaft hinaus.

In dem Jahrhundert seit dem Investiturstreit, so scheint es, kulminierte eine Entwicklung, die seit der Karolingerzeit in Gang gekommen war und die damit endete, daß die Bauernschaft fast völlig in Abhängigkeit von einem Grundherrn geriet. Die zur Karolingerzeit maßgebende Motivation für die Ergebung in adelige oder kirchliche Herrschaft, die drückende Last der Heerfolge, war schon in der Ottonenzeit nicht mehr bestimmend, jetzt war es vor allem die Verlockung des Landgewinns durch die Rodung, die zur Abhängigkeit führte, sicher aber immer noch die Hoffnung, als Hintersasse der Kirche Schutz zu finden vor Bedrückung durch die Grafen und ihre Ministerialen. Zahlreiche Ergebungen in kirchliche Zensualität, meist zu einem Zins von fünf Denaren, weisen in ihrer Begründung auf solche Zusammenhänge hin. Dabei ist die Reduzierung der bäuerlichen Dienste auf die Zinszahlung bereits ein Zeichen für den Übergang zu einer neuen Form der Herrschaft, die möglich wurde mit dem säkularen Wandel der Epoche von der Naturalwirtschaft zur Geldwirtschaft. Der Herr konnte jetzt vielfach auf die persönlichen Dienste seiner Bauern verzichten, da es vorteilhafter war, die große Eigenwirtschaft aufzulösen und darauf Bauern anzusetzen und die Verpflichtung der leibeigenen Bauern zur Feldbestellung und zur Erntearbeit durch Geld abzulösen. In welchem Umfang diese Entwicklung auch die adelige Grundherrschaft betraf, wissen wir nicht, im Rahmen der kirchlichen Grundherrschaft jedenfalls kam es weithin zur Auflösung der Villikationsverfassung und zum Übergang zur Ämterverfassung; es war jetzt nur noch notwendig, die Abgaben und Zinszahlungen in den Dörfern zusammenzufassen und an den Herrn weiterzuleiten, nicht mehr, wie bisher, die Bestellung der eigenen Felder in großem Maßstab zu organisieren. Kirchlicher Grundbesitz, besonders solcher im Ausbauland, im Nordwald nördlich der Donau oder im waldreichen Alpenvorland, wurde dabei gerne zu Erbrecht verliehen, ein Leihrecht, das schon fast dem Eigentum nahekam. So bedeutet der Übergang zur Geldwirtschaft vielfach den Aufstieg aus der Leibherrschaft zur bloßen dinglichen Abhängigkeit, da die Zinszahlung das opus servile, die persönliche Dienstleistung, ablöste, und auch die erweiterte Rodungstätigkeit im hohen Mittelalter, bei der Knappheit an verfügbaren Kräften, brachte eine Verbesserung der bäuerlichen Stellung. Vollends der Ausbau des wittelsbachischen Territorialherzogtums mit dem Übergang zahlreicher Bauern in herzogliche Grundherrschaft, vor allem aber in die herzogliche Vogtei und das herzogliche Hochgericht, führte dazu, daß diese Rechtsstellung des ausgehenden hohen Mittelalters bis in die Neuzeit hinein konserviert wurde. Die Zeit bäuerlicher Bedrückung in großem Maßstab, wie sich das noch im ›Meier Helmbrecht‹ spiegelt, geht damit in Bayern mit dem Wegfall der zahlreichen Grafen zu Ende.

Schon um diese Zeit lebte die Mehrzahl der Bauern unter kirchlicher Grundherrschaft, ein Ergebnis der unablässigen Schenkungen an die Kirche seit der Agilolfingerzeit und der Steigerung kirchlicher Neugründungen seit dem Beginn der Reformzeit. In dem einen Jahrhundert seit etwa 1070 wurden noch ungleich mehr Klöster gegründet als vor 800, jetzt fast ausschließlich durch den Adel, wenige auch durch die Bischöfe: Altmann von Passau, Gebhard von Salzburg, dann vor allem eine Generation später durch Otto von Bamberg. Die welfischen Herzöge gründeten in Bayern nur Rottenbuch und Steingaden und besetzten Altomünster neu, aber diese Gründungen unterscheiden sich in nichts von anderen Dynastengründungen der Zeit, sollten also diesen auch zugerechnet werden. Als Herzog, das heißt mit einer Ausstattung aus Herzogsgut und Reichsgut, gründete Heinrich der Stolze lediglich das Chorherrenstift Ranshofen. Neben den Welfen treten vor allem die Wittelsbacher als Klostergründer in Erscheinung, Scheyern, Indersdorf und Ensdorf im Nordgau sind ihre Gründungen, die bald nach 1100 einsetzen. Die Grafen von Sulzbach und ihre Verwandten, die Diepoldinger, Markgrafen von Cham und Vohburg, stehen ihnen nicht nach, sie gründen Kastl und Berchtesgaden, Waldsassen und Reichenbach; dann folgen die Grafen von Bogen, von Formbach, von Andechs und von Ortenburg und die Burggrafen von Regensburg mit ihrer Nebenlinie, den Landgrafen von Stefling-Riedenburg. Auch kleinere Herren sind unter den Klostergründern anzutreffen, von ihnen stammen unter anderem Speinshart, Frauenzell, Baumburg, Beuerberg, Bernried – Chorherrnstifte, Prämonstratenserklöster, Zisterzienserklöster drängen sich geradezu, allein 1133 werden acht neue Klöster gegründet.

Das Land überzieht sich dabei mit Kirchen von erlesener Schönheit – allen voran die Schottenkirche von St. Jakob in Regensburg, Prüfening mit seinen großartigen Fresken, Biburg oder Scheyern, Reichenbach am Regen oder St. Zeno zu Reichenhall. Am Ausgang der Epoche steht dann der majestätische Dom von Freising. Gleichzeitig setzt eine kulturelle Blütezeit ein, die nicht mit wenigen Strichen zu skizzieren ist. Großartiger als je entfalten sich die Schreibschulen von St. Emmeram, von Prüfening oder Tegernsee, um nur die bedeutendsten zu nennen. Neben den traditionellen Oster- und Weihnachtsspielen in Latein oder in der Volkssprache, die allenthalben überliefert werden, besonders eindrucksvoll in Freising oder Benediktbeuern, entsteht wieder große Dichtung, die lateinische Nachdichtung des Hohenliedes von Abt Williram von Ebersberg oder in Tegernsee das lebensvolle Epos vom fahrenden Ritter und seinen Abenteuern, der ›Ruodlieb‹. Ein Format freilich, das europäischen Maßstäben gerecht wurde, hat um diese Zeit, die Mitte des 11. Jahrhunderts, nur ein Mann der Wissenschaft, Otloh von St. Emmeram. Er kann dort an eine Tradition anknüpfen, die sich aus der Emmeramsverehrung entwickelt hat und durch Arnold von St. Emmeram 1030 zu ersten großen hagiographischen Leistungen führt. Otloh, ebenfalls Hagiograph – von ihm stammen Lebensbeschreibungen der Heiligen Bonifaz, Magnus und Alto –, auch Dichter ansprechender Hymnen, tritt in seinen sonstigen Schriften auch in das große Ringen der Epoche ein, das sich an den Methoden der aufkommenden Scholastik entzündet hat. In seinen autobiographischen Schriften, dem ›Liber Visionum‹ und dem ›Liber Temptationum‹, sind mystische Schau, innere Erfahrung der Gottheit bestimmend, nicht rationale Argumentation. Eine Generation später schreibt in Regensburg der rätselhafte Honorius Augustodunensis seine zahlreichen Werke, die enzyklopädisch die gesamte Theologie, in seinem Buch ›Imago mundi‹ die ganze belebte und unbelebte Natur umfassen. Voll in den Konflikt zwischen Dialektik und Symbolismus treten dann die beiden großen Geister ein, die Deutschland um die Mitte des 12. Jahrhunderts besaß, der Augustinerchorherr Gerhoh von Reichersberg, der aus Polling stammt, und Bischof Otto von Freising, der Sohn des Markgrafen von Österreich. Gerhoh von Reichersberg ist gescheitert, weil er der französischen Dialektik keine überzeugende Lösung des wichtigsten Problems der Zeit entgegenstellen konnte, des Problems der zerrissenen Einheit zwischen Weltlichem und Geistlichem, zwischen der endlichen Geschichte und der ewigen Zeitlosigkeit in Gott, zu welcher die Geschichte hinführt. Seine Forderung nach einer Überwindung des Dualismus durch die Verchristlichung der Welt wies zurück auf die Zeitstufe, die ihn selbst geformt hatte; Gerhoh stand noch zutiefst im Banne der Reformideen, ihm ging es um die Kirche, wie sie sein soll, und um die Welt als Welt hat er sich nicht gekümmert. Das war die großartige Einseitigkeit eines Propheten, der die Gegensätze aufhebt, indem er sie leugnet. Otto von Freising sah die Dinge mit den Augen des Realisten, er dachte und fühlte als Historiker. Ihm war die Zeit nicht weniger hingeordnet auf die Ewigkeit als dem spekulativen Theologen Gerhoh, aber er fühlte das lastende Gewicht des Zeitlichen weit intensiver als jener, er kannte Welt und Geschichte. Die Scholastik, aber auch Augustinus, Mystik und Symbolismus, alle geistigen Strömungen flossen zusammen und wurden zu neuer Einheit verwandelt in einem Werk, das den verborgenen Rhythmus der Weltgeschichte zu deuten versucht und den tiefen Sinn der geschichtlichen Ereignisse in einer visionären Schau des wahren Imperium Christianum enthüllt, voll tiefer Unruhe ob der tragischen Verwirrung der Zeit und doch zugleich beruhigend und versöhnend. Das letzte Geschichtswerk schließlich des Bischofs von Freising, die Geschichte Friedrich Barbarossas, zeigt, worum es ihm in allem ging – um die Harmonie aller Kräfte und Wesen. Das ist die tiefste Sehnsucht jener Epoche, in die Otto nur noch hineinragt, des Zeitalters der staufischen Kaiser, eines Zeitalters, das ganz der Welt zugewandt erscheint.

Dieser Eindruck täuscht. Die Absage an die Weltflucht der vergangenen Generation führt nicht zur Verfallenheit an die Welt, sondern zur Weltoffenheit, zur Bejahung der Ganzheit, als welche sich der Mensch nun fühlt, zugehörig der Natur wie der Übernatur. Auch die Scholastik kennt die Synthese von Ratio und Fides, von Glaube und Vernunft – dem Zeitalter geht es um Ausgleich, um Aufhebung der Gegensätze in reiner Harmonie. Das ist zunächst die Aufgabe der Philosophen; Albertus Magnus ringt unablässig um ihre Lösung, aber überzeugend gelingt sie den Dichtern. In zwei Stufen wird der Höhepunkt der deutschen Dichtkunst vorbereitet, der um die Wende des 12. zum 13. Jahrhundert, auf der Höhe der Stauferzeit erreicht ist. An allen Stufen der Vorbereitung ist der bayerische Stamm maßgebend beteiligt, schon hier nicht in bloßer Aneignung formaler Vorbilder, sondern in schöpferischer Umformung zu einem Neuen, das der eigenen Art entspricht. Die frechen ›Carmina Burana‹ stehen dabei neben der die ganze Weltgeschichte umfassenden Regensburger Kaiserchronik, das Rolandslied neben dem Tegernseer Spiel vom Antichrist. Beide Werke sind nach französischen Vorlagen geschaffen, aber sie wandeln diese um. Das Rolandslied füllt die fremde Form mit neuem Geist; Roland wird im deutschen Lied aus einem Kämpfer für die Ehre Frankreichs zu einem Krieger Christi, der Zug gegen die Sarazenen wird zum Kreuzzug, und das Spiel vom Antichrist sprengt alle Maße seines Vorbilds, des gelehrten Traktats des Abtes Adso von Montier-en-Der. Die Endzeit wird nicht theoretisierend beschrieben, sondern dramatisch gestaltet und erschütternd erlebt. Am großartigsten aber ist die Leistung des Dichters, der, zu Passau vielleicht, das Nibelungenlied neu gestaltete. Die düstere Tragik des altnordischen Sigurdlieds verschmilzt er, ohne ihre erdrückende Grausamkeit zu mildern, mit dem höfischen Ideal der frühen Stauferzeit zu einer neuen, zeitlosen Dichtung voll bezwingender Kraft. Auch die größten Dichter der nächsten Generation waren von bayerischer Abstammung, Walther von der Vogelweide und Wolfram von Eschenbach. Max Spindler hat einmal darauf hingewiesen, welcher Reichtum heute verschollener Lieder damals in bayerischen Landen erklungen sein müsse, ehe es dem Stamm möglich war, zu solcher Meisterschaft der Form aufzusteigen. Es gab auch Minnesänger von kleinerem Zuschnitt, Neidhard von Reuental und Reinmar, die sich enger an ihre Vorbilder hielten. Walther von der Vogelweide aber gestaltete mehr als die herkömmlichen Themen des französischen Minnesanges, mehr als Liebeslust und Liebesleid, er läßt die ganze Natur am Gedicht mitgestalten; am tiefsten aber empfindet er die Not und Zerrissenheit des Reiches, als dessen Sänger er sich fühlt. Sein Lied wird zum politischen Lied. Er verschmilzt die alte Spruchdichtung mit den neuen Formelementen und begründet so eine neue Liedgattung, die Bestand hat bis zur Lyrik unserer Tage. Den Preis wird man aber dennoch Wolfram von Eschenbach zubilligen. Was er geschaffen hat, war die Verkörperung der Ideale seiner Zeit in einer einzigen Gestalt, die vollkommenste Erfüllung also für einen Dichter. Chrestien von Troyes hatte in spannungsreicher und zugleich eleganter Gestaltung des großen Stoffbereichs um den sagenumwobenen König Artus das Ideal des höfischen Rittertums geschaffen, doch die eigentliche Begründung für die Würde des ritterlichen Lebens als der sittlichen Vollendung menschlichen Lebens schlechthin gibt Wolfram.

Wie weit Ideal und Wirklichkeit voneinander getrennt waren, sollte dann ein bayerischer Dichter der nächsten Generation zeigen, Werner der Gärtner in seinem ›Meier Helmbrecht‹. Nicht erst die nachstaufische Epoche kennt indessen diese schrankenlose Willkür der Ritter und ihrer Knechte, wir haben böse Beispiele genug schon aus der Zeit Barbarossas, besonders aus dem Salzburger Kirchenstreit. Aber ins Wanken geriet die soziale Ordnung doch erst mit

dem Verlust an Schutz und Sicherheit für die zahlreichen Ministerialen der bayerischen Dynasten, als das 13. Jahrhundert den Untergang der Mehrzahl dieser hochadeligen Häuser in Bayern brachte
und ihre Gefolgsleute damit dem Herzog ausgeliefert waren. Daß es
wieder zu einer neuen gefestigten Ordnung kam, war das Werk des
neuen Herzogsgeschlechts, der Wittelsbacher.

DAS HERZOGTUM DER WITTELSBACHER

Die Absetzung Heinrichs des Löwen brachte nicht nur einen Wechsel in der herrschenden Dynastie, sondern war Teil eines allgemeinen Verfassungswandels. Auch das Land Bayern wird seither in einem Prozeß, der sich über mehrere Stufen hinzieht, auf völlig neue Grundlagen gestellt. Anders als 1070, als zunächst das Herzogtum selbst keinen Wandel erfuhr, änderte sich jetzt auch das Wesen von Amt und Herrschaft. Die dafür maßgebenden Faktoren reichen allerdings schon weiter zurück, sie hängen zusammen mit der allmählichen Umwandlung der Grafschaft vom Amt zur Herrschaft, dem Aufstieg der Vogtei, dem Ausschluß fremder Hoheitsträger aus der hochadeligen Grundherrschaft – ein Vorgang, der möglicherweise beeinflußt ist von der Verfestigung der kirchlichen Immunität seit dem Investiturstreit, aber auch von der Intensivierung der königlichen Lehenshoheit, die über den Herzog hinweg in die Herzogtümer eingriff, um Grafen und Vögte direkt an die Krone zu binden. Gleichzeitig – auch dieser Prozeß geht noch ins ausgehende 11. Jahrhundert zurück – kam es zur Bildung immer neuer Herrschaftskörper, die zum Teil Titularherzogtümer waren, wie die Herrschaft der Zähringer in Baden und in der Schweiz, der Welfen in Schwaben, dann der Andechser in Bayern, Tirol und Franken, zum Teil aber auch neuer landrechtlicher Einheiten, wie das Herzogtum Österreich und schließlich 1180 das Herzogtum Steiermark.

Mit Otto von Wittelsbach trat der neue Zustand noch nicht eindeutig zutage, doch zeigt sich schon bei ihm ein Einschnitt. Als Pfalzgraf war er einst eine im ganzen Reich bekannte Persönlichkeit gewesen; er hatte, nicht anders als der Herzog, gewissermaßen das Land zusammengehalten, insofern er, eben innerhalb des Landes, anstelle des Königs und für den König das Reichsgut in Bayern beaufsichtigte. Er amtierte aber gleichzeitig als Stellvertreter des Herzogs im Gericht und bei der Durchführung der Acht, stand also zwischen Herzog und König, als Vertrauensmann beider. Diese Stellung war nur möglich, solange das alte Land Bayern allgemein als staatsrechtliche Einheit angesehen wurde; der Verfallsprozeß setzte schon um die Jahrhundertwende ein. Keine Urkunde nennt mehr den Pfalzgrafen in Zusammenhang mit Veräußerungen von Königsgut, Heinrich VI. bereits beginnt das Königsgut, angefangen in Schwaben, aus dem Land zu ziehen und zu eigenen Organisationseinheiten zusammenzufassen. Vollends der Nachfolger des letzten Wittelsbacher Pfalzgrafen, der Graf von Ortenburg, ist als Pfalzgraf bedeutungslos.

Es scheint, daß das Königsgut den Anfang machte – der ganze Norden des Herzogtums und das einstige Welfenland am Lech war damit der Hoheit des Herzogs entzogen. Bald aber folgten Grafen und Bischöfe, die unter Heinrich dem Löwen auf zahlreichen Landtagen den Hof des Herzogs besucht und seinem Spruch gehorcht hatten. Richter über Bischöfe war schon der Nachfolger Ottos von Wittelsbach, der 1183 als Kind an die Regierung gekommene Ludwig der Kelheimer nicht mehr; die Kämpfe mit ihnen rissen nicht ab, die immer um die beiderseitigen Versuche gingen, Land und Herrschaft zur Deckung zu bringen. 1205 kommt es, mit dem Bischof von Regensburg, zum ersten Vertrag auf Gegenseitigkeit, der Herzog erkennt damit den Bischof als gleichberechtigten Partner an. Der letzte Landtag, den die bayerischen Bischöfe aufsuchten, fand 1240 statt; aber schon er sah die Bischöfe nicht mehr als Glieder des neuen Herzogtums, sondern nur noch als Glieder des Landfriedensgebiets Bayern. Zusammen mit den Bischöfen und nach ihrem Beispiel entzogen sich auch die bayerischen Grafen der Gerichtshoheit des Herzogs zusehends; alle herzoglichen Verlautbarungen, die ein hoher Anspruch bezüglich der 'Praerogativa monarchiae Bavaricae' kennzeichnet, können nicht darüber hinwegtäuschen, daß der Hof des Herzogs von den mächtigsten Grafen kaum mehr gesucht wurde, nie vor allem unterwarfen sie sich mehr seinem Schiedsspruch. Die Fehden zwischen ihnen und den Herzögen rissen bis zur Jahrhundertmitte nicht mehr ab, bis ein Grafengeschlecht nach dem anderen schließlich ausstarb, in einem rätselhaften Prozeß, den niemand befriedigend erklären kann. Die wenigen Grafen, die es dann in Bayern noch gab, kamen zum letzten Mal 1255 auf einen herzoglichen Landtag.

Das ist dann bereits der Zeitpunkt, zu dem das Land Bayern, die 'terra Bavarica', zusammengeschmolzen ist zum neuen Herzogtum der Wittelsbacher. Der Name 'Bayern' meint jetzt nicht mehr das alte Stammesherzogtum mit seinen weiten Grenzen, sondern nur noch ein Territorium, das zusammengewachsen ist aus dem unmittelbaren Herrschaftsbereich der Wittelsbacher, aus ihren Grundherrschaften, Grafschaften, Vogteien und Geleitsrechten, wie die Gelnhäuser Urkunde von 1180 das Wesen des Territorialherzogtums definierte. Der nahezu privatrechtliche Charakter dieser Besitzrechte schien dann 1255 dazu zu berechtigen, das Herzogtum unter die beiden Söhne Ottos II., Ludwig und Heinrich, zu teilen, die Ursache zu vielen Unzuträglichkeiten, die sich bis 1504 nicht ändern sollten. Der Zerfall des alten Landes wurde dadurch vollendet, daß sich gleichzeitig auch die Landesherrschaft der bayerischen Bischöfe ausbildete, wenig später spricht man auch vom Land Salzburg wie vom Land Tirol. Eine letzte Funktion blieb dem alten Reichssprengel Bayern; im Regensburger Landfrieden Rudolfs von Habsburg von 1281 stellte er das Gebiet dar, in dem der Landfrieden zu beachten ist, Herzöge wie Bischöfe haben ihn gemeinsam zu wahren. Der spätere bayerische Reichskreis ist hier bereits vorgebildet.

Dieser Prozeß, der fast ein Jahrhundert dauerte, vollzog sich in einem Raum, der nicht nur von den sich durchkreuzenden Interessen des Herzogs, der Bischöfe und der Grafen beherrscht wurde, sondern in dem auch das Königtum lange Zeit in vorrangigem Maße eigene politische Ziele verfolgte. Ausgenommen wenige Jahre, lag die königliche Würde in den Händen der Staufer, die den deutschen Südwesten beherrschten und deren Besitz auch den bayerischen Nordgau fast zur Gänze erfaßte, nur die wittelsbachische Grafschaft um die Burg Lengenfeld und die Herrschaftsgebiete der Grafen von Sulzbach und der Markgrafen von Cham-Vohburg durchbrachen den staufischen Komplex zwischen Eger und Nürnberg. 1188, mit dem Tod des letzten Grafen von Sulzbach, kam auch die Masse der Besitzungen dieses Hauses an die Staufer; was an Donau, Regen und

Altmühl vor sich ging, war also für das Königshaus von größter Bedeutung. Es stellte sich allerdings den neuen Herzögen von Bayern nicht grundsätzlich in den Weg. Für Heinrich VI. und Philipp von Schwaben war die reichspolitische Bedeutung der bayerischen Herzöge wichtiger als eine etwaige Störung staufischer territorialer Interessen, und als der deutsche König Heinrich, der Sohn Friedrichs II., 1228 bis 1233 im Zuge der Wiederaufnahme großräumiger staufischer Territorialpolitik die bayerischen Herzöge wiederholt in Bedrängnis brachte – wahrscheinlich gehört auch die Ermordung Herzog Ludwigs zu Kelheim 1231 in diesen Zusammenhang –, griff schließlich der Kaiser selbst ein und beendete den staufischen Druck auf Bayern. Als es allerdings seit 1237 darum ging, Österreich in direkte Abhängigkeit vom staufischen Haus zu bringen, zunächst durch Vollzug der Reichsacht über den Babenbergerherzog Friedrich den Streitbaren, nach seinem Tode 1246 durch Übernahme Österreichs als Reichsland, stießen die beiderseitigen Interessen doch wieder zusammen. Für Bayern bedeutete das wiederholt den Entzug des kaiserlichen Schutzes in den Kämpfen mit den bayerischen Bischöfen und den Grafen; aber auch der Kaiser war durch den Zwiespalt mit dem mächtigsten Reichsfürsten, dem Herzog von Bayern, der seit 1214 durch die Heirat Ottos II. mit der Pfalzgräfin Agnes auch noch Pfalzgraf bei Rhein war, in steter Gefahr, im Reich jeden Rückhalt zu verlieren, zumal der 1239 über ihn verhängte Kirchenbann, der 1245 zu Lyon in besonders wirkungsvoller Weise erneuert wurde, den widerstrebenden Fürsten Möglichkeiten, ja Anreiz zur Neuwahl eines Königs gab. So zog der Kaiser schließlich doch das Zusammenwirken mit Bayern vor und schloß mit dem Herzog ein enges Bündnis, das durch die Heirat seines Sohnes Konrad mit der Herzogstochter Elisabeth besiegelt wurde. Konradin, beider Sohn, war deshalb der engste Verwandte der Bayernherzöge der nächsten Generation. Als er seinen Zug nach Italien vorbereitete, verpfändete er alle staufischen Besitzungen im Umkreis des Herzogtums an seine beiden Onkel Ludwig und Heinrich, und als der letzte Staufer 1268 zu Neapel hingerichtet wurde, überließ er ihnen testamentarisch die verpfändeten Besitzungen, das Staufererbe auf dem Nordgau, an der Donau von Donauwörth bis Lauingen und den Lechrain. Mit dieser Erwerbung wurde der Neubau des bayerischen Territorialherzogtums im wesentlichen abgeschlossen.

Entscheidende Stationen auf dem Weg bis 1268 sind die Erbfälle, bei denen die Güter ausgestorbener Grafenhäuser an das Herzogtum kamen, und die Verträge mit den bayerischen Bischöfen, in denen, nach langen Kämpfen, die Anerkennung der beiderseitigen Besitzrechte, d. h. der beiderseits entstandenen Territorien mit den entsprechenden Hoheitsrechten festgehalten wurde. Kampflos ging auch der Erwerb einiger Grafschaften nicht vor sich, vor allem, wenn dabei auch versucht wurde, die Kirchenlehen und Vogteirechte der ausgestorbenen Grafen zu übernehmen, so daß sich beide Komplexe immer wieder gegenseitig durchdringen, und da der Kaiser bei seiner Suche nach Verbündeten sich vor allem auf die Bischöfe stützte, spielt auch das Verhältnis zum staufischen Haus bis in die lokalen Ereignisse hinein eine wichtige Rolle. Das ist stets zu bedenken, wenn man die Verwirrung dieser Jahre zu klären versucht.

Daß es den bayerischen Herzögen gelang, in Wahrnehmung eines Rechts, das schon Lothar von Supplinburg, Friedrich Barbarossa und die Babenberger, in Bayern Heinrich der Löwe für sich beansprucht hatten und das in den beiden Reichsgesetzen 1220 und 1231/32 anklingt, dem Heimfallsrecht, die Mehrzahl der bayerischen Dynasten zu beerben, entschied über die Gestalt des neuen Herzogtums wie über die Machtfülle der Herzöge mehr als alles andere. 1204 starb die Hauptlinie der Markgrafen von Cham und Vohburg aus, der Herzog trat in ihr Erbe ein. 1219 erlangte er, nach Kämpfen mit dem Erzbischof von Salzburg, die Hauptmasse der Besitzungen der ausgestorbenen Grafen von Peilstein, 1229 teilte er sich mit dem Salzburger das Erbe der Grafen von Lebenau, 1242 fiel der weite Besitz der Grafen von Bogen an der Donau und im Bayerischen Wald an das Herzogtum, dann die Herrschaft der Kraiburger Linie der Grafen von Ortenburg, 1245 das Erbe der Wasserburger, schließlich 1248 das innerbayerische Erbe der Grafen von Andechs, also nicht ihr Besitz in Tirol oder in Franken. Der Kampf um das Andechser Erbe entbrannte bereits 1228, als Ludwig der Kelheimer versucht hatte, nach dem Tode des Grafen Heinrich von Wolfratshausen dessen Anteil am Andechser Gesamtbesitz an das Herzogtum zu bringen. Er scheiterte zunächst an dem Bündnis Herzog Ottos VII. von Meranien, des Bruders Heinrichs, mit dem Stauferkönig Heinrich; doch als er nach 1241 den Kampf erneut aufnahm, ließ Friedrich II. schließlich den Andechser fallen, und noch ehe der letzte dieses Hauses, Otto VIII. von Meranien, 1248 starb, war sein Erbe am Ammersee und Starnberger See bereits verloren. Da er auch noch Vogt der Reichsklöster Tegernsee und Benediktbeuern war und als Vogt des Hochstiftes Brixen über reiche Besitzungen in Tirol verfügte, war mit der Ausschaltung der Andechser wohl die größte Gefahr für das werdende Land Bayern gebannt. In den Sturz der Andechser wurden auch die Grafen von Neuburg-Falkenstein hineingezogen, auch ihre Herrschaften brachte Otto II. an sich. Gegen Ende des Jahrhunderts gab es schließlich nur noch verschwindend wenige Herrschaftsgebiete alter Dynasten in Bayern, wie der Ortenburger am unteren Inn, der Grafen von Hals an der Ilz, der Abensberger um die Abens und die untere Altmühl, der Grafen von Hirschberg an der mittleren Altmühl, der Leuchtenberger auf dem Nordgau. Weit über das Land zerstreut und ohne Zusammenhalt, konnten sie die Einheit des Herzogtums nicht mehr gefährden.

Die um 1250 erreichten Grenzen auch auszufüllen, war indessen nicht leicht. Die Hauptmasse der Herrschaftsrechte all dieser Dynasten bestand in Vogteien und Kirchenlehen, doch im Reichsgesetz von 1220 war auch den Bischöfen ein Heimfallsrecht garantiert worden, und so versuchten auch die bayerischen Bischöfe, die erledigten Vogteien einzuziehen und ihre Lehen zurückzufordern. Die Herzöge ihrerseits übernahmen in der Regel die Herrschaftsbereiche der Dynasten, die verwaltungsmäßig meist bereits durchgegliederte Einheiten waren, ohne jede Unterscheidung ihrer Rechtsqualität; die dadurch unausbleiblichen Kämpfe mit den Bischöfen von Regensburg, Bamberg, Passau, Freising, Salzburg und Eichstätt endeten mit Verträgen, in denen jeweils beide Parteien zu Verzichten genötigt wurden. Es gelang keinem der Bischöfe, den Grundbesitz ihrer Kirche zu einem geschlossenen Territorium auszubauen – das hätte das Herzogtum in heilloser Weise zerrissen –, es gelang aber auch den Herzögen nicht, die Hoheitsrechte der Bischöfe auf den nächsten Umkreis der Domkirche einzuengen oder gar, wie 1230 vorübergehend mit Freising, die Bischofstadt selbst in das werdende herzogliche Territorium einzubeziehen. Regensburg, Passau und Freising behielten dabei jeweils nur schmale Streifen Landes unter eigener Hoheit, nur Bamberg konnte die Herrschaft Vilseck auf dem Nordgau, vor allem aber seine fränkischen Besitzungen behaupten, und Salzburg gelang es in unablässigen Kämpfen seit 1219, außer Reichenhall und den Gebieten westlich von Alz und Traun – ausgenommen Mühldorf – seinen reichen Grundbesitz und seine Forstbezirke im Seengebiet und im Pongau und Lungau zu behaupten und dazu die Grafschaften im Pinzgau neu zu erwerben; zusammen mit den vielen erledigten Vogteien, die Erzbischof Eberhard zielstrebig einbehielt, bildeten diese Besitzungen das Land Salzburg, das im letzten Vertrag von Erharting 1275 bayerischerseits durchaus anerkannt wurde, auch wenn der Name selbst dabei noch nicht fällt. Auch der Bischof von Augsburg, Hartmann, der letzte aus dem Hause der Grafen von Dillingen, trat Herzog Ludwig dem Strengen mit Erfolg entgegen und wehrte nach dem Aussterben der Staufer dessen Griff nach der Vogtei über Stadt und Hochstift Augsburg wie nach der Straßvogtei westlich des Lech 1282 schließlich ab. Die Lechgrenze jedoch, die Westgrenze also des alten Stammesherzogtums, war um diese Zeit bereits unumstritten, an der Donau griff sie sogar über die alten Verhältnisse hinaus, unverändert blieb die Grenze auch im Norden.

Erheblich zurückgedrängt war das herzogliche Herrschaftsgebiet im Osten, bis an die Alz und Traun, auch das Chorherrnstift Berchtesgaden entzog sich der bayerischen Hoheit; da auch alle Versuche seit 1237, 1246 und 1256 gescheitert waren, unter Ausnutzung der Bedrängnisse des letzten Babenbergers oder im Zuge der Kämpfe um das erledigte Babenbergererbe das Herzogtum Österreich oder wenigstens das Land ob der Enns oder die Steiermark zu erwerben, blieb diese Grenze fest und von Dauer. Die Grafschaft Tirol im Süden, die vor 1280 staatsrechtlich nie eine Einheit gebildet hatte, sondern aus mehreren Grafschaften bestand, die größtenteils an die Bischöfe von Brixen und Trient verliehen und von ihnen weitervergeben worden waren, war ein territoriales Gebilde, das seine Entstehung nicht zuletzt dem Geschick und der Tatkraft dankte, mit denen

Meinhard II. von Tirol seit der Jahrhundertmitte die Gunst der Umstände genutzt hatte. Vor allem die Übernahme des Andechser Erbes im Gebirge rundete seinen Besitz ab, der auch in den Jahrzehnten vorher kaum mehr die Oberhoheit des Herzogs von Bayern zu spüren hatte. Ein Fürstenspruch auf dem Ulmer Reichstag 1282 erklärte Tirol zum Land mit eigenem Landrecht; wenn auch die Begründung nicht stimmt, daß Tirol nie zu Bayern gehört habe, so war die rechtliche Wirkung des Spruches doch von Dauer.

Es wäre den bayerischen Herzögen aber auch ohne diese Absicherung schwergefallen, Tirol unter ihren Einfluß zu bringen, sie waren an zu vielen Brennpunkten beansprucht. Ausschlaggebend war, daß 1255, drei Jahre nach dem Tode Ottos II., seine beiden Söhne Ludwig – mit dem späteren Beinamen der Strenge – und Heinrich das Herzogtum teilten. Ludwig erhielt zur Pfalzgrafschaft bei Rhein und Oberbayern das westliche Bayern mit München und einen Teil des Nordgaus, Heinrich Niederbayern mit Landshut, Straubing, Burghausen und Braunau. Nicht nur die Spannungen zwischen den Brüdern, die aus solchen Teilungen gern entstehen, belasteten ihr zukünftiges Verhältnis und ließen selten gemeinsame Aktionen entstehen, es waren auch die Interessenschwerpunkte selbst, die fast ständig zu den widersprüchlichsten Entscheidungen führten. Heinrich von Niederbayern stand vor einer Aufgabe, die das ungeteilte Herzogtum zu erfüllen sicher in der Lage gewesen wäre; er mußte alles daransetzen, die Machtkonzentration zu verhindern, die sich im Osten anbahnte, als es Friedrich II. nicht gelungen war, Österreich als Reichsland zu behaupten. König Ottokar von Böhmen, der aus seiner Heirat mit der Schwester des letzten Babenbergers Ansprüche auf Österreich ableitete, hatte noch vor dem Tod König Konrads IV., abgesichert durch sein Bündnis mit den bayerischen Bischöfen, Ober- und Niederösterreich in seine Hand gebracht, auch im Kampf um die Steiermark seit 1256 gewann er über Heinrich von Niederbayern die Oberhand. Wiederholt fiel er in Bayern ein und konnte mit Mühe abgewehrt werden, der oberbayerische Herzog jedoch, der 1257 noch eingegriffen hatte, war seither gebunden durch seine Aufgaben in der Reichspolitik, als Haupt der staufischen Partei und durch seine territorialen Ziele am Rhein. So geriet auch

Salzburg 1262 unter die Kontrolle des Böhmenkönigs, nur im Zusammenwirken mit Ungarn war weiteres Ausgreifen zu verhindern. Wäre Ottokar, nach dem Tode Richards von Cornwall, zum deutschen König gewählt worden, wäre schon damals jene Konstellation eingetreten, welche die ganze Neuzeit hindurch bestand, die Verbindung Böhmens mit Österreich und damit die Umklammerung Bayerns.

Die Königswahl des Jahres 1273 unterband eine solche Entwicklung vorerst noch einmal. Ottokar hatte sich vergeblich Hoffnung gemacht, gewählt wurde, nach klugem Verzicht Ludwigs des Strengen auf seine eigene Kandidatur, die angesichts seiner Stellung im staufischen Lager und vielfältiger territorial-politischer Gegensätze zu den rheinischen Erzbischöfen wenig Aussichten gehabt hätte, Graf Rudolf von Habsburg. Ludwigs Verdienste um diese Wahl wurden belohnt mit der Hand von Rudolfs Tochter Mechthild, außerdem bestätigte der neue König seinem Schwiegersohn den Besitz des Konradinischen Erbes. Sein Bruder Heinrich dagegen erkannte Rudolf nicht an, sondern schlug sich, in lange vorbereitetem Bündniswechsel, jetzt auf die Seite Ottokars; mit ihm geriet er dann auch in das Spannungsfeld der königlichen Revindikationspolitik, die schließlich 1275 zur Acht über Ottokar und dem Verlust Österreichs und der Steiermark, 1278 zu seinem Tod auf dem Schlachtfeld führte. Heinrich von Niederbayern löste sich erst in letzter Minute von Ottokar, nicht ohne sich dafür das Land ob der Enns zusichern zu lassen. 1279 jedoch zwang ihn Rudolf von Habsburg, das Land wieder zu räumen. Das Herzogtum Österreich und die Steiermark nahm er selbst in Besitz und belehnte damit seine Söhne. Kärnten, das 1279 ebenfalls frei wurde, gab er 1286 an Meinhard von Tirol.

Hatte Heinrich von Niederbayern vorausgesehen, daß der König selbst als Nachbar im Osten kaum weniger gefährlich sein würde, als es vordem Ottokar von Böhmen war, so waren Ludwig solche Überlegungen offenbar fremd. Er hielt an seinem Bündnis mit dem König um so mehr fest, als sein Bruder jedes Aufbäumen gegen ihn mit immer neuen Demütigungen bezahlen mußte. Die verhängnisvollste war die königliche Entscheidung von 1290 gegen das niederbayerische Kurrecht zugunsten Böhmens, eine Entscheidung, der .

auch Ludwig zustimmte, obgleich sie dem bisherigen Wahlverhalten sowie der Rechtsauffassung des Schwabenspiegels widersprach und vor allem auch die Entwicklungsmöglichkeiten seines eigenen bayerischen Landesteils, wie die Zukunft zeigen sollte, aufs schwerste beeinträchtigten sollte. Es ging bei alledem Herzog Ludwig wohl weniger um sein persönliches Verhältnis zum König, als darum, von ihm in seiner Politik keine Hindernisse in den Weg gelegt zu bekommen, denn als 1291 Rudolf von Habsburg starb, trat er nicht für seinen Schwager Albrecht ein, den Sohn Rudolfs, der den Wählern bereits zu mächtig war, sondern für den unbedeutenden Grafen Adolf von Nassau. Damit wahrte er, als Adolf 1292 König wurde, erneut den bisher so wirksamen Vorzug der Königsnähe, auch verheiratete er seinen Sohn Rudolf mit der Tochter König Adolfs. Doch als alle Versuche, Albrecht von Habsburg Österreich wieder zu entreißen – auch Heinrichs Sohn Otto von Niederbayern beteiligte sich daran –, vergeblich blieben, wurden auch Bayern und die Pfalz in die Katastrophe Adolfs von Nassau hineingerissen. Auch die Herzöge von Ober- und Niederbayern wurden 1298 in Göllheim geschlagen, Pfalzgraf Rudolf wurde vom neuen König, Albrecht von Österreich, geradezu wie eine Geisel behandelt. Als er dann 1300 im Bund mit den übrigen rheinischen Kurfürsten versuchte, die Übermacht Albrechts zu brechen, wurde auch er in ihre Niederlage verwickelt, der Sieger forderte von Bayern alles Reichsgut zurück, damit das ganze Konradinische Erbe. Die Politik Ludwigs des Strengen war damit gescheitert.

Zum Scheitern verurteilt war auch der Griff Ottos von Niederbayern nach der ungarischen Königskrone, die 1301 mit dem Aussterben der Arpaden frei wurde. Als Enkel König Belas wurde Otto von einem Teil der ungarischen Großen gewählt, doch trotz der Krönung zu Stuhlweißenburg 1305 konnte er sich nicht in Ungarn behaupten, nicht zuletzt dank der Gegenwirkung Albrechts I. Erst als dieser 1308 durch seinen Neffen Johann Parricida ermordet wurde, war die Gefahr gebannt, daß das Werk eines Jahrhunderts, die Grundlegung des neuen Landes Bayern, wieder zerschlagen würde.

DAS SPÄTE MITTELALTER:
DIE TEILUNGEN UND IHRE FOLGEN

Ungeachtet der Teilung von 1255 und ihrer Folgen war Bayern um 1300 immer noch ein Land, das zu den bedeutendsten Machtkonzentrationen im Gesamtreich gehörte. Das war bedingt vor allem durch die zweckmäßige Verwaltungsorganisation, die seit den ersten Jahrzehnten des 13. Jahrhunderts, wohl nach dem Vorbild der staufischen Reichsverwaltung oder unter direktem Einfluß der normannischen Verwaltung, von Ludwig dem Kelheimer und Otto II. entwickelt wurde und deren Geheimnis in der Ablösung von Gericht, Verwaltung und Kriegswesen aus der feudalen Ordnung lag. Der außerordentliche Anfall an Grafschaften, Vogteien, Grundherrschaften, an höheren und niederen Gerichten, an Ministerialen und edelfreien Vasallen war mit den alten Mitteln nicht mehr zu bewältigen. Selbst die herzoglichen Ministerialen waren längst dabei, sich von der herzoglichen Leibherrschaft zu emanzipieren und in die Stellung von Vasallen hineinzuwachsen; die ihnen zur Bewachung anvertrauten Burgen wie die Dörfer, in denen sie auf herzoglichen Auftrag als Richter und Verwaltungsbeamte fungierten, betrachteten sie als Lehen und damit der direkten Verfügung durch den Herzog entzogen, und nicht anders stand es mit den zahlreichen Ministerialen der ausgestorbenen Dynasten, die noch dazu die alte Feindschaft gegen den Herzog und seine Ministerialen nicht immer vergessen hatten. Das Lehenswesen als Basis der Verwaltung war nicht mehr brauchbar; die neue Form dagegen, das Berufsbeamtentum, das im Normannenstaat in Unteritalien am konsequentesten ausgebildet worden war – auf byzantinischer Grundlage –, erlaubte die Verwaltung auch großflächiger Einheiten durch ein System abgestufter Beteiligung an der Verantwortung. Voraussetzung dafür war die endgültige Ablösung der im Hochmittelalter noch vorherrschenden Naturalwirtschaft durch die Geldwirtschaft. Jetzt war es möglich,

Beamte durch regelmäßige Geldzahlungen zu entlohnen, während die Ministerialen mit Lehen entschädigt worden waren. Lehensbesitz aber bedeutete Herrschaft eigenen Rechts, über kurz oder lang wurde das Lehen seinem Herrn entfremdet, damit aber auch die direkte Herrschaft. Die Reichsgesetze Friedrichs II. von 1220 und 1231/32 erlaubten es den 'domini terrae', bei heimgefallenen Grafschaften und Vogteien an die Stelle der Grafen und Vögte Beamte zu setzen, die nur im Auftrag des Herrn amtierten, als Richter, Finanzbeamte und militärische Anführer der herzoglichen Vasallen. Grundlage für die jetzt zu findende Verwaltungsgliederung war weithin der alte Herrschaftszusammenhang, wie denn in den übernommenen Grafschaften bereits vielfach alle Gebiete, an denen irgendwelche Herrschaftsrechte hafteten, zu einem einheitlichen Verwaltungskörper zusammengefaßt und oft auch bereits durch Unterbeamte, durch 'judices', verwaltet worden waren. Über die Landrichter oder Pfleger, wie die Beamten der Wittelsbacher dann hießen, wurden noch im 13. Jahrhundert 'vicedomini' gesetzt, unmittelbare Vertreter des Herzogs, und zwar für größere Bezirke; sie saßen in den zentralen Orten München, Landshut, Burghausen, Straubing und Burglengenfeld und überwachten die Richter, fungierten als Berufungsinstanzen, vor ihrem Gericht hatte sich der regionale Adel zu verantworten.

An die Stelle der alten Grafen waren also jetzt der herzogliche Vizthum und seine Pfleger und Landrichter getreten, der Herzog selbst war turmhoch über diese Schicht erhoben, ebenbürtig waren ihm nur noch, aber auch das nur noch dem gesellschaftlichen Rang nach, die letzten bayerischen Dynasten, die geblieben waren, die Landgrafen von Leuchtenberg und die Grafen von Ortenburg und Abensberg. Grafen, Bischöfe und Äbte hatten auf den Hoftagen und Landtagen früher das Land vertreten, zusammen mit dem Herzog und gegenüber dem Herzog. Diese Schicht fiel jetzt weg, an ihre Stelle traten die Ministerialen des Herzogs, dann alle, die im Land Herrschaft ausübten, Ministerialen und Edelfreie. Aus ihnen wurden auch die Ratgeber genommen, deren sich der Herzog von Fall zu Fall bediente, ebenfalls die Schiedsrichter, die bei den Landesteilungen oder bei Streitigkeiten zwischen den beiden Herzögen zugezogen wurden; selbst zu Schiedssprüchen wurden sie aufgerufen, die generell die Gerechtsame im Land betrafen. Es ist also verständlich, daß sie jetzt, anstelle der alten Grafen, das Land auch gegenüber dem Herzog vertraten, zusammen mit den Äbten, die ja auch Herrschaften im Land besaßen. In der Landesverfassung fest verankert wurde ihre Stellung in den großen Privilegien von 1302 zu Schnaitbach, für die oberbayerische Ritterschaft, und von 1311, der Ottonischen Handfeste, die König Otto von Ungarn, Herzog von Niederbayern, dem Adel und den Prälaten seines Landes gewährte. In beiden Privilegien wird die Vereinigung der Herren als legitim anerkannt, ihr Recht, den Fürsten gegenüber das Land und die Interessen der Untertanen zu vertreten, ihrer eigenen wie der des Fürsten. In der Ottonischen Handfeste erkannte der Herzog auch das Recht der Herren an, in ihren eigenen Herrschaftsbereichen, sofern sie geschlossene Hofmarken waren, das Niedergericht auszuüben; nur die zum Tod führenden Fälle, das Hoch- und Blutgericht, behielt der Herzog sich und seinen Beamten vor. Als Gegenleistung erhielt der Herzog eine Steuer von allem Vieh im Land.

Das ist der Beginn der landständischen Entwicklung; die Steuer, zunächst nichts als eine außerordentliche Hilfe, die das Land dem Herzog gewährt, freiwillig und ohne daß der Herzog darauf einen Rechtsanspruch hat, außer bei 'ehafter Not', bei einem wirklich dringenden Anlaß, bei Gefangenschaft des Herzogs etwa, muß immer eigens bewilligt werden, dazu treten die Vertreter des Landes zusammen und beraten miteinander und mit dem Herzog. Im Laufe des 14. Jahrhunderts kamen auch die Vertreter der finanzkräftigsten Schicht hinzu, die Bürger der neu entstandenen Städte. Obwohl es ausnahmslos Herzogsstädte waren, der Herzog also Stadtherr war, oft auch Grundherr, wurden auch sie jetzt gefragt, wenn eine Steuer beschlossen werden sollte.

Die Entstehungsgeschichte der bayerischen Städte gehört im allgemeinen – ausgenommen die Bischofsstädte Regensburg, Passau, Salzburg und Freising, die auf römische Ursprünge zurückgehen – in den großen Zusammenhang der Hochzeit der deutschen Städtegründungen, des frühen 13. Jahrhunderts. Nach dem Vorbild der Zähringer, Staufer und Welfen beginnen auch die Wittelsbacher damit, anstelle der bisher als Festungen und Verwaltungsmittelpunkte dienenden Burgen Städte anzulegen. Den Beginn machte wohl Kelheim um 1180, dann folgt Landshut 1204, wie denn Ludwig der Kelheimer bereits außerordentlich rührig war. Straubing, Erding und Landau verdanken ihm ihre Entstehung, Burghausen und Reichenhall ihren städtischen Charakter. Otto II. dann baute die Donaulinie, die Isarlinie und Innlinie weiter aus, unter seinen Söhnen schließlich kommt es zum vorläufigen Abschluß; das ganze Herzogtum ist von einem Kranz von Städten umgeben, die wichtigsten Straßen, vor allem jene, die an den großen Flüssen entlangführen, besonders die Donaustraße, sind an allen wichtigen Punkten mit Städten besetzt. Diese Tatsache bereits deutet auf das Hauptcharakteristikum dieser Städte hin: sie sind zuallererst Festungen, solche noch dazu, deren Unterhalt nichts kostet, weil sie nicht mehr von Ministerialen, sondern von den Bürgern selbst verteidigt werden. Ihre Entstehungsgeschichte belegt diese Feststellung ebenfalls nicht selten; Landshut entsteht, ähnlich wie München, als Gegenposition gegen einen Isarübergang des Bischofs von Regensburg, Erding wird der Bischofsstadt Freising vor die Tore gesetzt und schneidet Freising von seinen östlichen Besitzungen ab, verhindert also die Ausbreitung des Freisinger Territoriums über die Isar hinaus, in Dingolfing setzt der Herzog der Bischofsstadt die eigene entgegen, Vilshofen riegelt das bischöfliche Passau gegen Westen hin ab.

Die Stadt trat aber vor allem wegen ihrer umfassenden Funktion an die Stelle der Burg. Sie war auch weitaus praktischer als Verwaltungsmittelpunkt zu gebrauchen, ihre Lage an günstigen Straßen prädestinierte sie vor allem als Handelszentrum, sowohl für den lokalen Markt zur Versorgung des Umlandes wie als Umschlagplatz für den Durchgangshandel, der besonders die Flußläufe ausnützte. Die großen Salzstraßen liefen allerdings auch quer durch das Land, von Reichenhall über Wasserburg nach Landshut bzw. München, von dort nach Franken und Schwaben, wo überall das bayerische Salz dominierte. Vor allem das 15. Jahrhundert sollte eine Handelsblüte für Bayern bringen, deren Zeugnisse wir heute noch bewundern können, die großartigen Stadtanlagen zu Landshut, Straubing, Deggendorf, Wasserburg und Ingolstadt, und die mächtigen Bürgerkirchen auch in kleinen Landstädten wie Erding, Pfarrkirchen, Eggenfelden, Braunau und Schärding.

Diese Kirchen waren auch das Werk der Bürger, ein Denkmal, das sie sich selbst setzten, ihrer Kraft, ihrer Tüchtigkeit, ihrem Selbstbewußtsein. Bürger sein bedeutete spätestens seit dem 14. Jahrhundert auch in Bayern, frei zu sein. Bereits die ersten Stadtrechte zu Landshut, zu München, zu Ingolstadt noch im ausgehenden 13. Jahrhundert bringen schon den Verzicht des Stadtherrn, des Herzogs, auf die letzten Reste der Leibherrschaft über die Bürger dieser Städte, garantieren ihnen also die persönliche Freiheit; gleichzeitig gewährt der Herzog den Bürgern das Recht der Selbstverwaltung, Bürgermeister und ein gewählter Rat, meist aus zwölf Mitgliedern bestehend, treten an die Stelle des herzoglichen Beamten, die Stadtsteuer wird nur noch zum Teil an den Herzog abgeführt, der andere Teil dient den eigenen Bedürfnissen der Stadt, vor allem dem Unterhalt der Stadtmauer, und schließlich erhält die Stadt als geschlossene Friedensgemeinschaft ihr eigenes Recht mit eigenen Bußsätzen und mit eigenem Gerichtsstand, wird also auch rechtlich aus dem umliegenden Land herausgehoben. Mit dieser Gründungswelle, die mit Furth im Wald bis in die dreißiger Jahre des 14. Jahrhunderts hineinreicht, greifen die Anfänge der Stadtkultur auch auf Bayern über, das bedeutet eine arbeitsteilige Wirtschaft mit Ausbildung zahlreicher Gewerbezweige, Intensivierung des Handels, aber auch Einsetzen der Bürgerschulen, damit verstärkte Einbeziehung auch der Laien in den Bereich der geistigen Kultur.

Die politische Bedeutung, welche auch die bayerischen Städte damals, im Gegensatz zur frühneuzeitlichen Entwicklung, in nicht geringem Maße besaßen, erhellt am besten aus ihrer großen Rolle in den Anfängen Ludwigs des Bayern. Ohne die Hilfe der niederbayerischen Städte wäre ihm die Befreiung Bayerns vom Druck Habsburgs wohl kaum gelungen, standen doch selbst die Witwe König Ottos von Ungarn und die Mehrzahl des niederbayerischen Adels auf der Seite Friedrichs des Schönen, des Sohnes Albrechts I., der sowohl Herzog Rudolf von Oberbayern und Pfalzgraf bei Rhein wie seinen Verwandten Otto von Niederbayern um und nach 1300 fortwährend gedemütigt und sie schließlich gänzlich von sich abhängig gemacht hatte. Nach seinem Tod 1308 ergriff Rudolf sofort die Gelegenheit, sich durch Anlehnung an den neu gewählten König Heinrich von Luxemburg aus der Abhängigkeit von Habsburg zu lösen, Ludwig jedoch, sein jüngerer Bruder, der am Wiener Hof aufgewachsen war, dem Hof des Bruders seiner Mutter, war mit den Habsburgern verbündet. Albrecht I. hatte Rudolf sogar gezwungen, seinen Bruder an der Herrschaft zu beteiligen. So glaubte man in Wien, sich Ludwigs sicher sein zu können. Es scheint, daß Friedrich der Schöne von Habsburg, als er versuchte, durch die Vormundschaft über die Kinder König Ottos, die dieser Herzog Ludwig testamentarisch zugesprochen hatte, mit Hilfe des Adels auch Niederbayern in seinen Einflußbereich zu bringen, mit Ludwig überhaupt nicht rechnete, war dieser doch ohne jeden Verbündeten. An die Bürgerschaft von Landshut, Straubing und der kleineren Städte Niederbayerns hatte er dabei allerdings nicht gedacht. Sie stellten, neben der Ritterschaft aus dem Nordgau, die Hauptmasse der Truppen, mit denen Ludwig 1313 zu Gammelsdorf in einer klassischen Umfassungsschlacht das Ritterheer Friedrichs des Schönen schlug und damit den Ausgriff Habsburgs auch auf Niederbayern abwehrte.

Dieser Sieg war es auch, der dem Herzog des kleinen Oberbayern im Jahr darauf auch den Weg zur Königskrone öffnete. Als Heinrich VII. aus dem Hause Luxemburg 1313 plötzlich gestorben war, war sein Sohn Johann, dem er 1310 die Krone Böhmens zugebracht hatte, noch zu jung, um bereits selbst als Kandidat für die deutsche Königskrone in Frage zu kommen. Als Platzhalter, so scheint es, wählte die luxemburgische Partei, die von Erzbischof Balduin von Trier, dem Bruder Heinrichs VII., geführt wurde, den kriegstüchtigen, dabei doch weithin machtlosen Herzog von Oberbayern. Man erwartete von ihm, daß er Habsburg Schach bieten könne, rechnete aber angesichts des machtvollen Gegners nicht damit, daß es ihm gelingen würde, sich die volle Selbständigkeit zu sichern, er sollte immer von Luxemburg abhängig bleiben. Die Wahl 1314 war zwiespältig, da in Sachsen und Brandenburg die Kurstimme strittig war, so daß acht Wähler ihre Stimme abgaben, je vier für einen Kandidaten. Pfalzgraf Rudolf stimmte gegen den eigenen Bruder.

Der nun folgende Thronkampf dauerte bis 1322, er spielte sich zunächst als Ringen um Helfer und Verbündete ab, wobei Ludwig wenig glücklich war. Sein Sieg zu Mühldorf 1322 jedoch, den er nicht zuletzt mit Hilfe Johanns von Böhmen erfocht und bei dem Friedrich der Schöne in seine Gewalt geriet, sicherte das wittelsbachische Königtum für zwei Jahrzehnte, Bayern war wieder Königsland. Die Verhältnisse hatten sich jedoch gegenüber dem hohen Mittelalter entschieden gewandelt. Während unter Heinrich II., auch noch unter den Saliern, die Verfügung über die Kräfte des Herzogtums Bayern bedeutete, daß die Dienste des Landes für Ziele der Reichspolitik in Anspruch genommen wurden, hatte sich doch spätestens seit dem Regierungsantritt des ersten Habsburgers das Verhältnis verkehrt. Jetzt diente die Autorität des Königs wie seine Amtsgewalt weithin den Zielen dynastischer Politik, das heißt, der König sorgte für sein Haus und setzte dafür vor allem die königliche Lehenshoheit ein. Nur in dieser Hinsicht ist die Königsherrschaft Ludwigs des Bayern auch für sein eigenes Land und dessen Geschichte von spezieller Bedeutung.

Das erste Ergebnis des Einsatzes der königlichen Macht zugunsten der eigenen Familie war die Verdrängung des eigenen Bruders aus der Herrschaft. Pfalzgraf Rudolf, der Ludwig von Anfang an in den Weg getreten war, verlor Land und Herrschaft, und auch nachdem er 1319 gestorben war, vermochte sich der König lange Jahre nicht zur Herausgabe des Rudolf zukommenden Teiles an die Erben zu entschließen; erst 1329, im Zusammenhang mit seiner Italienpolitik, aber auch mit der Möglichkeit, die ihm der Erwerb der Kaiserkrone bot, nämlich die Krone in seinem Hause erblich zu machen, gab er seinen Neffen im Hausvertrag von Pavia die Rheinische Pfalz zurück, dazu den Großteil des Nordgaus, der dann, als Bestandteil der Pfalzgrafschaft, bald die 'Obere Pfalz' genannt wurde. Die Unterstützung des Pfalzgrafen, des vornehmsten Laienfürsten, war der Preis, mit dem der König rechnete, vor allem bei der Regelung der Nachfolge. Die Versöhnung im eigenen Hause war notwendig geworden, weil seit 1324 die Entfremdung zwischen Wittelsbach und Luxemburg, dem bisher wichtigsten Verbündeten, nicht mehr zu übersehen war. In diesem Jahr belehnte Ludwig seinen gleichnamigen Sohn, der später den Beinamen 'der Brandenburger' erhielt, mit der erledigten Mark Brandenburg. Das bedeutete keinen unmittelbaren Machtgewinn, da Brandenburg damals noch kaum erschlossen war und überdies der Adel keinerlei fürstliche Autorität tolerierte, aber der Gewinn der Kurwürde wog doch schwer, außerdem waren die Ausbaumöglichkeiten bei intensiver fürstlicher Bemühung außerordentlich. Für das nahe böhmische Königshaus war dieser Aspekt freilich von größerer Bedeutung als für Bayern; in der Tat war der Markgraf selten im Land, auch die norddeutsche Politik interessierte ihn wenig, Brandenburg hatte von der wittelsbachischen Herrschaft wenig Gewinn. Von größerer Bedeutung war deshalb der Erfolg der königlichen Landfriedenspolitik in Schwaben; es gelang Ludwig seit 1330, den Bischof von Augsburg und die schwäbischen Reichsstädte zu einem Landfriedensbündnis zu vereinigen, in dem sein Sohn Stephan als Landfriedenshauptmann die entscheidende Rolle spielte. Der Erwerb schwäbischer Herrschaften führte, zusammen mit der Verleihung der Landvogtei in Oberschwaben an Stephan, dazu, daß ernsthafte Pläne auf Wiedererrichtung des Herzogtums Schwaben erwogen wurden, jetzt aber unter einem Wittelsbacher, der seine Ansprüche noch durch Heirat mit einer Urenkelin Friedrichs II. unterstrich. Sie zu realisieren gelang dann doch nicht; um so wichtiger für die Begründung einer wittelsbachischen Machtposition, die die erfolgreiche Behauptung der Königswürde ermöglichen würde, war damit die Erwerbung Tirols, nachdem 1341 durch das Aussterben der Linie Heinrichs von Niederbayern auch dieses Teilherzogtum wieder mit Oberbayern vereinigt worden war. Tirol kam freilich nicht auf völlig legale Weise an das Haus Ludwigs des Bayern. Nachdem schon 1330 Versuche gescheitert waren, auch Wittelsbach am Erbe Meinhards von Kärnten und Tirol zu beteiligen, bot sich 1341 plötzlich die Möglichkeit zu einem Einbruch in die Alpenregion, als die Tiroler Landesherrin Margarethe Maultasch, Tochter und Erbin Meinhards von Kärnten, ihren Gemahl Johann Heinrich von Luxemburg verjagte und die Bayern ins Land rief. Eigenmächtig, gestützt auf ein Gutachten des berühmten, aber im Kirchenbann lebenden Theologen William Occam, trennte Ludwig kraft kaiserlicher Autorität die Ehe der Tiroler Landesherrin und schuf so die Voraussetzung für ihre Verheiratung mit seinem ältesten Sohn Ludwig dem Brandenburger. Sowohl die dabei zum Ausdruck kommende Mißachtung des kirchlichen Rechts wie die neuerliche Machtausdehnung schufen dem Kaiser neue Feinde; vor allem die immer wieder angestrebte Lösung aus dem 1324 über ihn verhängten Kirchenbann war jetzt nicht mehr möglich. Als Ludwig dann 1346, nach dem Tode seines Schwiegervaters Wilhelm von Holland, auch noch Holland, Seeland und Friesland für sein Haus erwarb, erhob sich kein Widerstand mehr gegen den päpstlichen Plan einer Neuwahl des deutschen Königs, bei der schließlich im Juli 1346 Karl von Luxemburg, der Sohn König Johanns von Böhmen, gewählt wurde.

Damit war Ludwig der Bayer bei einem wesentlichen Thema seiner Politik als König gescheitert, bei dem Versuch, die Krone seiner Dynastie zu erhalten. Seit er, aufgrund seiner wenig durchdachten Italienpolitik, die ihn unendlich viel gekostet, aber nichts als die auf fragwürdige Weise erworbene Kaiserkrone eingebracht hatte, von Papst Johannes XXII. 1324 mit dem Kirchenbann belegt worden war, standen die Aussichten, dieses Ziel zu erreichen, nicht zum besten; alle Versuche, vom Bann loszukommen, erwiesen sich als untauglich. Vollends die großen Reichsgesetze von 1338/39, in denen er die Unabhängigkeit der deutschen Königswahl von päpstlicher Zustimmung durchsetzte, waren nicht geeignet, das Verhältnis zur Kurie in Avignon zu verbessern, und die Tatsache, daß er damit Recht und Würde des Reiches gewahrt hatte, beeindruckte auch seine Gegner unter den deutschen Fürsten wenig. Nur die Städte hatte er im großen und ganzen dank seiner Sorge für den Landfrieden in Süddeutschland, am Rhein und in der Wetterau während seiner ganzen Regierungszeit hinter sich, ihre Hilfe war allerdings auch unerläßlich zur Finanzierung seiner Unternehmungen.

So war seine Reichspolitik insgesamt keinesfalls gescheitert, und wenn er nicht 1347 vorzeitig gestorben wäre, hätte der Gegenkönig Karl IV. keinen leichten Stand gehabt. Der Unterschied zwischen der Ausgangsposition von 1314, als Ludwig weitgehend machtlos gewesen war, und dem Ende seines Lebens war außerordentlich. Vor allem seine Stammlande standen ihm jetzt ungeteilt zur Verfügung, und auch hier hatte er vor allem für den finanzkräftigsten Teil des Landes

gesorgt, die Städte. Seine bayerische Landfriedenspolitik hatte darüber hinaus ein Ziel, das weit in die Zukunft wies; dadurch, daß er
den Herzog zum Landfriedenshauptmann machte, dadurch auch,
daß er dem Land ein eigenes Landrecht gab, schloß er es ab gegenüber den Territorien im Umkreis, auch gegenüber der Reichsgewalt.
Gerade weil er selbst Kaiser war, konnte er die Reichsrechte in Bayern unmerklich zurückdrängen; das ging so weit, daß er die Welfen-
stadt Schongau, die Friedrich II. zum Reich geschlagen hatte, wie
die alten Reichsklöster Tegernsee, Benediktbeuern und Wessobrunn
landsässig machte. Während Friedrich II. sein Herzogtum Schwaben dem Reich inkorporiert und damit als Herzogtum zerstört, die
Bildung eines Landes Schwaben ein für allemal verhindert hatte,
ging Ludwig der Bayer als Kaiser den umgekehrten Weg, er entzog
sein Land dem Reich, so gut es ging, um es damit sich und seinem
Haus als Machtgrundlage zu bewahren.

Was Ludwig der Bayer auch für sein Herzogtum geleistet hat – das
spürbare Wachstum des bayerischen Selbstbewußtseins, wie es in
der Geschichtsschreibung der Zeit begegnet, ist ein deutliches Zeichen dafür, daß das Land das auch erkannte –, so hat er es doch ver-
säumt, allem die Krone aufzusetzen, indem er Bayern selbst dem
Teilungsprinzip entzogen hätte. Ein schwächlicher Rat an seine
Söhne, das Land nicht zu teilen, war alles an Maßnahmen, was er
traf. In Wirklichkeit hatte er ja alle die Fürstentümer durch das Reich
hin zusammengerafft, um seine sieben Söhne standesgemäß ausstat-
ten zu können, die Teilung war längst vorherbestimmt. Sie erfolgte
1349, als der Thronkampf gegen Karl IV. verloren war. Bayern
selbst wurde wieder durch die bereits herkömmliche Linie zwischen
Ober- und Niederbayern geteilt. Zum oberbayerischen Teil wurden
auch Tirol und Brandenburg geschlagen, aus dem niederbayerischen
wurde ein Stück um Straubing herausgeschnitten und mit dem nie-
derländischen Erbe zu einem Fürstentum vereinigt. Die Probleme
der Grenzziehung, Rivalitäten anderer Art zwischen den Brüdern,
aber auch sachliche Notwendigkeiten, die von den verschiedenartigen Interessenschwerpunkten diktiert wurden, führten in Kürze
dazu, daß die Teilfürstentümer jeweils ihre Sonderpolitik trieben,
nicht selten auch gegeneinander. Das Ergebnis war, daß bereits die

Generation der Söhne Ludwigs des Bayern die Stellung des Gesamthauses Wittelsbach, wie sie 1349 noch bestand, wieder gänzlich einbüßte, nicht zuletzt aufgrund der diplomatischen Genialität Karls IV.

Der erste bedeutende Einbruch gelang dem Kaiser in der Oberpfalz. Der Ansatzpunkt war die Mitgift seiner Gemahlin Anna, der Tochter des Pfalzgrafen Ruprecht, die er 1348 geheiratet hatte. Durch Lehensauftragung und Kauf gewann Karl IV. weitere Teile hinzu, so daß ihm bis 1355 bereits ein breiter Streifen zwischen Nürnberg und Eger gehörte, den er Neuböhmen nannte und der Krone Böhmen inkorporierte. Versuche, die Neuerwerbungen bis an die Donau auszudehnen, scheiterten allerdings, auch wenn es nicht gelungen war, Ober- und Niederbayern gegen den Kaiser zu einigem Vorgehen zusammenzuschließen.

Infolge der Unterstützung des Kaisers für seinen habsburgischen Schwiegersohn Rudolf IV. verlor das Haus Wittelsbach 1364 auch Tirol. Nach dem Tod Ludwigs des Brandenburgers bereits war es zu Unstimmigkeiten zwischen seiner Witwe und Stephan von Niederbayern gekommen. Als dann 1363 auch Meinhard, der Sohn Ludwigs und der Margarethe Maultasch, starb und Stephan sofort Oberbayern besetzte, schloß sich die Tiroler Landesherrin an Habsburg an und setzte schließlich noch zu Lebzeiten Rudolf IV. als Erben ein. Vergeblich versuchte Stephan, Tirol zurückzugewinnen, die militärische Entscheidung fiel gegen ihn aus, da auch seine Brüder beiseite standen. Obgleich Oberbayern und Brandenburg ein Teilherzogtum gebildet hatten, beteiligte Stephan die Brandenburger nicht an Oberbayern. Die jetzt entstandenen Spannungen wiederum nützte Karl IV. aus, um endlich die Mark Brandenburg an sein Haus zu bringen. Noch 1363 schloß er eine Erbeinung mit Ludwig dem Römer, und während des Kampfes um Tirol, der bis 1369 dauerte, band er Brandenburg noch enger an sein Haus, durch Familienverbindungen wie durch Darlehen; schließlich griff er, als Markgraf Otto 1371 sich wieder der eigenen Familie zuwandte und seinem Neffen Friedrich von Landshut in der Mark huldigen ließ, mit Waffengewalt ein und setzte sich schließlich auch durch. 1373, im Frieden von Fürstenwalde, trat das Haus Wittelsbach die Mark

Brandenburg an Karl IV. ab, gegen eine Entschädigung von 300 000 Gulden, das ist wenigstens das Achtfache der jährlichen Einkünfte der vereinigten bayerischen Herzogtümer. Da Karl IV. nicht die ganze Summe zur Verfügung hatte, gab er Markgraf Otto den Großteil von 'Neuböhmen' als Pfand; auf diese Weise kehrte dieses Stück der Oberpfalz wieder an Bayern zurück.

Der Friedensschluß von 1373 bedeutete gleichzeitig die endgültige Aussöhnung zwischen Luxemburg und Wittelsbach, das für den Kaiser jetzt in keiner Hinsicht mehr gefährlich war. Zwar waren jetzt Ober- und Niederbayern wieder vereinigt – das dadurch erhöhte Gewicht wirkte sich auch in der Reichspolitik nicht unbeträchtlich aus –, doch wurde die Macht der Wittelsbacher jetzt durch Habsburg mühelos im Gleichgewicht gehalten, so daß dem Kaiser unbestritten die Führung blieb. Nach dem Tode Karls IV. 1378 jedoch, der freilich auch so schwerwiegende Probleme wie jenes, das sich mit dem Verhältnis der Fürsten zu den Reichsstädten verband, ungelöst vor sich hergeschoben hatte, ging die Autorität des Königs merklich zurück. König Wenzel versuchte, zwischen den Fürsten und den Städten zu lavieren, gerade dadurch ermutigte er beide Parteien zum Krieg. Das Haus Wittelsbach in beiden Linien spielte im großen Städtekrieg von 1388 wie im Zusammenhang seiner Liquidation durch den Reichslandfrieden von Eger 1389 eine beherrschende Rolle. Auch in den Bemühungen um eine Beilegung des großen Schismas von 1378 waren Herzog Friedrich und sein Bruder Stephan tätig, beide spielten auch, als Schwiegersöhne des Herzogs Barnabò Visconti von Mailand, eine Rolle in der europäischen Politik dieser Jahre, ohne freilich Entscheidendes bewegen zu können. Immerhin wird das europäische Ansehen des Hauses Bayern durch die Heirat Karls VI. von Frankreich mit Isabella, der Tochter Herzog Stephans von Ingolstadt, deutlich unterstrichen.

Der Niedergang setzte ein, als auf Drängen Johanns, des dritten Sohnes Herzog Stephans von Landshut, 1392 das 1363 wiedervereinigte Herzogtum, das die Brüder bisher gemeinsam regiert hatten, erneut geteilt wurde. Friedrich blieb im Besitz des reichen Landshuter Landesteils, Oberbayern teilten sich Stephan und Johann, Stephan erhielt durch das Los Ingolstadt mit Streubesitz bis ins Inntal,

Johann München und das restliche Oberland. Alsbald begannen wieder die Streitigkeiten um Rechte und Einkünfte, die bereits 1394 zu einem ersten verheerenden Krieg führten. 1395 kam es zum Friedensschluß, 1397 begannen die Auseinandersetzungen erneut, in denen ein Aufstand der Münchner Zünfte gegen das Regiment der Patrizier eine zentrale Rolle spielte. Erst 1403 unterwarfen sich die Zünfte, als sie von den Ingolstädter Herzögen wegen ihrer Maßlosigkeit fallengelassen wurden. In diesen Jahren war Herzog Stephan allerdings auch aus anderen Gründen am vollen Austrag des Kampfes mit seinen Münchner Neffen nicht interessiert. Er stand in vorderster Linie beim Ringen um die Neubesetzung des deutschen Königsthrons, das mit der Absetzung König Wenzels und der Wahl des Pfalzgrafen Ruprecht zum deutschen König endete. Solange noch Hoffnung bestand, daß Ruprecht jene Aufgaben würde lösen können, die die Kraft Wenzels überstiegen hatten, stand Stephan auch tatkräftig an der Seite seines Pfälzer Verwandten und nutzte seine Beziehungen zu Italien wie zu Frankreich, um Ruprecht in der Mailänder Frage wie bei der Beendigung des Schismas zum Erfolg gelangen zu lassen. 1402 faßte sein Sohn Ludwig, mit dem Beinamen 'der Gebartete', in Frankreich zusätzlich Fuß durch seine Heirat mit Anna von Bourbon. Bis 1415 weilte er in Frankreich, zusammen mit seiner Schwester, der Königin, tief verstrickt in die grauenvollen innerfranzösischen Parteikämpfe dieser Jahre, selbst zeitweise in größter Lebensgefahr. 1415 wurde er als Konzilsgesandter Frankreichs nach Konstanz geschickt, doch trat er jetzt sein Ingolstädter Erbe an und kehrte nie mehr nach Frankreich zurück.

Zuletzt hatten sich alle großen europäischen Entwürfe der Ingolstädter Linie in nichts aufgelöst, um so drückender empfand Herzog Ludwig die heimische Enge. Seine Gestalt steht deshalb in den nächsten drei Jahrzehnten stets im Mittelpunkt der bayerischen Ereignisse, doch jeder seiner Versuche, die ungünstigen Grenzen seines Landesteils zu verbessern oder auch nur seine Hoheitsrechte über die Klöster seines Landes zu erweitern, endete mit einem Fehlschlag. Immer wieder bildeten sich machtvolle Koalitionen gegen ihn, deren Initiator meist Herzog Heinrich von Landshut war, wegen seines Vorgehens gegen einzelne Klöster kam er in den Kirchenbann, so daß sich auch der Kaiser gegen ihn wenden mußte. Da Kaiser Sigismund größtes Interesse an der Rückeroberung seiner Stammlande Böhmen und Mähren hatte, die seit dem Tod seines Bruders Wenzel in den Händen der Hussiten waren, schritt er mit größtem Nachdruck gegen jede Störung des Landfriedens ein, die dem Erfolg des Kreuzzugs gegen die Hussiten schädlich werden konnte. Ihm besonders war es deshalb auch zu danken, daß die Aufteilung des Straubinger Ländchens, dessen Inhaber, die niederländische Linie des Hauses Wittelsbach, 1425 im Mannesstamm ausgestorben war, friedlich vor sich ging. Straubing selbst kam dabei, auf Grund des kaiserlichen Spruchs von 1429 zu Preßburg, an die Münchner Linie. Den Verzweiflungskampf der letzten Wittelsbacherin in Holland, Jakobäa, nahm man in Bayern nicht zur Kenntnis, an Ansprüche auf die Niederlande dachte man noch weniger.

Ludwig von Ingolstadt, der noch einmal in den dreißiger Jahren ganz Süddeutschland mitsamt dem Kaiser getrotzt hatte, kam schließlich zu Fall durch den eigenen gleichnamigen Sohn mit dem Beinamen 'der Höckerige', der sich von seinem Vater zugunsten eines illegitimen Stiefbruders benachteiligt fühlte und der überhaupt fürchtete, die Streitlust des Vaters könne ihn schließlich noch um das ganze Erbe bringen. Es gelang ihm 1438, eine allgemeine Abfallsbewegung gegen seinen Vater auszulösen, und trotz königlichen Friedgebots nahm er ihn schließlich 1443 gefangen. 1445 starb Ludwig der Höckerige bereits, seine Witwe und ihr Vater, Markgraf Albrecht Achilles von Ansbach, lieferten jetzt den alten Ingolstädter Herzog gegen eine hohe Geldsumme an Heinrich von Landshut aus, auf dessen Burg zu Burghausen Herzog Ludwig 1447 starb, ohne in irgendeine der ihm zugemuteten Bedingungen für seine Freilassung zu willigen. Mit ihm starb die Ingolstädter Linie aus, das Land war wieder verfügbar.

Ungeachtet der Tatsache, daß er keinerlei rechtlich begründete Ansprüche besaß, nahm Heinrich von Niederbayern das Ingolstädter Teilherzogtum sogleich in Besitz, Herzog Albrecht III. von München protestierte vergebens, erst nach dem Tode Heinrichs 1450 kam er im Erdinger Vertrag mit Herzog Ludwig von Landshut wenigstens zu einer bescheidenen Entschädigung durch das Landgericht Schwaben. Positiv war, daß jetzt die Entwicklung weiterging, die mit dem Anfall des Straubinger Ländchens eingesetzt hatte: daß die Teilherzogtümer zu verschwinden begannen, damit auch die Ursache zu den schlimmsten Irrungen, die Bayern seit einem halben Jahrhundert heimgesucht hatten. Es sollte noch einmal ein halbes Jahrhundert dauern, bis die Einheit des Herzogtums wiederhergestellt sein würde.

Dieses letzte halbe Jahrhundert des späten Mittelalters stand in Bayern unter dem Zeichen zweier glänzender Fürstengestalten, Herzog Ludwigs des Reichen von Landshut und seines jungen Münchner Verwandten Albrecht IV. Sich in großem Maßstab zu entfalten, waren sie vor allem deshalb in der Lage, weil mit Friedrich III. von Habsburg seit 1440 ein Fürst die deutsche Krone trug, der außer einem unbeirrbaren Sendungsbewußtsein und bemerkenswertem Beharrungsvermögen, vielleicht auch der Fähigkeit nüchterner Beurteilung politischer Situationen, wenig an Kraft und Elan einzusetzen hatte. Dabei darf freilich auch nicht verkannt werden, daß er als Inhaber nur eines habsburgischen Teilfürstentums lange Jahre nicht über hinreichende politische Macht verfügte. Daß vor allem die wittelsbachischen Fürsten in der Pfalz, in Landshut und München als seine Gegenspieler in Erscheinung traten, lag an Gegebenheiten, die sachlich und persönlich zugleich bedingt waren. Das Versagen Friedrichs III. in seiner Aufgabe als Friedenswahrer verstärkte schon nach dem großen Städtekrieg von 1449 die weit zurückreichende Diskussion um die Reichsreform; dem Kaiser sollte, das ist der wesentliche Kern aller Reformvorschläge der nächsten Jahre, ein Reichsregiment zur Seite gestellt werden, dem die eigentliche Reichsregierung obliegen sollte. Als die führenden Persönlichkeiten wurden dabei immer wieder Friedrich der Siegreiche von der Pfalz und Ludwig der Reiche von Landshut vorgeschlagen, einer der wichtigsten Theoretiker der gesamten Reformbewegung wurde 1459 der maßgebliche Berater des Landshuter Herzogs, Dr. Martin Mayr. Für den Pfälzer Kurfürsten ergab sich aus dieser Konstellation eine lebenslange tödliche Feindschaft gegen den Kaiser; da sein Neffe, der Kurfürst Philipp, beim Tode seines Vaters noch unmündig war, hatte Friedrich Vormundschaft und Regierung übernommen und schließlich sogar, statt nach Ablauf der Vormundschaft die Regierung an seinen Neffen zu übergeben, sich in der sogenannten Arrogation von 1452 durch den Adel des Landes auf Lebenszeit die Kurwürde übertragen lassen, erst nach seinem Tode sollte Philipp nachfolgen. Diese Regelung widersprach eindeutig der Goldenen Bulle von 1356, der Kaiser erkannte sie nicht an; Friedrichs Herrschaft war damit illegal und stets gefährdet, nur seine außerordentliche militärische Tüchtigkeit, die ihn zweimal in eindrucksvollen Siegen die gegen ihn gerichtete Koalition fast aller Nachbarfürsten sprengen ließ, half ihm, sich zu behaupten.

Er war der wichtigste Bündnispartner Ludwigs des Reichen von Landshut, der den Kaiser dadurch herausforderte, daß er nicht nur an den Reformplänen aktiv mitwirkte, sondern auch in Landfriedensbündnissen mit den schwäbischen Städten im Interessengebiet des Kaisers Fuß faßte und 1458 außerdem die Gebietsansprüche des Habsburgers Albrecht gegenüber seinem kaiserlichen Bruder unterstützte. Auch ihm trat der Kaiser bei günstiger Gelegenheit mit einer großen Koalition entgegen; als Ludwig der Reiche 1458, unter Aufnahme alter Rechtsansprüche, die von Karl IV. an das Reich genommene, ehemals staufische Stadt Donauwörth wieder an Bayern bringen wollte, kam er in die Reichsacht. Unter Führung des Ansbacher Markgrafen Albrecht Achilles kam es zum Krieg gegen ihn, der erst 1463 endete. Der Friedensschluß wurde in Prag besiegelt, denn der Böhmenkönig Georg Podiebrad war in dem langjährigen Ringen die entscheidende Gestalt gewesen, sein Bündnis mit dem Bayernherzog hatte den Markgrafen wie den Kaiser gezwungen, einzulenken. Ludwig mußte zwar auf Donauwörth verzichten, Albrecht Achilles dagegen mußte ebenfalls seine Pläne, die Gerichtshoheit des kaiserlichen Landgerichts zu Nürnberg über ganz Franken und weite Teile Bayerns auszudehnen, aufgeben, der Kaiser wieder war nicht in der Lage, den Fortgang der Reformdiskussion zu unterbinden.

Auf lange Sicht war es allerdings doch Friedrich III., der sich durchsetzte, nicht zuletzt dank der immer noch ansehnlichen Autorität, die mit der kaiserlichen Würde verbunden war. Von Bedeutung war in diesem Zusammenhang vor allem auch, daß über Georg

Podiebrad, den Exponenten der gemäßigten Hussiten, nach dem Tode Pius II. der Kirchenbann verhängt wurde, so daß er als Bündnispartner wie als Träger der Hoffnungen der Reformfreunde ausfiel. 1473 dann gelang es Friedrich III., gegen den Ausgriff Karls des Kühnen von Burgund auf das rheinische Neuß ein starkes Reichsheer ins Feld zu führen und den Herzog zum Rückzug zu zwingen. Damit war nicht nur die lange vorherrschende Meinung zu revidieren, der Kaiser sei nicht fähig, den Frieden im Reich zu sichern, er empfahl sich auch wieder als Bündnispartner. Das Ehebündnis aber, das er gerade mit Karl dem Kühnen schloß – es sah die Heirat seines Sohnes Maximilian mit Maria, der Erbin Burgunds, vor –, stellte den Grundstein dar für den unerhörten Aufstieg des Hauses Habsburg zur Weltmacht noch in der nächsten Generation.

Nach dem Erfolg von Neuß geriet Friedrich III. ein ganzes Jahrzehnt hindurch jedoch wieder in schlimmste Bedrängnis in seinen eigenen Stammlanden. Eine Erhebung des eigenen Adels, dann der Angriff des Ungarnkönigs Matthias Corvinus führten zum Verlust von Wien und großer Teile Niederösterreichs, gleichzeitig war sein Sohn Maximilian seit 1477, seit dem Tode Karls des Kühnen, in heftige Kämpfe um das Erbe seiner Gemahlin verstrickt. In dieser Situation trat in München ein außerordentlich ehrgeiziger junger Fürst die Regierung an, Albrecht, mit dem Beinamen 'der Weise', er löste Ludwig den Reichen in seiner Rolle als führende Persönlichkeit im Hause Wittelsbach ab. Seine Absicht, wie er einmal erklärte, war, das Land Bayern wieder in seiner ursprünglichen Gestalt erstehen zu lassen, vor allem auf Tirol zielten seine Pläne. Zustatten kam ihm dabei das Zerwürfnis zwischen Friedrich III. und seinem Vetter Sigismund, dem Herrn Tirols und Vorderösterreichs, der ohne legitimen Erben war. Gegen eine Reihe von Schuldverschreibungen, die sich schließlich auf eine Million Gulden beliefen – wieviel wirklich gezahlt wurde, entzieht sich unserer Kenntnis –, übereignete Sigismund dem Münchner Herzog ganz Tirol und die Vorderen Lande. Schon wies er 1478 seine Amtsleute in Hagenau an, dem Bayernherzog zu huldigen, schon war auch die Markgrafschaft Burgau für 50 000 Gulden an Georg den Reichen von Landshut, den Sohn des 1479 gestorbenen Ludwig des Reichen, übergegangen, da begann sich das Blatt zu wenden. Friedrich III. brachte gegen den bayerischen Ausgriff nach Westen den Schwäbischen Bund zustande, einen Bund der Städte und Fürsten im Bereich des ehemaligen Herzogtums Schwaben, die Tiroler Stände stellten Herzog Sigismund unter ihre Aufsicht und zahlten mit Hilfe der Fugger die aufgenommenen Darlehen an Herzog Albrecht zurück. Als dieser dann 1485 auch noch die erledigte Grafschaft Abensberg und auf Wunsch der Bürgerschaft auch die völlig verarmte Reichsstadt Regensburg in seine Gewalt brachte, konnte der Kaiser über ihn die Reichsacht verhängen. Unter dem Eindruck des drohenden Einmarsches der Truppen des Schwäbischen Bundes mußte Albrecht IV. auf alle seine Erfolge wieder verzichten. Georg der Reiche gab ebenfalls Burgau wieder heraus, der Versuch, ein wittelsbachisches Großreich vom Inn bis zum Rhein – unter Einschluß der gesamten Alpenregion – zu begründen, war fehlgeschlagen.

Albrecht IV., der gegen den Willen ihres Vaters, Friedrich III., Kunigunde von Österreich geheiratet hatte, war trotz dieser Niederlage nach wie vor einer von jenen Fürsten, auf die man im Reich hörte, und mit seinem Schwager Maximilian arbeitete er weiterhin eng zusammen, ebenso wie Georg von Landshut, der dank einer kühnen Verwaltungsreform die Einkünfte seines Landes so zu steigern wußte, daß er zu den reichsten Fürsten Deutschlands zählte. Beide Herzöge spielten auch in der Endphase der Reichsreform des 15. Jahrhunderts, die dann im Wormser Reichstag von 1495 kulminierte, eine wichtige Rolle.

Ihre gemeinsame Politik, die viel zu den Erfolgen der Vergangenheit beigetragen hatte, endete aber gerade um diese Zeit kategorisch. Gegen eine vorausgehende Absprache zwischen Albrecht IV. und Georg von Landshut, entgegen auch dem Reichsrecht, das für ein Fahnlehen keine weibliche Erbfolge kannte, setzte Georg der Reiche in seinem Testament seine Tochter als Erbin Niederbayerns ein, und als er 1503 plötzlich starb, ergriff sein Schwiegersohn Ruprecht von der Pfalz die Herrschaft in Niederbayern. Die Städte verweigerten die Huldigung, da der Kaiser den Fall an sich gezogen hatte, der Adel des Landes jedoch stand auf der Seite Ruprechts, es kam zum Krieg. Er wurde entschieden durch die Hilfe Maximilians I. Für seine Kriegskosten ließ er sich mit einem Anteil am Erbe Niederbayerns entschädigen, nämlich mit den Ämtern Kitzbühel, Rattenberg und Kufstein, außerdem schuf er, sicher nicht ohne die Absicht, Bayern nicht zu stark werden zu lassen, mit der sogenannten Jungpfalz ein neues Fürstentum, das er den Erben Ruprechts übertrug. Das damit entstandene Fürstentum Pfalz-Neuburg mit Sulzbach und Weiden sollte bis 1797 Bestand haben. Für den Kaiser war der Sieg auch deshalb besonders wichtig, da er über die Pfalz erfochten worden war, die seit Jahren in der Opposition zu seiner Politik stand und zusammen mit anderen rheinischen Kurfürsten mit Frankreich zusammenarbeitete. Für Bayern bedeutete der Ausgang des Krieges, daß das alte Herzogtum der Wittelsbacher mit seinem Kern wieder zur Einheit zurückgefunden hatte, daß eine Entwicklung endete, die immer wieder Streit und Unfrieden zwischen den Teilen gebracht hatte und die zuletzt dazu geführt hatte, daß in den einzelnen Teilherzogtümern ein jeweils sich deutlich vom anderen absetzendes Landesbewußtsein zu entstehen begann, die Voraussetzung für die Entstehung eines neuen Landes. Diese Gefahr wurde dann auch für die Zukunft gebannt, als Albrecht IV., in Aufnahme der Bestimmung der Goldenen Bulle für die Kurfürstentümer, im sogenannten Primogeniturgesetz von 1506 jede künftige Teilung verbot und festsetzte, daß Bayern immer ungeteilt an den erstgeborenen Sohn des Herzogs übergehen sollte. Mit dieser Regelung, einem Akt bereits neuzeitlichen Staatsdenkens, endet das bayerische Mittelalter. Übergangsschwierigkeiten 1508, nach dem Tode des Herzogs, als seine beiden ältesten Söhne an eine neue Teilung dachten und durch ihren Streit den Landständen ein erhöhtes Mitspracherecht, dem Kaiser erneut eine schiedsrichterliche Rolle in Bayern ermöglichten, endeten 1515 mit einer Vereinbarung zwischen Wilhelm IV. und seinem Bruder Ludwig, das Land ungeteilt zu lassen und nur in Landshut eine eigene Verwaltung für Niederbayern unter Herzog Ludwig zu etablieren. Der Bau der Stadtresidenz durch Ludwig, der Einflüsse aus Mantua zeigt, brachte auch auf dem Gebiet der Architektur das erste Zeugnis neuzeitlichen Formwillens.

AUFTAKT ZUR NEUZEIT:
HUMANISMUS
UND REFORMATORISCHES DENKEN IN BAYERN –
DURCHSETZUNG
DES FRÜHMODERNEN FÜRSTENSTAATS

Sicherlich war Albrecht IV. in vieler Hinsicht bereits von neuzeitlichem Denken geprägt, vor allem im Hinblick auf seine Staatsauffassung und seine Regierungsweise, die bereits bürokratische Züge aufwies; doch wenn das Verhältnis zur Neuzeit gemessen werden soll am Verhältnis zum Humanismus als einer literarischen Erscheinung, hatte er die Schwelle noch nicht überschritten. Er hatte in Italien einige Semester studiert, Nikolaus von Kues hatte ihn mit einer Buchwidmung geehrt, doch an seinem Hof weilte kein Humanist, und er liebte die Ritterromane seines Hofmalers und Hofhistorikers Ulrich Füetrer. Nicht anders war die Einstellung zum Humanismus in Landshut; immerhin hatte Ludwig der Reiche 1472 die Universität Ingolstadt gegründet, und sie war, wie die 'oratio inauguralis' seines Kanzlers Martin Mayr zeigt, von Anfang an tief beeinflußt vom Wissenschaftsideal der neuen Epoche. Das Land aber und der Hof standen diesem Ideal zunächst völlig fern. Im Oberland spürte man jedoch in Tegernsee bereits das heftige Wehen des neuen Geistes, die Wiener Universität, an der einige Tegernseer Mönche als Studenten wie als Magister weilten, der Einfluß der Melker Reform, unmittelbare Verbindungen zu Nikolaus von Kues formten allmählich jene Geisteshaltung, die dem typischen Klosterhumanismus entspricht, wie er vor allem in Deutschland und in den Niederlanden zu finden war. Petrus von Rosenheim und Bernhard von Waging waren die ersten Exponenten dieses Geistes, nach der Jahrhundertwende dann der große Prediger, Mathematiker, Astronom und Dichter Wolfgang Seidel.

Als er als Hofprediger nach München berufen wurde, hatte sich freilich der Humanismus dort schon durchgesetzt. Die Brüder Wilhelms IV. waren von dem größten bayerischen Humanisten, von Johannes Thurmair aus Abensberg, genannt Aventinus, gebildet worden. Leonhard v. Eck, der maßgebliche Berater des jungen Herzogs, war selbst Verfasser einiger Gedichte im antiken Versmaß. Dietrich von Plieningen, sein großer Gegenspieler, ebenfalls fürstlicher Rat, gleichzeitig aber auch Sprecher der Landschaft, gehört zu den bedeutendsten deutschen Übersetzern antiker Literatur zu seiner Zeit; seine berühmte Rede von 1514 über die Pflichten des Fürsten und die Rechte des Volkes atmet ganz den Geist Ciceros.

In vielen Anläufen hatte bis dahin die humanistische Bewegung auch in Bayern Fuß gefaßt, befruchtet von den lebendigen literarischen Zentren am Rande des Herzogtums, zu Augsburg, Eichstätt und Nürnberg, vor allem von Wien aus, wo lange Zeit der große Enea Silvio Piccolomini wirkte. So bildeten sich noch vor 1500 kleine Zirkel auch in Bayern selbst, zu Regensburg, Passau, in einer Reihe von Klöstern. Große Literatur war freilich selten, doch gehören der Abt Marius vom Zisterzienserkloster Aldersbach, Abt Angelus Rumpler vom nahen Benediktinerkloster Formbach als Dichter, vor allem als Historiker zu den wenigen bayerischen Humanisten, die über ihre Zeit wie über die Grenzen Bayerns hinaus von Bedeutung waren. Wie fruchtbar dieser Klosterhumanismus sein konnte, zeigt dann auch das Beispiel Aventins. Seine Bildung hatte er im Karmelitenkloster zu Abensberg erhalten, mit 17 Jahren gehörte er bereits zu den führenden Philologen Bayerns. Als Schüler von Konrad Celtis zu Ingolstadt, dann zu Wien wuchs er freilich bald über diese Anfänge hinaus; er wurde zu einem der bedeutendsten Historiker unter den deutschen Humanisten, vor allem wurde er zum Geschichtsschreiber Bayerns. Hier stand er in einer langen Tradition, die solche Größen hervorgebracht hatte wie Andreas von Regensburg, den Chorherrn von St. Mang in Stadtamhof, den Geschichtsschreiber der Ingolstädter Herzöge und des Konstanzer Konzils, oder Veit Arnpeck von St. Andre zu Freising, der bereits humanistische Vorbilder in seiner Geschichte Bayerns vom Ende des 15. Jahrhunderts nachahmte, Enea Silvio etwa. Aventin hat von allen großen Italienern gelernt; das wichtigste Element in seinen Werken, den ›Annales Ducum Bojariae‹ und der Bayerischen Chronik, ist aber sein eigen, sein bayerischer Patriotismus und sein Reichspatriotismus Antrieb und Ferment des Werkes zugleich. Der Held seines Geschichtswerkes war das Land Bayern und sein Volk, sein Thema ist durch und durch pädagogisch, wie es die Geschichtswerke dieser Epoche immer sind. Aventin fühlte sich als der große Erzieher zu Moralität in Staat und Kirche, die Geschichte war bei ihm unmittelbar auf das praktische Leben bezogen, sie sollte versittlichen, hinführen zum Dienst in der Gemeinschaft, sie sollte Heilmittel sein für die eigene Zeit, in welcher alles so heillos zerrüttet schien. Der tiefste Grund für die unaufhörlichen Warnungen und Mahnungen, die leidenschaftlichen Angriffe auf Einrichtungen der Gegenwart war der, daß Aventin den Untergang des Reiches unmittelbar vor Augen sah. Die Schuld an diesem Zustand sah er im moralischen Bereich, im Eigennutz der Fürsten, in der Selbstsucht und Habgier der Bürger, beim Klerus, der seine eigentlichen Aufgaben nicht mehr kannte, sondern im allgemeinen Tanz um das Goldene Kalb an erster Stelle stand. Aus diesem moralischen Auftrag des Geschichtsschreibers, den Aventin als den wichtigsten erkannte und dem er mit außerordentlicher Sprachgewalt nachkam, resultierte auch seine außerordentliche Wirkung. Ganz Deutschland hat ihn gelesen, für das bayerische Geschichtsbild bildete sein Werk bis herein ins 18. Jahrhundert die nie in Frage gestellte Grundlage.

Der Einfluß, den Aventin auf die Epoche ausgeübt hat, als es möglich geworden war, sein Werk zu drucken, 1554/66, war sicher groß, doch in die Breite gewirkt haben nur die Universität Ingolstadt und ihre Humanisten, Celtis, dann sein Nachfolger Jakob Locher aus Ehingen, in vielem Celtis verwandt, ein leidenschaftlicher Humanist mit großem Schülerkreis, wie Celtis auch ein begabter Dichter und großer Philologe. Der Lehrstuhl für Poetik oder Rhetorik war der eigentliche Mittelpunkt des humanistischen Studienbetriebs in Ingolstadt, doch gehörten auch dort in den humanistischen Themenkreis Mathematik und Astronomie, vertreten durch Andreas Tiborius und Johann Stabius, der dann von Ingolstadt nach Wien berufen wurde. Diese fruchtbare Verbindung von Humanismus und Naturwissenschaften zeigte unter den bayerischen Gelehrten sonst nur noch der Münchner Nikolaus Kratzer, der aber nicht in seiner Heimat berühmt wurde, sondern als Astronom in Oxford. Weniger bedeutende Namen in Ingolstadt gab es noch eine ganze Reihe; einer davon sei erwähnt, Josef Grünpeck, der dann der Geschichtsschreiber Friedrichs III. und Maximilians I. wurde. Ein bedeutendes Beispiel der großen Wirkung des Ingolstädter Erziehungsprogramms ist dann auch noch einer der größten Schüler von Celtis, Jakob Ziegler aus Landau. Er war kein Dichter, sondern Mathematiker, Astronom und Theologe, eine Verbindung, die von Celtis wegzuführen scheint. Aber gerade Celtis ist es gewesen, der ihn zu Plato und Pythagoras hingeführt hatte. Ziegler hat große Verdienste um Edierung und Kommentierung der antiken naturwissenschaftlichen Schriften. 1541 wurde er Professor zu Wien, seine letzten Jahre verbrachte er am Hof des Fürstbischofs von Passau, zuletzt vergessen von seinen Freunden, da er die Hinwendung zur neuen Lehre sehr bald wieder bereut hatte. Ansprechende Zeugnisse humanistischen Denkens finden wir schließlich auch in der Münchener Poetenschule.

Die eigentliche Bedeutung Ingolstadts für die deutsche Geschichte, ja, nicht nur für die bayerische, liegt aber sicher nicht in den zwei glanzvollen Jahrzehnten nach 1500, in denen Ingolstadt mit allen deutschen Universitäten als Heimstätte des Humanismus wetteifern konnte, sondern hängt zusammen mit ihrer großen Rolle als Abwehrzentrum der Reformation Luthers. Hier in Ingolstadt lehrte jener Theologe Johannes Eck, der Luther zu Leipzig entgegentrat und ihn zu seiner Absage an die alte Kirche provozierte und der dann in Rom die Bannandrohungsbulle gegen ihn erwirkte, der aber auch versuchte, durch eine Fülle von gelehrten Werken, aber auch von Schriften populären Zuschnitts, von Andachtsbüchern und katechismusartigen Handbüchern der Theologie des Reformators mit einem eigenen positiven Ansatz entgegenzuwirken. Er war auch die Seele des Widerstands, der sich im Herzogtum Bayern schon 1522 formierte. Beeinflußt auch von ihrem politischen Ratgeber Leonhard v. Eck, der von einer Zuwendung zur Reformation ernste politische, noch schwerer wiegende soziale Unruhen für Bayern fürchtete, treten die Herzöge Wilhelm IV. und sein Bruder Ludwig allen reformatorischen Bestrebungen in den bayerischen Städten mit

Nachdruck und zum Teil erschreckender Strenge entgegen. Sie veranlaßten 1524 auch die Bischöfe im Umkreis Bayerns, durch Einwirkung auf ihren Klerus die neue Lehre zu bekämpfen, ließen sich aber gleichzeitig in Rom die Erlaubnis geben, selbständig gegen renitente Geistliche und Klöster vorgehen zu dürfen, ein wichtiger Schritt zur Kirchenherrschaft des Landesherrn auch in Bayern. 1525 gehörten sie zu den entschiedensten Feinden der aufständischen Bauern, die freilich vergebens versucht hatten, auch die bayerischen Bauern in ihre große Bewegung zu verwickeln; hier lagen, nicht zuletzt dank der Bedeutung einer starken Landesherrschaft für den Bauernschutz, die Verhältnisse weit günstiger als in Salzburg, in Tirol, in Schwaben und Franken, so daß die Bauern keinen Grund sahen für eine Erhebung.

Der herzogliche Widerstand gegen die Ausstrahlung der Wittenberger Reformation auf Bayern, der freilich auf geistlicher Seite wenig unterstützt wurde, von einigen herausragenden Theologen wie Bischof Berthold von Chiemsee und dem Münchner Franziskaner Kaspar Schatzgeyer abgesehen, hatte ohne Frage welthistorische Bedeutung. Bayern war der einzige deutsche Fürstenstaat von Gewicht, der sich der Reformation verschloß; von hier aus wurde dann, volle zwei Generationen später, auch Österreich wieder dem alten Glauben zurückgewonnen, nachdem es bereits verloren schien.

Zunächst freilich lehnte auch Erzherzog Ferdinand, dem Karl V. 1522 Österreich und die Vorlande abgetreten hatte, die neue Lehre ab; er war auch zur Zusammenarbeit mit Bayern bereit, auch wenn schon damals die staatspolitischen Interessen störend dazwischentraten, in erster Linie der Konflikt um Württemberg. Mit bayerischer Hilfe und der des Schwäbischen Bundes war der gewalttätige Herzog Ulrich vertrieben worden, der Schwager der bayerischen Herzöge; doch statt seinen Sohn, den Neffen der bayerischen Herzöge, als Herzog einzusetzen, hatte der Kaiser Württemberg in habsburgische Verwaltung genommen. 1526 war Ferdinand I. dann durch den Tod König Ludwigs von Ungarn und Böhmen in der Schlacht von Mohács gegen die Türken auch in den Besitz dieser beiden Länder gekommen, auf Grund eines gegenseitigen Heiratsbündnisses, und schließlich plante Karl V., seinem Bruder auch noch die deutsche Königskrone und damit auch die Nachfolge als Kaiser zuzuwenden. All das zusammen alarmierte München aufs höchste, und als der Augsburger Reichstag von 1530, auf dem unter der Federführung von Johannes Eck der Bekenntnisschrift der Protestanten die katholische Confutatio entgegengestellt worden war, schließlich trotz der bayerischen und der protestantischen Opposition mit der Königswahl Ferdinands endete, trat auch Bayern in Verhandlungen mit der von Philipp von Hessen und Johann von Sachsen geführten protestantischen Partei ein, die 1531 zu Schmalkalden gegen den Kaiser und zur Verhinderung einer reichsweiten Anerkennung der Königswahl Ferdinands ein militärisches Bündnis geschlossen hatte. Leonhard v. Eck ging dabei so weit, 1532 zu Scheyern auch dem Bündnis der Schmalkaldener mit Franz I. von Frankreich beizutreten, den keine der bisherigen Niederlagen in seinem Ringen um Mailand und Burgund hatte entmutigen können. Der krasse Widerspruch zwischen den elementarsten Interessen der Verbündeten verhinderte allerdings jede gemeinsame Aktion, und als Philipp von Hessen 1532 die Wiedereinsetzung Ulrichs von Württemberg und damit die Bindung auch dieses Herzogtums an die protestantische Partei gelungen war und Ferdinand I. das Ergebnis des Feldzuges gegen die Anerkennung seiner Königswahl akzeptiert hatte, kehrte auch Bayern zur alten Politik der Zusammenarbeit mit Habsburg zurück und erkannte 1534 im Vertrag von Linz ebenfalls Ferdinand I. als Römischen König an.

Damit war das neue Grundverhältnis Bayerns zum Kaiserhaus besiegelt, das ungeachtet der fortdauernden Sorge um die eigene Unabhängigkeit angesichts der kaiserlichen Übermacht, ungeachtet auch der Fortdauer der heimlichen Verbindung zu Philipp von Hessen, sich doch in den Gesamtrahmen der Politik Karls V. widerspruchslos einfügte. Erst die bayerische Haltung hat überhaupt den kaiserlichen Sieg im Schmalkaldischen Krieg ermöglicht. Im Schutz der bayerischen Neutralität, damit für die anfänglich Süddeutschland beherrschenden Truppen der Schmalkaldener unangreifbar, konnte sich der Aufmarsch der kaiserlichen Armee vollziehen, von Bayern versorgt und mit Geschützen versehen, gedeckt auch im einzigen Gefecht auf bayerischem Boden durch die Festung Ingolstadt.

Am endgültigen Sieg hatte Bayern freilich keinen Anteil, so hat Karl V. auch den in Aussicht gestellten Siegespreis verweigert, die Kurwürde und das Herzogtum Pfalz-Neuburg. Auch im anschließenden Augsburger Reichstag von 1548 stand Bayern in Spannung zu den Plänen des Kaisers, der durch das 'Interim', eine vorläufige Bestimmung über die wichtigsten konfessionellen Unterscheidungsmerkmale, die verlorengegangene kirchliche Einheit wiederherzustellen hoffte. Am grundsätzlichen Kurs änderte die bayerische Enttäuschung 1548 trotzdem nichts, zumal 1550 bereits Wilhelm IV. und Leonhard v. Eck starben. Albrecht V., der Sohn und Nachfolger Wilhelms IV., verheiratet mit Anna, der Tochter Ferdinands I., hatte keinerlei außenpolitischen Ehrgeiz, er schloß sich Habsburg an, Rivalitäten gab es nur in bezug auf freiwerdende Bistümer, die beide Häuser mit ihren nachgeborenen Prinzen zu besetzen trachteten. Die Anlehnung an Wien erstreckte sich aber nicht auf Karl V. 1552 sah Albrecht V., ohne Partei zu ergreifen, zu, wie Moritz von Sachsen nach Innsbruck zog, um den Kaiser um die reichs- und konfessionspolitischen Früchte seines Sieges über die Schmalkaldener zu bringen; der Passauer Vertrag, der Waffenstillstand zwischen den beiden Religionsparteien, den Ferdinand I. zustande gebracht hatte, war durchaus in seinem Sinn, und auch die Zugeständnisse an die Protestanten im Augsburger Religionsfrieden von 1555 nahm er ohne Widerstreben hin. 1556 schloß er in Fortführung des Heidelberger Bundes, der sich zum Schutz des Landfriedens in Süddeutschland vor dem räuberischen Markgrafen Albrecht Alkibiades von Brandenburg gebildet hatte, mit Ferdinand I., aber auch mit den protestantischen Reichsstädten Augsburg und Nürnberg, den Landsberger Bund, der bis 1598 Dauer hatte, aber keine politische Wirkung von Belang, außer daß er Bayern und Österreich in einem Bund vereinigte und daß er ein Zeichen für die Absicht der beiden süddeutschen Mächte war, den konfessionellen Frieden einzuhalten.

Die grundsätzliche Ablehnung der Lehre Luthers in Bayern war damit jedoch nicht preisgegeben, auch wenn, wie in Österreich nach dem Tode Ferdinands I., die außenpolitische religiöse Toleranz auch als ermutigendes Zeichen im Lande selbst gedeutet wurde. Vor allem die Erlaubnis des Laienkelchs, die Karl V. im Interim zugestanden hatte, stellte den Ansatz für eine neue Bewegung dar, die zweifellos im letzten auf den Anschluß an Wittenberg zielte. Daß Albrecht V. diese Kelchbewegung in Bayern, damit die letzte Welle protestantischer Regungen, schließlich mit Einsatz aller Mittel unterdrückte, hängt zweifellos in erster Linie mit der Verbindung zusammen, welche diese Bewegung mit der landständischen Opposition gegen die herzoglichen Steuerforderungen, damit gegen die Anspannung der fürstlichen Herrschaft einging, sicher aber auch mit dem Bedürfnis des Herzogs selbst, in der konfessionellen Frage wieder jene klaren Verhältnisse im Land zu schaffen, wie sie vordem bestanden hatten.

Auf dem Landtag von 1553, der wegen der hohen Schulden des Herzogs notwendig geworden war, erhob sich zum ersten Mal die Forderung nach dem Laienkelch und nach der Verkündigung des 'reinen Wortes'. Trotz seiner schwachen Position lehnte der Herzog ab, versprach aber sein Eintreten für religiöse Reformen, 1555 suchte er sogar, in der Hoffnung, damit Schlimmeres zu verhüten, in Rom um die Erlaubnis zur Gewährung der Kommunion unter beiden Gestalten nach. Als Rom ablehnte, gewährte der Herzog auf dem Landtag von 1556 unter dem Druck der Stände wenigstens Straffreiheit für Spendung und Empfang des Laienkelchs. Damit war aber eine Schranke gefallen; obwohl der Herzog seit 1558, wohl unter dem Einfluß seines neuen Kanzlers Simon Eck, eines Halbbruders von Johannes Eck, mit Visitationen landauf, landab die kirchliche Disziplin neu zu festigen suchte, obwohl verstärktes Eingreifen gegen offene protestantische Lehrverkündigungen angeordnet wurde, wagte auf dem Landtag von 1563 zu Ingolstadt eine starke Gruppe des Adels, der etwa 40 bis 50 Familien zugehörten, die Gewährung der herzoglichen Steuerforderungen mit der Forderung nach einer Freistellung der Konfession zu verbinden. Dieses offene Bekenntnis zur Augsburger Konfession, das sich mit einer regen Versammlungstätigkeit derselben Adelsgruppe verband, alarmierte den Herzog aufs höchste. Da die Mehrheit des Landtags mit einer Erneuerung der Deklaration von 1556 zufrieden war und daraufhin die Übernahme der herzoglichen Schulden in Höhe von mehr als 800 000 Gulden zusagte, da der niedere Adel durch die 1557 erfolgte

Gewährung der sog. Edelmannsfreiheit, der Ausdehnung des adeligen Niedergerichtes auch auf die einschichtigen, außerhalb der Hofmarken gelegenen Güter, für den Herzog gewonnen worden war, hatte dieser hinreichende Bewegungsfreiheit, um der sich abzeichnenden Gefahr zu begegnen. Ob bei den Befürchtungen Albrechts V. die Erinnerung an den Landtag von 1514 noch mitspielte, auf dem sein Vater gezwungen worden war, die Mitregierung der Stände hinzunehmen, mag man bezweifeln, sicher waren es aber die Nachrichten über die Unruhen, die von den Hugenotten, dem calvinistischen Adel in Frankreich, und von der adeligen Opposition in den Niederlanden nach Bayern gelangten, die den Herzog zu seinen harten Entschlüssen bewogen. Er ließ die Häupter der Adelsopposition verhaften, das reichsfreie Ortenburg, dessen Herr, Graf Joachim, die Seele der sogenannten 'Adelsverschwörung' war, ließ er kurzerhand einnehmen. Briefe, die er dabei fand, benützte er als Material für eine Anklage wegen Verschwörung. Der protestantische Adel wurde, obgleich die Urteile mild ausfielen, dadurch so eingeschüchtert, daß von einer ernsthaften Opposition in Zukunft nicht mehr die Rede sein konnte. Und obgleich der Herzog zuletzt von Pius IV. die Erlaubnis zur Gewährung des Laienkelchs in Bayern erhalten hatte, glaubte er sich jetzt stark genug, die rigorose Einhaltung der kirchlichen Vorschriften, wie sie vor dem Interim in Geltung waren, erzwingen zu können. Tatsächlich verzichtete auf dem Landtag von 1568 unter dem herzoglichen Druck auch jene Gruppe aus Adeligen und Bürgern, die dem Laienkelch zuneigte, auf ihre Forderung nach Erneuerung der Deklaration von 1556, die herzogliche Religionshoheit war damit uneingeschränkt durchgesetzt. Daß gleichzeitig damit auch die fürstliche Hoheit an sich einen entscheidenden Sieg erfochten hatte, zeigen die Landtage der folgenden Jahre. Den Höhepunkt stellte jener Landtag von 1575 dar, auf dem der Adel, müde der vergeblichen Versuche, dem Fürsten Widerstand zu leisten, darum bat, in Zukunft nicht mehr einberufen zu werden, und der Landtag gleichzeitig für die nächsten zwölf Jahre die notwendigen Steuern bewilligte, sich also selbst seiner Macht begab.

Das bedeutete noch nicht den Durchbruch des Absolutismus, wie man auch lesen kann, wohl aber die Entscheidung über das fürstliche Übergewicht im frühneuzeitlichen Ständestaat. Der Fürst hatte sich durchgesetzt, weil seine Steuerforderungen in einem Zeitalter wachsender Staatsaufgaben großenteils einsichtig und auf das Gesamtwohl bezogen waren, während gleichzeitig die Landschaft die Tilgung der vom Herzog gemachten Schulden nicht verweigern konnte, ohne dem eigenen Ansehen zu schaden. So wird die Macht im frühneuzeitlichen Staat auf dem Weg über die Finanzen errungen, der vorabsolutistische Staat wird zum Finanzstaat (G. Oestreich). Nicht ohne Einfluß auf diese Entscheidung war auch der mehr und mehr wachsende Anteil des Adels am Hofdienst und an der Staatsverwaltung; er gab sich damit in die Abhängigkeit vom Fürsten. Nicht zuletzt war es die reichsrechtlich sanktionierte und in fast allen fürstlichen Territorien mit rigoroser Strenge praktizierte Religionshoheit des Herzogs, gegen die sich zu wenden Rebellion bedeutet hätte. Dazu war aber der bayerische Adel, anders als der österreichische ein halbes Jahrhundert später, nicht bereit.

Ohne noch einmal Schwierigkeiten gewärtigen zu müssen, konnte Albrecht V. 1571 den Laienkelch verbieten, 1568 forderte er von den Ingolstädter Professoren den Eid auf das Tridentinum, scharfe Zensurmaßnahmen überwachten den Buchmarkt, Synoden und Visitationen sorgten dafür, daß der Klerus nicht wieder zu jenen Beanstandungen Anlaß gab, die auf den Landtagen seit 1553 immer wieder erhoben worden waren. Auf Dauer veränderte die konfessionelle Situation in Bayern aber erst jener Entschluß des Herzogs, den er schon 1554 gefaßt hatte, den neuen Orden des Ignatius von Loyola nach Bayern zu holen und ihm die Erziehung des Volkes, vor allem der Jugend, anzuvertrauen. 1556 wurde das Jesuitenkolleg zu Ingolstadt gegründet, 1559 jenes zu München, 1578 wurde auch das Noviziat der Jesuiten in Landsberg am Lech eingerichtet, das für die zukünftige Entwicklung der bayerischen Ordensprovinz von größter Bedeutung war. In diesen Kollegien lag die Zukunft; das Wilhelmsgymnasium zu München, das die Jesuiten leiteten, war das erste von acht, die in den großen bayerischen Städten gegründet wurden. Hier wurden die künftigen bayerischen Beamten wie die Studenten der Landesuniversität herangebildet. In Ingolstadt selbst wurde die Erziehung der ganzen akademischen Jugend durch die Marianische Kongregration Aufgabe der Jesuiten, die Artistenfakultät wurde ganz von ihnen betreut, die theologische zum großen Teil, die übrigen Fakultäten standen unter ihrer Aufsicht, da sie die Zensur ausübten. Im ganzen Land wirkten sie durch Volksmissionen und Exerzitien; daß die Reformbestimmungen des Konzils von Trient in Bayern nicht nur der Form, sondern auch der Intention nach zur Geltung kamen, war in erster Linie den Angehörigen dieses Ordens zu danken, den hervorragenden Professoren, in der ersten Zeit zumeist Spanier; zu nennen ist der große Gregor von Valencia, einer der bedeutendsten spekulativen Theologen seiner Zeit, vor allem Petrus Canisius, dessen Katechismus Grundlage für die Volksbildung der nächsten Jahrhunderte wurde.

Als sich dann zeigte, daß Kaiser Maximilian II. keine Neigung besaß, in Fragen der Konfession einen entschiedenen Kurs zu steuern, konnte es nicht ausbleiben, daß bereits Albrecht V. in der zweiten Hälfte seiner Regierungszeit im Reich mehr und mehr die Führung der katholischen Partei übernehmen mußte. Auf dem Augsburger Reichstag von 1566 verhinderte er im Zusammenwirken mit dem päpstlichen Legaten Commendone eine weitere Aufweichung der katholischen Position, außerdem ergriff er, nach jahrzehntelanger außenpolitischer Zurückhaltung, 1569 auch die Initiative zur Erweiterung des Landsberger Bundes um die Kurfürsten von Mainz und Trier; Versuche, auch Spanien einzubeziehen, scheiterten am Einspruch des Kaisers. Damit blieb dem Bund seine bisherige defensive Grundhaltung, zumal Albrecht V. nie daran dachte, den Boden des Augsburger Religionsfriedens zu verlassen und gegen die Reformation politisch, gar militärisch in die Offensive zu gehen. Ehrgeiz entwickelte er nur, um seinem jüngsten Sohn Ernst, der für die geistliche Laufbahn bestimmt war, ohne dafür geeignet zu sein, eine fürstliche Ausstattung durch den Besitz möglichst vieler Bistümer zu sichern. Er begann mit Freising, dann folgten die Bemühungen um Hildesheim, Halberstadt, Münster und Lüttich, um Paderborn und Minden, schließlich um Köln. Rom ließ trotz der eindeutigen Bestimmungen des Trienter Konzils den Herzog gewähren, da es Bayern brauchte, wenn der Katholizismus im Reich nicht untergehen sollte. Nicht weniger von Bedeutung war aber auch die politische Potenz einer solchen Konzentration der wichtigsten Hochstifte in einer Hand; immer war es die Uneinigkeit der Bischöfe, auch ihre politische Schwäche gewesen, die hinreichenden Widerstand verhindert hatte. Die Gegenpartei sah diese Gegebenheiten freilich auch. Ungeachtet seiner grundsätzlich friedliebenden Politik hatte also Albrecht V. in seiner Bistumspolitik schließlich doch das Feld bereitet, auf dem die religionspolitische Entscheidung über Deutschland fallen mußte. Sein Erbe nahm Wilhelm V., ohne zu zögern, an.

DIE WELTHISTORISCHE ROLLE BAYERNS:
VORMACHT DER GEGENREFORMATION

Schon Albrecht V. hatte es vermieden, in dem juristisch zweifel-
haften, machtpolitisch dank der Indifferenz der Kaiser, Maximilians
II. und seit 1576 Rudolfs II., hervorragend abgeschirmten Ringen
der protestantischen Reichsstände um die Territorien der Reichskirche in ihrem Machtbereich Stellung zu beziehen. Der 'Geistliche
Vorbehalt', den Ferdinand I. dem Augsburger Religionsfrieden ein-
gefügt hatte, der beim Übertritt eines Bischofs zum Protestantismus
die Weiterführung des geistlichen Amtes wie der weltlichen Herrschaft verbot, stand jeder Entfremdung des Kirchenguts im Wege,
doch der Übertritt des Domkapitels zum Augsburger Bekenntnis
und die Wahl eines Administrators, der bereits protestantisch war,
statt eines Bischofs, schien einen juristischen Ausweg zu eröffnen,
und tatsächlich wurde auf diese Weise unangefochten das gesamte
Reichskirchengut bis zu Elbe und Weser, und vielfach darüber
hinaus, zur Beute der Wettiner, der Hohenzollern, des dänischen
Königshauses und der Welfen. Diese Entwicklung war vorausgegangen, ehe jene Gegenbewegung einsetzte, die man dann als 'Gegenreformation' bezeichnete, um sie deutlich, mit einem negativen
Unterton, als Reaktion auf die Reformation hervorzuheben.

Daß diese Gegenbewegung über die Grenzen der katholischen
Territorien, in denen seit dem Trienter Konzil und durch das Konzil
eine kraftvolle innere Erneuerung eingesetzt hatte, 1583 hinaustrat,
war dem Zusammenkommen einer ganzen Kette von Motiven und
Ereignissen zu danken, vor allem dem Zusammenwirken der Kurie,
die mit Sixtus V. und Gregor XIII. Päpste von größter Entschiedenheit und stürmischem Glaubenseifer besaß, mit dem Spanien Phi-
lipps II. und Bayern unter Wilhelm V. Für Spanien ging es um die
Abschirmung des Umfeldes der Niederlande, die seit 1566 in ihrem
Aufstand gegen die spanische Krone Religion und ständische Frei-

heit zugleich verteidigten. Bayern dagegen geriet in den Strudel der großen Politik mehr durch zufällige Anstöße als auf Grund prinzipieller Entscheidungen, war aber dann genötigt, den eingeschlagenen Kurs beizubehalten, schon um der eigenen Sicherheit willen, bis dann Maximilian I. auch grundsätzlich die Sache der Gegenreformation, um diesen abkürzenden Ausdruck beizubehalten, zur seinen machte.

Wilhelm V. hatte zwar 1579, als er die Nachfolge seines Vaters antrat, keine Ambitionen gezeigt, im Reich der bisherigen Entwicklung in den Weg zu treten; innerhalb Bayerns und seiner Familie jedoch setzte er den Kurs seines Vaters mit Entschiedenheit fort, 1581 ging er an die Rekatholisierung der Herrschaft Hohenwaldeck mit Miesbach, gleichzeitig bestärkte er seine Schwester Maria, die Gemahlin Erzherzog Karls von der Steiermark, in ihrem Widerstand gegen den protestantischen Adel des Landes, der dabei war, sich mit der völligen Religionsfreiheit auch die ständische Mitregierung zu erkämpfen. Daß beider Sohn, Erzherzog Ferdinand, zwei Jahrzehnte später den Entwicklungsprozeß in der Steiermark wieder umkehren konnte, war nicht zuletzt auf bayerische Einwirkung zurückzuführen. Ergänzt wurden diese und andere Maßnahmen durch nachdrückliche Erziehungsarbeit im Lande selbst, durch außerordentliche Unterstützung der Gesellschaft Jesu wie durch Visitationen und Synoden, durch Druck auf den Klerus also. Durch das Konkordat von 1583 mit den Bischöfen der Salzburger Kirchenprovinz wurden die Ansprüche des Herzogs auf die teilweise Hoheit über die bayerische Kirche auch in neue rechtliche Formen gebracht. Symbolhaft kommt der entschiedene Wille des Herzogs, als 'Patronus Ecclesiae' in die Geschichte einzugehen, in der Fassade von St. Michael in München, seiner Lieblingsschöpfung, zum Ausdruck.

Wilhelm V. war also kein ungeeignetes Werkzeug, als 1583 für das katholische Deutschland die Entscheidungsstunde schlug. Der Kölner Kurfürst Erzbischof Gebhard Truchseß v. Waldburg war aus persönlichen Gründen protestantisch geworden, auf Drängen seiner Schwäger, der Grafen von Mansfeld, wollte er trotzdem sein Erzbistum beibehalten. Damit wäre nicht nur ein bedeutendes kirchliches Territorium an die Protestanten gefallen, sondern auch die Mehrheit im Kurfürstenkollegium, da Sachsen, Brandenburg und die Pfalz bereits in protestantischer Hand waren. Rudolf II. wagte keine entschiedenen Schritte, doch Gregor XIII. drängte jetzt, zusammen mit Spanien, auf militärisches Einschreiten. Die Wahl fiel auf Bayern, da sich in diesem Fall kirchliche Gesinnung mit sehr realen politischen Interessen verband. Herzog Ernst, der Bruder Wilhelms V., war von seinem Vater schon in einer Reihe von Bistümern unter beträchtlichen Kosten als Kandidat präsentiert und durchgesetzt worden, 1569 und 1577 – allerdings vergebens – auch in Köln. Die letzte Erwerbung, Lüttich, war 1581 geglückt; Köln hätte sich also, weil Ernst auch Hildesheim und Lüttich besaß, vorzüglich angefügt, die politische Macht, die ein solches kirchliches Großreich von Belgien und vom Niederrhein bis zum Harz und tief nach Westfalen hinein entwickeln konnte, war in ihrer Auswirkung kaum abzuschätzen. Das war die Verlockung, mit der Gregor XIII. rechnete, als er Bayern zum Eingreifen drängte. Kirchenrechtlich legalisiert wurde der Griff Bayerns nach Köln durch die Absetzung des Truchseß und die einstimmige Wahl des Wittelsbachers durch das Kölner Domkapitel. Der Krieg um Köln war dank der Hilfe Spaniens und der Zurückhaltung der bedeutendsten protestantischen Fürsten für Bayern weniger gefährlich, als er es hätte werden können, er war trotzdem bedeutsam genug. Er alarmierte das protestantische Deutschland und wirkte als Initialzündung für eine neuerliche Parteibildung, gleichzeitig zwang er Bayern angesichts der geistigen und moralischen Schwäche des Kaisers in die Rolle, die es weit über ein halbes Jahrhundert hindurch nicht mehr ablegen können sollte, die des Sprechers, dann des Vorkämpfers des katholischen Deutschland in jenem Ringen um die Selbstbehauptung, das dann im Dreißigjährigen Krieg die Grenzen der bloßen Defensive weit überschreiten sollte, nicht zuletzt unter dem Einfluß des neuen bayerischen Herzogs, Maximilians I., des Sohnes Wilhelms V.

Wilhelm V. hatte, aus Sorge um die möglichen Verwicklungen, aber auch behindert durch den Stand seiner Finanzen, keine Gelegenheit zu einem Eingreifen außerhalb Bayerns mehr wahrgenommen. Nur auf dem Reichstag, wo es erstmals 1588 wieder zur Konfrontation der neuformierten Religionsparteien kam, gruppierten

sich um ihn jene Fürsten, die dem weiteren Vordringen des Protestantismus entgegentreten wollten und keinen Verstoß gegen die
Augsburger Artikel mehr hinzunehmen bereit waren. Auch Maximilian, der 1598 seinen Vater als Herzog abgelöst hatte, da Wilhelm V. einfach nicht in der Lage war, Ordnung in den Staatshaushalt zu bringen, hatte zunächst nicht die Absicht, über diese Linie
der bloßen Verteidigung hinauszugehen. Der Gang der Ereignisse,
nicht zuletzt die Schwäche der gegnerischen Partei, riß ihn indessen
schließlich fort, der katholische Gegenangriff war weithin sein
Werk.

Man wird nicht sagen können, daß er sich systematisch darauf
vorbereitet habe. Zunächst lag ihm daran, durch eine Reorganisation
der Finanzverwaltung den Staatshaushalt ins Gleichgewicht zu bringen. Durch Steigerung der Einnahmen, nicht zuletzt durch zweckmäßige, frühmerkantilistisch anmutende Förderungsmaßnahmen
auf dem Gebiet des Handels und des Gewerbes und durch zielstrebige Verminderung von Ausgaben gelang ihm das in kurzer Zeit.
Das Geheimnis des Erfolges war vor allem die unablässige Kontrolle
der Beamtenschaft durch den Fürsten selbst. Das tägliche Studium
der anfallenden Akten setzte ihn dazu in den Stand. Gleichzeitig
stellte er bei der Auswahl der Anwärter hohe Anforderungen. Besonders bei den Beamten der Hofkammer, welchen die Finanzverwaltung oblag, führte das zur Bevorzugung bürgerlicher Bewerber,
die in der Regel weit bessere Kenntnisse und Fertigkeiten mitbrach-
ten als die bisher in der Überzahl befindlichen adeligen Beamten.
Selbst in der obersten Zentralbehörde, dem Geheimen Rat, den Wilhelm V. erst nach österreichischem Vorbild formiert zu haben
scheint, lag unter Maximilian I. das Übergewicht bei den bürgerlichen Räten, etwa einem Dr. Richel und Dr. Jocher. Auch wenn dabei noch das alte kollegialische System im grundsätzlichen gewahrt
blieb und keinesfalls Ressorts im Sinne einer selbständigen Aufga-
benzuteilung bestanden, herrschte doch bereits ein gewisses Maß an
Arbeitsteilung, nur die letzte Entscheidung behielt sich der Herzog
selbst vor.

Daß ein Fürst von solchem Selbstgefühl, aber auch mit solchem
Sinn für Zweckmäßigkeit und rationales Denken, der Forderung der

Stände nach Mitwirkung an den Staatsaufgaben kraft eigenen Auftrags ohne Verständnis gegenüberstehen würde, verwundert nicht. Maximilian hat aber nicht nur jene Linie fortgeführt, die sich schon in den letzten Jahren Albrechts V. abzeichnete und die auch, trotz ständiger Finanznot, Wilhelm V. nicht verlassen hat, er hat die Landstände nicht nur wenig zu Rate gezogen, zweimal insgesamt, sondern ihnen geradezu das Lebensrecht abgesprochen. Auch wenn er schließlich in der Praxis ihre Privilegien nicht oder nur ausnahmsweise angetastet hat, so bestand er doch darauf, daß es sich eben um Privilegien handle, um Gnadenerweise, nicht um Anteil an der Herrschaft kraft eigenen Rechts, und als sich mit der drohenden Kriegsgefahr 1612 die Möglichkeit bot, erzwang er die Steuerbewilligung für einen Zeitraum von neun Jahren mit der Maßgabe, daß in „extraordinari Notfällen" der Landschaftsausschuß das Recht erhalten sollte, ohne Einberufung des Landtags die Steuern zu bewilligen. Da diese Notfälle nicht mehr abrissen, war mit diesem Landtag von 1612 der Absolutismus konstituiert, die – praktische – Unabhängigkeit des Fürsten von der Kontrolle durch den Landtag.

Alle diese Reformen wurden zwar nicht im Hinblick auf die außenpolitischen Ambitionen des Herzogs durchgeführt, sondern zur Stabilisierung eines Staatswesens, dessen Aufgabe Maximilian I. allein in der Garantie des Gemeinwohls sah, aber er wußte sehr wohl, daß geordnete Finanzen auch politische Macht bedeuten. Sie im Interesse seines Staats einzusetzen, hat er nie gezögert, ob es nun um die Sicherung des bayerischen Salzmonopols ging, wie im Konflikt mit Salzburg 1612, oder um die Besetzung der Bistümer im wittelsbachischen Machtbereich. Aber auch Maximilian drängte sich nicht in die Rolle, die ihm schließlich zufiel, er ist nur Schritt für Schritt auf sie zugeführt worden.

Wie wenig ihn vordergründiger Ehrgeiz geleitet hat, zeigt die Tatsache, daß er zweimal die angebotene Kaiserwürde ausschlug, in der klugen Erkenntnis freilich, daß sie nur Schwierigkeiten bringen würde, wegen der unzureichenden Machtbasis, aber keinesfalls erweiterte Möglichkeiten politischen Handelns. Er arbeitete auch nicht von Anfang an auf das Bündnis der katholischen Fürsten hin, das ihn dann mächtig werden ließ. Den Landsberger Bund, der keinerlei Funktionen mehr hatte, versuchte er 1598 nicht neu zu beleben, woran Spanien Interesse gehabt hätte, er löste ihn auf. Die Versteifung der Gegensätze jedoch auf den Reichstagen dieser Jahre, die zunehmende Aktivität der von der Pfalz geführten protestantischen Bewegungspartei beunruhigten ihn allerdings schon früh, und so erwog er bereits 1605 Möglichkeiten, um die katholische Position zu sichern. Zum Handeln drängten ihn jedoch die Umstände selbst.

Den entscheidenden Wendepunkt brachte der Donauwörther Handel von 1607. Die Reichsstadt Kaufbeuren, die sich geweigert hatte, ihren katholischen Bürgern die 1555 garantierte Parität zu gewähren, hatte sich noch den scharfen Vorstellungen Maximilians gefügt, die Reichsstadt Donauwörth aber wurde durch den kaiserlichen Befehl, die Rechte der Katholiken zu achten, nur zu noch heftigeren Reaktionen veranlaßt. Daß die dabei vorgefallenen Ausschreitungen gegenüber den kaiserlichen Kommissären wie gegenüber der katholischen Minderheit in der Stadt zur Reichsacht führten, ging allein auf die bestimmte Forderung Maximilians zurück; folgerichtig wurde ihm auch die Exekution der Acht übertragen. Donauwörth hatte einst zum Konradinischen Erbe gehört, Ludwig der Reiche hatte die Stadt vergebens für Bayern zurückgefordert; daß Maximilian I. Kaufbeuren nicht genommen hatte, wohl aber Donauwörth, hing sicher mit solchen Gegebenheiten zusammen, allerdings auch mit der Lage der Stadt am Schnittpunkt bedeutender Straßen. Nachdem er mit seinen Truppen eingerückt war, schlug er die Stadt, unter dem Vorwand, auf diese Weise die Exekutionskosten hereinbringen zu müssen, zunächst pfandweise, dann auch rechtlich zu seinem Territorium. Der Kaiser nahm das hin, die protestantische Partei jedoch fühlte sich jetzt insgesamt bedroht, so daß dem Drängen Christians von Anhalt, des Leiters der pfälzischen Politik, das gelang, worauf er seit langem hinarbeitete, nämlich die Bildung einer Union zur Verteidigung der protestantischen Religion. Nach und nach traten, außer Sachsen, alle wichtigen protestantischen Fürstenstaaten und die reichen oberdeutschen Reichsstädte bei. Auf dem Reichstag von 1608 verweigerte dann das Corpus Evangelicorum die Türkensteuer und sprengte den Reichstag, die Einheit des Reiches schien ernsthaft in Gefahr. Umgekehrt war dieser Schritt wieder ein Signal für die Katholiken. Unter Führung Maximilians bildete sich im Juli 1609 in München ein Bündnis der oberdeutschen Bischöfe, ohne Salzburg, dem wenig später auch die drei geistlichen Kurfürsten beitraten. Die militärische Leitung lag allein bei Maximilian, in die politische Führung hatte er sich mit Erzbischof Johann Schweickhardt von Mainz zu teilen; Österreich wurde nicht beigezogen, es war durch den 'Bruderkrieg im Hause Habsburg' in diesen Jahren völlig gelähmt.

Die bisher fast stets bewiesene Schwäche der katholischen Partei, in der gesamten Reichspolitik wie in zahllosen Einzelfragen, war unmittelbare Folge der Schwäche des Kaisers gewesen. Maximilian II. von Habsburg, der Sohn Ferdinands I., neigte selbst zur neuen Lehre, sein Sohn und Nachfolger Rudolf II. war den Anforderungen seines Amtes nicht gewachsen, gegen Ende seines Lebens entwand ihm dann der eigene Bruder Matthias noch den letzten Rest von Macht, doch nur, um ein fast unregierbar gewordenes Land zu übernehmen. Der Staatsstreich war ihm nur mit Hilfe des österreichischen Adels gelungen, der sich, in seiner Mehrheit seit langem protestantisch, zusammengeschlossen hatte, um die freie Religionsausübung für sich und seine Untertanen zu erzwingen. Um den Preis der Huldigung in Ober- und Niederösterreich hatte Matthias diese Forderung 1609 anerkannt; 1610 zog Rudolf gleich, indem er im sogenannten Majestätsbrief den böhmischen Ständen das gleiche Recht gab und außerdem ihren Zusammenschluß legalisierte. Trotz dieses Zugeständnisses verlor Rudolf noch zu Lebzeiten auch in Böhmen jede Gefolgschaft; noch ehe er 1612 starb, hatte auch dort Matthias bereits die Regierung in die Hand genommen.

Sein wichtigster Berater, der Bischof von Wien, Kardinal Khlesl, übertrug nun das Grundprinzip der Machtergreifung in Österreich und Böhmen durch seinen Herrn auch auf die Reichspolitik: Abbau der konfessionellen Spannungen durch Konzessionen und Preisgabe von Herrscherrechten. Seine sogenannte Kompositionspolitik nahm zuallererst Anstoß an den konfessionellen Bündnissen, und da auch der Kurfürst von Mainz ähnlich dachte, war vor allem die Liga in ihrem Bestand deutlich gefährdet. Wie weit sie 1610 bis 1614, im Zusammenhang mit der Krise um das Erbe des letzten Herzogs von

Jülich und Berg, durch ihre bloße Existenz mitgewirkt hat, den Frieden zu bewahren, ist zwar fraglich; es kam jedenfalls zur beiderseitigen Entlassung der Truppen und zur gütlichen Regelung der Erbfolge 1614 im Vertrag von Xanten. Dabei erhielt der Kurfürst von Brandenburg das Herzogtum Cleve und die Grafschaften Mark und Ravensberg, der Pfalzgraf von Neuburg das Herzogtum Jülich-Berg. Zweifellos aber hatte sich dabei gezeigt, daß die Liga keineswegs überflüssig war. Trotzdem gelang es dem Zusammenwirken von Mainz und Wien, zunächst durch eine neue Regelung mit Einbeziehung auch des Erzherzogs Maximilian von Tirol in die Leitung, ihr Wesen zu verändern, bis sich schließlich 1616 Maximilian I. überhaupt von seiner Schöpfung zurückzog, die ohne ihn aber nicht mehr lebensfähig war. Das 1617 ausgesprochene kaiserliche Verbot aller Bündnisse war also für die Liga nicht mehr wirksam, die Union jedoch ignorierte es einfach.

In diesem Augenblick der Führungslosigkeit auf katholischer Seite brach über den Kaiser die Katastrophe herein, die Habsburg an den Rand des Verderbens brachte. In Prag hatten Streitigkeiten zwischen der Führung der Stände, dem Direktorium, und der Regierung um die Rechte aus dem Majestätsbrief den Fenstersturz vom 23. Mai 1618 ausgelöst, das Signal zum Abfall von Habsburg. Anstelle des bereits als König angenommenen Erzherzogs Ferdinand von der Steiermark, eines entschiedenen Vorkämpfers der Gegenreformation, wurde dann am 28. August 1619 Friedrich V. von der Pfalz zum König von Böhmen gewählt, das Haupt der Union. Damit, aber auch durch das enge Zusammenwirken des protestantischen Adels von Ober- und Niederösterreich mit den aufständischen Böhmen, war auch Maximilian I. herausgefordert; er konnte aber auch im Interesse einer geordneten Reichsgewalt nicht zusehen, wie das Haus Habsburg völlig aus der Herrschaft verdrängt wurde. Noch 1618 hatte er deshalb erneut die Verhandlungen zur Wiederbelebung der alten Liga von 1609 aufgenommen, und als Ferdinand von Österreich im Frühjahr 1619 auf den Habsburger Führungsanspruch für die Liga förmlich verzichtet hatte, kam es auch zum Abschluß. So stand also im August 1619 dieses Werkzeug katholischer Politik wieder zur Verfügung, als Ferdinand II. von der Kaiserwahl zu Frankfurt auf der Rückreise über München kam und Maximilian I. in aller Form um seine und der Liga Hilfe beim Kampf um Böhmen und Österreich bat. Im Münchner Vertrag vom 8. Oktober 1619 wurden die Bedingungen festgelegt: Hilfe Bayerns und der Liga für den Kaiser, voller Ersatz der Kriegskosten durch den Kaiser, als Pfand bis zu ihrer Erstattung Überlassung der durch Maximilian eroberten österreichischen Länder, für etwaige Verluste eigenen Landes Entschädigung durch den Kaiser. Mündlich versprach der Kaiser außerdem die Übertragung der seit langem von Bayern beanspruchten Pfälzer Kurwürde auf Maximilian.

Es wäre dem bayerischen Herzog auch ohne diesen Vertrag nichts übriggeblieben, als sich der Sache des Kaisers anzunehmen, wollte er nicht die empfindlichsten Rückwirkungen auf Bayern und das Reich gewärtigen, aber der Münchner Vertrag hat zweifellos seinen Eifer außerordentlich verstärkt. Die Rüstungen, vom Würzburger Ligatag 1619 genehmigt, erbrachten ein schlagkräftiges Heer von 25 000 Mann unter alleinigem Oberbefehl des bayerischen Herzogs, damit konnte sich keine andere Macht im Reich messen, in Europa nur Spanien. Außerdem war für den Angriff auf die Rheinpfalz auch spanische Hilfe zugesagt. Da es außerdem gelang, Frankreich zum Stillhalten zu bewegen, und Sachsen sich gegen die Abtretung der Lausitz ebenfalls auf die Seite des Kaisers schlug, war die Union bereits zu Beginn des Krieges politisch ausmanövriert und vereinbarte im Juli 1620 mit der Liga Neutralität innerhalb des Reiches. Damit begann der Dreißigjährige Krieg unter den günstigsten Vorzeichen für Bayern und den Kaiser. In Kürze war Oberösterreich zur Huldigung gezwungen, der Einmarsch in Böhmen führte, nach der Schlacht am Weißen Berg vor Prag im November 1620, zur Restauration der Habsburger Herrschaft; in Böhmen wie in Ober- und Niederösterreich verloren die Stände ein für allemal ihre Bedeutung, die erste Frucht des Sieges war die Wiederherstellung der ausschließlichen Katholizität und die Etablierung des Absolutismus.

Der Fortgang des Krieges war bedingt durch die Weigerung Friedrichs V., auf die böhmische Krone zu verzichten, und die daraufhin vom Kaiser, nicht zuletzt auf Drängen Maximilians I., ausgesprochene Reichsacht über den Winterkönig. Reichsrechtlich war dieser Schritt durch das Herkommen legitimiert, politisch brachte er Schwierigkeiten, die man nicht vorhergesehen hatte. Der Pfälzer war Schwiegersohn König Jakobs I. von England, Spanien wieder war interessiert an einer Zusammenarbeit mit England zur Sicherung der spanischen Niederlande gegen Frankreich, außerdem war man in Madrid besorgt vor jeder Ausweitung des Krieges, die habsburgische Hilfe im Krieg Spaniens mit den nördlichen Niederlanden ausschloß. Zunächst wirkte Spanien zwar bei der Niederwerfung des pfälzischen Widerstandes mit und eroberte die linksrheinische Pfalz, während die Ligatruppen über die Oberpfalz nach Heidelberg rückten und die rechtsrheinische Pfalz besetzten, doch dann begann jener merkwürdige Widerstand Spaniens gegen die Verleihung der Kurwürde an Maximilian I., die dieser als die Krönung seiner ganzen Politik betrachtete. Der spanische Standpunkt war nicht unberechtigt. Schon begann das englische und niederländische Geld zu wirken, um Bayern und dem Kaiser, damit aber auch Spanien, neue Gegner zu schaffen. Als das Ligaheer in Verfolgung der flüchtenden Truppen Friedrichs V. die Grenze zum niedersächsischen Reichskreis überschritt, griff auch Christian von Dänemark in den Krieg ein, besorgt um seinen Besitz an säkularisierten geistlichen Fürstentümern an der unteren Elbe und an der Weser, finanziert von England und den Niederlanden. Trotz des spanischen Widerstrebens sah sich der Kaiser gerade dadurch genötigt, zu seinem 1620 gegebenen Wort zu stehen, zumal sich vor allem Papst Gregor XV. aufs energischste dafür einsetzte, und Maximilian I. die Pfälzische Kurwürde zu übertragen. Gleichzeitig überließ er ihm neben Oberösterreich auch die Oberpfalz zu Pfandbesitz, definitiv 1628, als Maximilian auf Oberösterreich verzichtete, das 1626 in einem blutigen Aufstand die bayerische Herrschaft vergebens abzuschütteln versucht hatte.

Der Niedersächsisch-Dänische Krieg brachte noch nicht den Umschwung der Lage, obgleich bereits deutlich wurde, daß es immer wieder Möglichkeiten geben würde, von der Peripherie her das Zentrum unter Druck zu setzen, ohne daß der eigentliche Urheber dieser Aktionen zur Verantwortung gezogen werden konnte, erst England und die Niederlande, dann Frankreich. Es war bestenfalls möglich, den jeweils direkten Gegenspieler auszuschalten, und dank einer außerordentlichen Truppenvermehrung auf kaiserlicher Seite durch den genialen Organisator Wallenstein gelang das mit Dänemark auch in wenigen Jahren. Der Friede von Lübeck 1629 brachte den Verzicht des Dänenkönigs auf die Elb-Bistümer und auf weiteres Eingreifen im Reich, das Herzogtum Mecklenburg, das auf dänischer Seite in den Krieg eingetreten war, wurde dem siegreichen Feldherrn des Kaisers, Albrecht v. Wallenstein, verliehen, der Kaiser schien auf der Höhe der Macht.

Den Niedergang leitete kein Geringerer ein als sein wichtigster Verbündeter, Kurfürst Maximilian. Gerade die kaiserliche Übermacht, die Wallenstein zudem rücksichtslos zur Geltung brachte, mußte ihn alarmieren; die uralten Befürchtungen vor habsburgischer Umklammerung, vor einer kaiserlichen Politik ohne, ja gegen die Fürsten, Befürchtungen, die ihn nie verlassen hatten, brachen jetzt wieder mit Macht hervor. Die möglichen Gegenwirkungen hatte Maximilian schon längst ins Auge gefaßt. Seitdem er 1624, definitiv dann 1627 mit der Stimme Kurbrandenburgs in den Kurverein aufgenommen worden war, durfte er sich dank seiner persönlichen Autorität, aber auch dank seiner faktischen Macht als Sprecher der Kurfürsten fühlen, und die außenpolitische Absicherung seiner Position erwartete er von Frankreich. Mit Rücksicht auf Frankreich, mit dem seit 1628 bereits Bündnisverhandlungen liefen, widersetzte er sich jeder Ausdehnung des Krieges auf die Niederlande, und als 1629 der Kaiser auf Drängen Spaniens, aber zur Entrüstung des Papstes, in den Erbstreit um Mantua eingriff und das Herzogtum besetzte, während Frankreich seinen eigenen Kandidaten mit den Waffen unterstützte, wirkte er auch hier mit aller Entschiedenheit auf baldigen Friedensschluß hin. Er war der Ansicht, daß es unbedingtes Erfordernis des Augenblicks war, alle Kräfte auf den entscheidenden Schauplatz zu konzentrieren, nämlich auf Mittel- und Norddeutschland, wo inzwischen die größte religionspolitische Aktion der Epoche eingesetzt hatte, die Durchführung des Restitutionsedikts.

Das Restitutionsedikt hatte der Kaiser, nicht ohne nachhaltiges Drängen Maximilians I. wie nach Beratungen mit den übrigen katholischen Kurfürsten, am 6. März 1629 erlassen. Es sollte die vielen

Prozesse auf Rückerstattung entfremdeten Kirchenguts unnötig machen, indem es in einer allgemeinen Regelung alle seit 1552 unter Mißachtung des Geistlichen Vorbehalts säkularisierten Hochstifte, Reichsklöster und landsässigen Klöster wieder der Kirche zurückstellte. Die siegreichen Armeen des Kaisers und der Liga schienen für eine reibungslose Durchführung des Edikts jede Gewähr zu bieten. An eine Gefährdung durch Frankreich dachte niemand, da die französische Politik durch einen Kardinal geleitet wurde, Richelieu; die militärische Stärke Schwedens war noch nicht in Erscheinung getreten. Aber auch wenn die Gefahren, die sich jetzt erheben sollten, 1629 schon deutlicher zu erkennen gewesen wären, hätte Maximilian I. es doch für seine Pflicht gehalten, für das Edikt einzutreten. Seine Räte hatten ihn eindringlich gewarnt, sein Beichtvater dagegen, P. Adam Contzen, der Verfasser eines viel beachteten Werks über die Grundprinzipien christlicher Politik, hatte auf jede Gefahr hin die Restitution der Kirchengüter gefordert, und ihm, nicht den Warnern, schloß sich Maximilian an, bereit, in Erfüllung seiner Aufgabe als Haupt der katholischen Partei alles aufs Spiel zu setzen.

Sein entscheidender Irrtum bestand darin, daß er glaubte, eine so ungeheure Aktion wie die Rückführung eines Großteiles der Bevölkerung und des Reiches zum Katholizismus sei ohne die riesige Armee des Kaisers, an die 100 000 Mann, möglich. Auf dem Kurfürstentag von Regensburg 1630, den der Kaiser einberufen hatte, um seinen Sohn Ferdinand zum Römischen König wählen zu lassen, forderte er zusammen mit den übrigen Kurfürsten die Entlassung Wallensteins und die Reduzierung des kaiserlichen Heeres, außerdem zwang er den Kaiser, ungeachtet seiner militärischen Erfolge in Mantua, mit Frankreich Frieden zu schließen. Die Königswahl Ferdinands fand trotzdem nicht statt, der Kaiser war also auf der ganzen Linie zurückgewichen. Zur gleichen Zeit, während sich in Magdeburg unverhofft Widerstand gegen die Durchführung des Restitutionsedikts erhob, landete in Pommern das Heer des Schwedenkönigs Gustav Adolf mit dem Auftrag, der Bedrängnis der deutschen Protestanten zu steuern. Die Finanzierung dieses, wie es scheinen mochte, hoffnungslosen Feldzugs hatte Frankreich übernommen, das seit dem Regensburger Kurfürstentag auch die Verhandlungen mit Bayern intensiviert hatte und wenige Monate nach dem Bündnis mit Schweden zu Fontainebleau auch mit Bayern zum Abschluß kam. Damit erhöhten sich die schwedischen Aussichten beträchtlich, was Richelieu auch beabsichtigt hatte, während Maximilian von Bayern bei seinen Verhandlungen nur die bayerischen Ziele im Auge hatte, in erstaunlicher Kurzsichtigkeit. Ihn leitete dabei die Hoffnung, durch Anlehnung an Frankreich ein erneutes Anwachsen der kaiserlichen Macht ausgleichen zu können, vielleicht auch Kaiser und Reich auf Distanz zu den spanischen Kriegszielen zu bringen, eine weitere Ausweitung des Krieges zu verhindern und, nicht zuletzt, Frankreich von einem Bündnis mit protestantischen Partnern innerhalb und außerhalb des Reiches abzuhalten. Richelieu dagegen brauchte Bayern gerade dieser Bündnispolitik wegen, der Vorwurf protestantenfreundlicher Politik war damit bündig zu widerlegen. In Wirklichkeit waren beide Bündnisse miteinander nicht zu vereinbaren. Beide Partner versprachen, sich gegenseitig nicht anzugreifen und bei einem Angriff einer dritten Partei einander zu Hilfe zu kommen, Maximilian behielt sich dabei seine Verpflichtung gegenüber Kaiser und Reich ausdrücklich vor. Der Angriff der Schweden, den Frankreich finanzierte, war aber gerade gegen den Kaiser gerichtet. Was von diesem Bündnis blieb, war also nur das Versprechen Richelieus, sich für die bayerische Kurwürde einzusetzen, alles andere wurde hinfällig, als es zum Zusammenstoß mit den Schweden kam.

Der Schwedische Krieg war insofern zunächst ganz allein Sache Maximilians, als Tilly, der Bundesfeldherr der Liga, seit dem Tag zu Regensburg gleichzeitig oberster Befehlshaber der kaiserlichen Armee war. Die Unterschätzung des Gegners und der vom schwedischen Vormarsch drohenden Auswirkungen auf Nord- und Mitteldeutschland führte in Kürze dazu, daß Tilly in die Defensive geriet; sein befehlsgemäßes Vorgehen gegen Magdeburg, das mit der Erstürmung und Zerstörung der Stadt endete, brachte Sachsen zum Anschluß an Schweden, damit war Gustav Adolf in der Übermacht und konnte am 17. September 1632 Tilly bei Breitenfeld vernichtend schlagen. Die Folgen dieses Tages waren nicht weniger weitreichend als jene der Schlacht am Weißen Berg, für Europa, das Reich und für Bayern. Der Kaiser war in Zukunft in der Defensive, das bedeutete, daß sich seine Gegner das Angriffsziel jeweils aussuchen konnten, keinesfalls war es noch möglich, im Zusammenwirken mit Spanien Europa herauszufordern. Für Spanien begann deshalb gleichzeitig mit dieser Niederlage der Abstieg, für Frankreich öffneten sich die Pforten an den Rhein. Daß Maximilian I. das nicht gewollt hatte, liegt auf der Hand; wie ernst er aber das französische Bündnis nahm, zeigt die Tatsache, daß er jetzt um die französische Hilfe bat, und, als sie verweigert wurde, auf das Angebot französischer Neutralitätsverhandlungen für Bayern und die Liga einging. Die Forderungen Gustav Adolfs hätten Bayern und die Liga wehrlos gemacht, der Kurfürst lehnte also ab, nicht ohne immer noch auf Frankreich zu hoffen. Das augenblickliche System Richelieus hatte er also nicht begriffen, freilich durfte er damit rechnen, daß auf lange Sicht Bayern für Frankreich als Verbündeter im Reich so wichtig sein würde, daß es sogar dafür kämpfen würde – für den Augenblick hätte Richelieu aber dabei alle errungenen Vorteile wieder preisgeben müssen.

Das Stillhalten Frankreichs bedeutete nicht, daß es den Siegeslauf Gustav Adolfs und seine Aspirationen auf ein protestantisches Kaisertum vorbehaltlos begrüßt hätte, zumal dieser sich dann doch mit der Eroberung und Ausplünderung der Lande der Liga begnügte, den Angriff auf Österreich aber nicht wagte. Der Kaiser hatte allerdings in dieser Stunde der Bedrängnis erneut Wallenstein mit der Aufstellung eines neuen Heeres betraut und ihm die uneingeschränkte Kommandogewalt zugesichert, und in der Tat gelang es diesem, Gustav Adolf durch die Bedrohung seiner Nachschublinien aus Bayern hinauszumanövrieren und, nach einer ersten Niederlage vor Nürnberg, bei Lützen in eine Schlacht zu verwickeln, die zwar unentschieden blieb, aber dem Schwedenkönig das Leben kostete. Daß Wallenstein sich dann nach Böhmen zurückzog und den Schweden erneut Bayern überließ, dann Sachsen Schlesien, konnte man schlecht anders deuten als Verrat, auch wenn die kaiserliche Vollmacht zu Verhandlungen mit Sachsen förmlich dazu eingeladen hatte. Es ist sicher, daß Wallenstein mit dem Gedanken an einen allgemeinen Frieden spielte, zu dem er den Kaiser und Bayern notfalls zwingen würde, und daß er den Vorschlag der böhmischen Königskrone für sich selbst nicht zurückwies. Trotzdem hätte es eine Möglichkeit geben müssen, ihn vor einem ordentlichen Gericht zur Rechenschaft zu ziehen, statt ihn, als Rebellen und Verräter, in die Acht zu tun und damit für vogelfrei zu erklären. Seine Ermordung im Februar 1634 zu Eger öffnete allerdings den Weg zu erneuter Konzentration der kaiserlichen und Ligatruppen auf den Feldzug in Bayern. Das verlorene Regensburg wurde zurückerobert und mit spanischer Hilfe die schwedische Armee bei Nördlingen vernichtend geschlagen. Damit war für Bayern eine Zeit schrecklicher Drangsal zu Ende, mit ungeheueren Bevölkerungsverlusten durch Hunger und Pest; die Bedrängnis durch die Quartierlasten hatte sogar im Traunsteiner Oberland zu einem Aufstand der bayerischen Bauern geführt.

Das Reich war jetzt reif zum Frieden. Der Friede von Prag vom Mai 1635 wurde ausdrücklich mit dem Ziel geschlossen, die fremden Truppen aus dem Reich zu vertreiben, und da der Kaiser faktisch auf das Restitutionsedikt verzichtete, gewann er auch die Hilfe Sachsens und Brandenburgs. Für den bayerischen Kurfürsten bedeutete dieser Friede darüber hinaus die Anerkennung seiner neuen Würde wie des Gewinns der Oberpfalz. Es ist keine Frage, daß ohne das direkte Eingreifen Frankreichs noch 1635 jetzt der Krieg entschieden gewesen wäre, obgleich es Jahre dauerte, bis die französische Armee ein ebenbürtiger Gegner wurde. Auch Maximilian von Bayern gab jetzt seine Bemühungen um Frankreich auf und drängte auf einen entscheidungssuchenden Feldzug im Westen. Vorstöße nach Frankreich hinein versackten jedoch in der Weite des Landes, auch ging von der unbeweglichen kaiserlichen Armee kein Druck aus; schließlich erlitt sie sogar infolge der Unfähigkeit ihrer Führung 1638 vor Rheinfelden eine entscheidende Niederlage, die Frankreich in den Besitz der Festung Breisach brachte, die den Oberrhein beherrschte und die in Zukunft den französischen Truppen erlaubte, die Offensive nach Süddeutschland hereinzutragen. In den nächsten Jahren verhinderte die bayerische Armee unter Mercy und Jan van Werth die immer wieder angestrebte Vereinigung der Franzosen mit den Schweden, trotz aller Siege kamen sie aber aus der Defensive nicht mehr heraus, und da die Schweden sich nach dem Ausscheiden Brandenburgs 1640 in Mitteldeutschland bis weit hinein nach Niedersachsen und im östlichen Westfalen behaupten konnten, war es nur eine Frage der Zeit, bis im Zusammenwirken von Schweden und Franzosen auch Bayern erneut erliegen würde. Das war erstmals der Fall 1646, ein Jahr nach dem Tode Mercys in der Schlacht bei Alerheim im Ries. Maximilian sah jetzt keine andere Möglichkeit mehr, Bayern das Schicksal erneuter Ausplünderung bis zum völligen Ruin zu ersparen, als durch einen Waffenstillstand im März 1647 aus dem Krieg auszuscheiden. Zwar kehrte er im September, nach Ablauf des Waffenstillstandes, wieder auf die Seite des Kaisers zurück, aber er ließ jetzt keinen Zweifel mehr daran, daß der Friedensschluß um jeden Preis herbeigeführt werden müsse. Am 24. Oktober 1648 war es soweit. In Münster und Osnabrück, wo seit 1641 die Verhandlungen im Gang waren, wurde der Friede geschlossen, der den Krieg der Dreißig Jahre beendete. Die Verträge zu Westfalen verlangten vom Kaiser die Preisgabe Spaniens, die Preisgabe also aller Pläne auf Beherrschung Europas durch das Haus Habsburg, dann den Verzicht auf die habsburgischen Rechte im Elsaß, das Frankreich seit 1638 besetzt hielt und das der Kaiser nicht hatte zurückerobern können. Ebenso war auch der Kurfürst von Brandenburg nicht in der Lage, Pommern den Schweden abzunehmen, hatte sich aber, ebenso wie der Kaiser, jahrelang gesträubt, seinen Anspruch auf Pommern aufzugeben, eines der wichtigsten Hindernisse für den Abschluß des Friedens. In den Händen der Schweden waren auch die Elb-Bistümer, welche die Schweden ebenfalls zu behalten wünschten, dazu eine außerordentlich hohe Kriegskostenentschädigung. Daß Kurfürst Maximilian von Bayern die Rückgabe der Oberpfalz und den Verzicht auf die Kurwürde ablehnte, während er den Kaiser bedrängte, Frankreich entgegenzukommen, oder bereitwillig darauf verzichtete, die Forderung des Nuntius nach einer Rückgewinnung der verlorenen kirchlichen Positionen zu erfüllen, hat man ihm absurderweise übelgenommen, angefangen beim Nuntius Mattei 1641; Maximilian hätte dabei aber sicheren Besitz preisgeben müssen, ohne die geringste Hoffnung, auf religionspolitischem Gebiet trotzdem etwas zu erreichen. Und hatte nicht schließlich der Papst selbst, Gregor XV., den Übergang der Kurwürde an ein katholisches Haus als größten Gewinn für die Sache der Kirche betrachtet? Hätte

Maximilian I. den Krieg begonnen und so lange durchgehalten, nur um dieses eine Ziel zu behaupten, die Kurwürde und den Besitz der Oberpfalz, dann wäre das tatsächlich eine Ungeheuerlichkeit. Es läßt sich aber bei genauer Überprüfung der Vorwürfe nirgends zeigen, daß Maximilian seit 1621 eine andere Wahl gehabt hatte, als weiterzumachen, den Erlaß des Restitutionsedikts ausgenommen, und gerade in dieser Frage kann man ihm keine Gewinnabsicht nachweisen. Der Verzicht auf Kurwürde und Pfalz hätte am Ausgang des Krieges nicht das geringste geändert. Was Maximilian wirklich 1619 als wichtigstes Kriegsziel ins Auge gefaßt hatte, war die Rettung des Kaiserhauses und der katholischen Position im Reich; beides hat er erreicht, die Konfessionsgrenzen kamen seither zur Ruhe, die Rekatholisierung der Oberpfalz, Böhmens und Österreichs waren die letzten großen Veränderungen. Wenn man seinen eigenen Standpunkt akzeptiert, wird man zugeben müssen, daß er anders sich selbst nicht treu geblieben wäre.

Als er 1651 starb, war er selbst der Auffassung, keinen seiner großen Entschlüsse bereuen zu müssen. Das heißt nicht, daß er die entsetzlichen Folgen des Krieges nicht tief beklagt hätte – anders hätte er sich ja die Frage gar nicht gestellt. Bayern war wirtschaftlich ruiniert, die Bevölkerungsverluste waren ungeheuer, sicher höher als ein Drittel; dort, wo wir verlässige Zahlen haben, läßt sich das nachweisen (Steinbergs Kritik ist nicht ernst zu nehmen, da er sich um diese Zahlen überhaupt nicht bemüht hat). Man hätte glauben sollen, daß ein Fürst, der solches zu verantworten hatte, gänzlich verhaßt war – doch das war nicht der Fall, wir kennen keine bayerische Stimme, ausgenommen die Bauern von Wasserburg 1633/34, die ihn verurteilt hätte. Die Geschichtsschreibung der Epoche stand freilich ganz und gar unter seinem Einfluß, auch das 1662 posthum erschienene Werk des letzten Beichtvaters Maximilians, des Jesuiten Vervaux, das unter dem Namen des Kanzlers Adlzreiter erschien. Seine ganze Regierungszeit hindurch war es Maximilian ein Anliegen, der Öffentlichkeit ein Geschichtsbild zu vermitteln, das der Würde seines Hauses und der Bedeutung seines Staates entsprach. Die besten Historiker hat er dafür gewonnen, Markus Welser, den großen Augsburger Humanisten, die Jesuiten Andreas Brunner und

Jakob Balde, den begnadeten Dichter. Am rührigsten war sein Sekretär Christoph Gewold, der vor allem Quellenwerke edierte und in gelehrten Streitschriften für die Rechte seines Fürsten und seines Landes eintrat, vor allem für das bayerische Kurrecht. Im Auftrag des Herzogs verteidigte der Rektor des Münchner Jesuitenkollegs, Jakob Keller, das Königtum Ludwigs des Bayern gegen die ›Annales Ecclesiastici‹ des Abraham Bzovius. Wie das Geschichtswerk dem fürstlichen Ruhm diente, so war auch die Bautätigkeit Maximilians dazu bestimmt, den Untertanen Bewunderung einzuflößen. Sein Vater hatte St. Michael und das Jesuitenkolleg erbaut, der Sohn baute die Residenz, so bedeutende Künstler wie Hubert Gerhard und Hans Krumper wirkten zu ihrer Gestaltung mit. Diese Jahre vor dem Krieg brachten Bayern insgesamt eine künstlerische Blütezeit von ausgesprochener Originalität. Der Herzog selbst förderte die Maler Sandrart und Peter Candid, Domkirchen und Klöster weit über Bayern hinaus zogen besonders die Bildschnitzer und Bildhauer der Weilheimer Schule, die auch auf Schongau ausstrahlte, zu Aufträgen heran: Georg Petel, Hans Reichel, Philipp Dirr und Hans Degler. Die Ausstrahlung der Bauidee der Jesuitenkirche St. Michael, eines Kunstwerks von europäischem Rang, reichte tief ins Land hinein, eine Reihe von Nachfolgekirchen entstanden noch vor, dann bald nach der Jahrhundertwende, etwa die Stadtpfarrkirche zu Weilheim und die Jesuitenkirchen zu Landshut und Burghausen. Die Jesuiten prägten überhaupt die bayerische Kultur in diesen Jahrzehnten in besonderem Maße. In ihren Reihen, als Professoren zu Ingolstadt und München, finden wir die bedeutendsten Vertreter der Wissenschaft, den berühmten Astronomen Christoph Scheiner oder die Moraltheologen Johann Christoph Raßler und Paul Laymann, nicht zuletzt den bedeutenden Vertreter der historischen Theologie Jakob Gretser. Das Jesuitentheater brachte ganz große Schöpfungen hervor wie den ›Xenodoxus‹ des P. Jakob Bidermann. Die Predigten Jeremias Drexels erschienen in zahlreichen Auflagen und wirkten weit über Bayern hinaus, Jakob Balde, der Dichter feierlicher Oden im Stil des Horaz, war mit seinen Gedichtbänden trotz der schwierigen Sprachform noch ein Jahrhundert später lebendig und regte bewundernde Nachdichtungen an. Daß diese Epoche hoher schöpferischer Kultur in den späten Kriegsjahren endete, war kein Zufall; nicht wenige Künstler wurden selbst ein Opfer des Krieges, das Land blutete aus, der Strom versiegte. Es bedurfte einer langen Friedensperiode, bis sich wieder neue Kraft zu regen begann.

ENTSCHEIDUNG
ZWISCHEN HABSBURG UND WITTELSBACH
(1651–1745)

Der ungeheure gemeinsame Druck, dem das Kurfürstentum Bayern und das Habsburgerreich während des langen Krieges ausgesetzt waren und der nur in weitgehender Einigkeit zu überstehen war, hatte nicht verhindern können, daß immer wieder, selbst in kritischen Momenten, auch jene Gegensätze ihr Recht angemeldet hatten, die beide Häuser seit Beginn der Habsburgerherrschaft in Österreich entzweit hatten. Als mit dem Ende des Krieges der unmittelbare Zwang zur Zusammenarbeit wegfiel, war es deshalb keinesfalls verwunderlich, daß alsbald die Wege wieder auseinandergingen. Die Initiative dazu lag wieder, wie bisher stets, bei Bayern selbst. Die Versuche Maximilians I., mit Frankreich in ein Bündnis zu kommen, das Bayern wirklich Vorteile einräumte, waren bisher nie zufriedenstellend ausgegangen, zuletzt, 1647, hatte Mazarin sogar abgelehnt. Nach dem Krieg setzten die Versuche erneut ein; der Ansatzpunkt zu einem neuen freundschaftlichen Verhältnis zu Frankreich war Savoyen. Das mit diesem Hause ins Auge gefaßte Heiratsbündnis, das von Mazarin sehr gefördert wurde, schien dem Kurfürsten geeignet, beiden Häusern ein größeres Maß an Selbständigkeit gegenüber Frankreich, Österreich und Spanien zu sichern, es stellte aber auch eine indirekte Verbindung zu Frankreich dar; die für den Kurprinzen Ferdinand Maria ins Auge gefaßte Braut Henriette Adelaide, die Tochter des Herzogs von Savoyen, war eine Enkelin Heinrichs IV. von Frankreich, die Beziehungen Turins zu Paris waren sehr eng.

In der Tat hatte diese Heirat, die noch 1652 geschlossen wurde, die gewünschte Wirkung, doch war dazu eine lange Anlaufzeit notwendig, auch haben die Umstände selbst die Annäherung an Frankreich in hohem Maße gefördert. Entscheidend aber war in jeder Hinsicht das Grundverhältnis, in welchem Wittelsbach nach wie vor zu Habsburg stand: Wittelsbach fühlte sich nicht nur ebenbürtig, sondern überlegen, was Rang und Alter betraf, um so mehr litt es an der zweitrangigen Stellung im Reich und an den gewaltigen Unterschieden an politischer Macht. An die Stelle Habsburgs zu treten, nicht nur die eigene Selbständigkeit und den eigenen politischen Einflußbereich zu behaupten, war seit Jahrhunderten das geheimste Ziel der wittelsbachischen Politik. Die Gelegenheit schien nie günstiger als in den Jahren nach 1650.

Zunächst hielt sich Ferdinand Maria, der 1637 geboren war, noch zurück und verzichtete, als 1657 eine neue Wahl zum Reichsoberhaupt anstand; eine eigene Kandidatur, die Mazarin mit großem Einsatz an Mitteln und diplomatischer Aktivität förderte und die durchaus Aussichten gehabt hätte, schien ihm und seinen Räten zu risikoreich, die fehlende Machtgrundlage war dem Kurfürsten schmerzlich bewußt. Bewußt war ihm dabei vor allem, daß die Kaiserkrone nur in einem Thronkampf mit Habsburg zu erringen sein würde; doch daß sein Land nach dem mörderischen Krieg in erster Linie Frieden brauchte, war seine wichtigste politische Maxime.

Beide Haupttendenzen seiner Politik schlossen dabei einander keinesfalls aus. Die Sicherung des Friedens für Bayern und das Reich führte den Kurfürsten in den nächsten Jahren von selbst in Gegensatz zu Habsburg, das, solange der Krieg zwischen Spanien und Frankreich noch andauerte, bis 1659, und als Schweden im ersten Nordischen Krieg erst Polen, dann Polen und Brandenburg gegenüberstand, an eine Revision des Westfälischen Friedens dachte. 1658 schloß sich gegen solche Absichten des neuen Kaisers Leopold I. unter dem Erzbischof von Mainz die erste Rheinische Allianz zusammen, der Bayern zwar nicht beitrat, aber doch wohlwollend gegenüberstand. Der wichtigste Partner dieser Allianz aber war Frankreich; als Garant des Friedens galt in diesen Jahren tatsächlich Ludwig XIV. Auch als sich immer deutlicher zeigte, wie groß dieser Irrtum war, fanden sich noch manche Reichsstände, die, aus welchen Gründen auch immer, von Frankreich mehr erwarteten als vom Kaiser. Für die bayerische Politik galt das ebenfalls; bestimmend dafür war einerseits die Befürchtung, daß jeder Krieg zwischen Frankreich und Habsburg über kurz oder lang auf bayerischem Boden ausgetragen werden könnte, nicht weniger die Gewißheit, daß im Falle der sich abzeichnenden Erledigung des Habsburger Erbes in Österreich die Erbansprüche des Hauses Bayern nur mit Hilfe Frankreichs durchzusetzen sein würden. Unter diesen Aspekten kam es zur politischen Annäherung an Frankreich, die sich um so mehr verdichtete, je deutlicher Ludwig XIV. expansive Ziele anstrebte und dafür auf Flankendeckung im Reich angewiesen war. Daß auch das Reich bedroht war, als 1667 Ludwig XIV. im sogenannten Devolutionskrieg den ersten Angriff auf spanischen Besitz in den Niederlanden unternahm – die außerdem formell noch zum Reich gehörten –, wollten Ferdinand Maria und sein außenpolitischer Berater, der Kanzler Kaspar v. Schmid, nicht wahrhaben, sie sahen nur die Gefährdung des Friedens für Bayern bei einem Kriegseintritt Habsburgs und des Reiches. Ohne daß schon ein fester Allianzvertrag mit Frankreich geschlossen war, widersetzte sich Bayern einem Reichskrieg, 1670 dann schloß es in aller Form sein Bündnis mit dem König.

Dieses Bündnis sollte Frankreich die Hilfe Bayerns bei Erlangung des spanischen, Bayern die Hilfe Frankreichs bei Erlangung des österreichischen Erbes sichern, Bayern war außerdem verpflichtet, einen Reichskrieg gegen Frankreich zu verhindern und sich gegen den Durchzug österreichischer Truppen zur Wehr zu setzen. Die dafür notwendige Aufstellung eines Heeres von 9000 Mann sollten französische Subsidien in Höhe von 50 000 Gulden im Jahr im Frieden, von 400 000 im Krieg ermöglichen. Eine Heiratsabsprache zwischen beiden Häusern und das Versprechen des Kurfürsten, die Kaiserwahl Ludwigs XIV. zu unterstützen, beschlossen den Vertrag.

Anders als Maximilian I., der stets seine Verpflichtungen gegenüber Kaiser und Reich in den Verträgen wie den Verhandlungen mit Frankreich ausgenommen hatte, war also Ferdinand Maria bereit, diese Schwelle zu überschreiten. Die Notwendigkeit, zu seinem Wort zu stehen, bot sich alsbald; doch als 1672 Ludwig XIV. den Krieg gegen die nördlichen Niederlande begann und ihm eine Koalition entgegentrat, die neben Spanien auch den Kaiser und Brandenburg einschloß, wagte es der Kurfürst nicht, sich dem österreichischen Durchmarsch durch die Oberpfalz in den Weg zu stellen, auch die Erklärung des Reichskriegs 1674 konnte er nicht verhindern. Alles, was ihm noch möglich war, und auch das nicht ohne Gefahr, war die Verweigerung des bayerischen Kontingents für das Reichsheer und der Versuch, auch andere Reichsstände zur Einnahme einer neutralen Stellung zu bewegen. Nur das Gleichgewicht der Mächte ließ eine solche Rolle des kleinen Kurfürstentums zu, die angestrebte Mittlerrolle dagegen lehnten beide Gegner ab, der Friede von Nijmwegen 1679 wurde ohne Bayern geschlossen. Im gleichen Jahr starb Ferdinand Maria. Er hatte, was auch immer man gegen seine Politik sagen mag, Bayern tatsächlich ein volles Menschenalter des Friedens geschenkt.

Die Rückkehr seines Sohnes und Nachfolgers, des 1662 geborenen Max Emanuel, zum Bündnis mit dem Kaiser erfolgte unter sachlichen wie persönlich-emotionalen Gesichtspunkten. 1678 war dem Kaiser endlich der Erbe geboren worden, die Hoffnung auf die Gewinnung Österreichs durch Wittelsbach war also hinfällig, man bedurfte der französischen Hilfe nicht mehr. Außerdem war auch Max Emanuel empört über die Reunionen Ludwigs XIV. wie über die Annexion Straßburgs, sicher war ihm auch die Bevormundung durch den erfahrenen Kanzler lästig, der nach wie vor an seinem System der Sicherung durch den Rückhalt an Frankreich festhielt. Die Bedrohung Österreichs durch die Türkei machte auch den Kaiser zu einem günstigen Angebot für ein Bündnis geneigt, das am 26. Januar 1683 zustande kam. Der Kurfürst stellte 8000 Mann, dafür erhielt er das Versprechen jährlicher Subsidien in Höhe von 250000 Gulden im Frieden, 450000 im Krieg. Die Werbung um die Kaisertochter Maria Antonia, die wenig später erfolgte, stand nicht in unmittelbarem Zusammenhang mit diesem Bündnis, war aber geeignet, es in jeder Hinsicht zu bekräftigen.

Der Türkenkrieg, an dem Max Emanuel von 1683 bis 1688 persönlich an der Spitze seiner Truppen teilnahm, war für ihn weniger patriotische Pflicht als die Gelegenheit, sich einen großen Namen zu machen. Schon 1686, 24 Jahre alt, erhielt er ein selbständiges Kommando, den ersten Sieg erfocht er 1687 am Berge Harsán, zusammen mit Ludwig von Baden, ein Sieg, der dem Kaiser Ungarn zu Füßen legte und die Voraussetzung bildete für die Unterwerfung auch von Siebenbürgen und Slavonien. Seine bedeutendste militärische Leistung war dann 1688 die Eroberung Belgrads, das seit 1521 in der Hand der Türken war. Nicht zuletzt also der Hilfe des bayerischen Kurfürsten hatte Österreich die größte Ausdehnung seiner Herrschaft zu danken.

Max Emanuel hatte dafür keine Gegenleistung gefordert, doch die 1685 geschlossene Ehe mit Maria Antonia und die damit verbundenen Ansprüche stellten den eigentlichen Bündnispreis dar. Der Ehekontrakt sprach der Kurfürstin und ihren Nachkommen für den Fall des Erlöschens der männlichen Linie des Hauses Habsburg volles Erbrecht zu, doch das besagte nicht viel, schien die Zukunft des Hauses doch gesichert. Unmittelbar bevor stand jedoch das Aussterben der spanischen Linie des Hauses Habsburg. Obwohl aber Maria Antonia dank ihrer Abkunft mütterlicherseits von Philipp IV. begründete Ansprüche auf das spanische Erbe hatte, mußte sie zugunsten ihres Vaters und ihrer Brüder darauf verzichten, auch Max Emanuel mußte versprechen, Spanien abzulehnen, falls es ihm und seinen Erben angeboten würde. Allerdings, und dieses Versprechen bestimmte die nächste Zukunft des Kurfürsten, versprach der Kaiser, sich in Spanien darum zu bemühen, daß noch zu Lebzeiten des Königs die spanischen Niederlande Max Emanuel übertragen würden.

Erst der große Krieg gegen Frankreich von 1688 bis 1697, in den Max Emanuel 1689 mit 8000 Mann eintrat, führte ihn an das Ziel seiner Wünsche. Die Unterstützung Wilhelms von Oranien, seit 1688 auch König von England, der Seele der Koalition gegen Ludwig XIV., war ausschlaggebend für die 1691 erfolgte Ernennung Max Emanuels zum Generalstatthalter und Generalkapitän der Niederlande. Diese Stellung übertraf jene eines bloßen Vizekönigs bei weitem und eröffnete Max Emanuel ein weites Tätigkeitsfeld, das nur durch die Fortdauer des Krieges, in dem sich der bayerische Kurfürst unter dem Kommando des Königs von England hervorragend schlug, beeinträchtigt war. Die Geburt eines Erben, des Kurprinzen Joseph Ferdinand, die seiner Mutter das Leben kostete, führte ihn schließlich auf den Höhepunkt seiner Hoffnungen. Da den Seemächten weder an einer Vergrößerung Frankreichs noch Habsburgs lag, bot sich mit dieser Geburt des Sohnes der nächsten Erbin die Möglichkeit, ein mindermächtiges, deshalb für das europäische Gleichgewicht ungefährliches Haus auf den Thron Spaniens zu setzen. So stimmten schließlich England und Holland dem Testament Karls II. zu, der die Teilungsvorschläge der Großmächte abgelehnt und Joseph Ferdinand 1698 zum Universalerben erklärt hatte. Als jedoch wenige Wochen später, am 6. Februar 1699, der Kurprinz bereits starb, war die ganze Frage wieder offen, mit dem Unterschied, daß für den bayerischen Kurfürsten jeder legitime Anspruch auch auf Teile des spanischen Erbes verloren war. Er war aber nicht bereit, das bereits in Händen geglaubte Ziel wieder fahrenzulassen: den Aufstieg seines Hauses zu europäischer Bedeutung.

Der Entschluß Max Emanuels, sich unter allen Umständen am spanischen Erbe zu beteiligen, zwang ihn zur Parteinahme in dem nach dem Tode Karls II. 1700 unvermeidlich gewordenen Krieg. Im Besitz Spaniens war, gemäß dem neuen Testament des Königs, der Enkel Ludwigs XIV., Philipp, ein Neffe Max Emanuels, doch der Kaiser beanspruchte für seinen Sohn Karl ebenfalls das ganze Erbe. Die Seemächte, die bisher immer für eine Teilung gewesen waren, traten jetzt für den Sohn des Kaisers ein. Max Emanuel entschied sich, ohne das Risiko wirklich voll abzuwägen, für das bessere Angebot. Daß es von Ludwig XIV. kam, war bezeichnend auch für den Kaiser. Ungeachtet der nicht unbegründeten Aussicht auf das riesige spanische Erbe war dieser nicht bereit, seinem einstigen Schwiegersohn als Bündnispreis mehr zuzugestehen als die pfandweise Überlassung der einst bayerischen Gerichte von Tirol, Kufstein, Kitzbühel, Rattenberg und des Zillertals, das geforderte Mailand nur im Tausch gegen Bayern. Die Königskrone, die wichtigste Bedingung Max Emanuels, verweigerte er. Ludwig XIV. dagegen bot im Bündnisvertrag vom 9. März 1701 wie in den Zusatzverträgen von 1702 hohe Subsidien für den Unterhalt einer Armee von 20 000 Mann, als hypothekarische Sicherheit für die Millionen, die Max Emanuel für die Niederlande aufgewendet hatte, versprach der König Flandern und den Hennegau, dazu die erbliche Statthalterschaft in den Niederlanden, außerdem, im Falle eines vollen Sieges, die Pfalz und Pfalz-Neuburg, als Krönung des ganzen die Anerkennung als König.

Als Max Emanuel das Angebot des Kaisers ablehnte, am 17. August 1702, waren die Voraussetzungen für einen leichten Sieg Ludwigs XIV. bereits nicht mehr gegeben. Die Vorderen Reichskreise, deren Assoziation sich zunächst dem bayerischen Neutralitätssystem angeschlossen hatte, waren nach dem Abschluß der Großen Allianz im Haag im September 1701 nach und nach auf die Seite des Kaisers getreten, damit war Bayern von Frankreich getrennt und schien militärisch wie politisch ausmanövriert. Allerdings waren zunächst weder die kaiserliche Armee, deren Hauptmacht in Italien gebunden war, noch die Truppen der Vorderen Reichskreise in der Lage, die Vereinigung der bayerischen Armee mit einem französischen Korps zu verhindern. Die 1703 folgenden Kämpfe um Bayern bestand der Kurfürst siegreich. Als er jedoch Tirol besetzte, sowohl im Hinblick auf die ersehnte Vergrößerung Bayerns wie um der in Italien postierten französischen Armee unter Vendôme den Weg nach Wien freizuhalten, erlitt er den ersten Rückschlag. Die Tiroler Bauern erhoben sich und jagten ihn wieder aus dem Land. Damit waren gleichzeitig auch die Pläne für einen entscheidungsuchenden Feldzug in Süddeutschland aufgegeben, die keineswegs aussichtslos waren, wenn es gelang, die geballte Kraft der französischen Armee in Bayern und südlich der Alpen zu koordinieren und zu präzisem, gemeinsamem Vorgehen zu veranlassen. Daran fehlte es in jeder Hinsicht. Vendôme, der schon bis Trient gekommen war, kehrte wieder um, der Max Emanuel beigegebene Marschall Villars, der fähigste Feldherr Ludwigs XIV., verließ verärgert Bayern, die 1704 zu Max Emanuel stoßenden Marschälle Tallard und Marsin waren nur an Truppenzahl, nicht aber an Können den alliierten Feldherren Prinz Eugen und Marlborough gewachsen. Der Verzicht auf die Offensive 1703/1704 bedeutete bereits den Verlust der militärischen Initiative, die daraufhin an den Gegner überging. Im Sommer 1704 entschlossen sich Prinz Eugen und der englisch-niederländische Oberkommandierende Herzog Marlborough, in Bayern die Entscheidung zu suchen; vor Donauwörth gelang ihnen die Vereinigung, in der Schlacht bei Höchstädt scheiterte am 13. August der Versuch Max Emanuels, Bayern gegen die Alliierten zu halten. Die halbe Armee ging verloren, der Rest floh über den Rhein. Bayern war nicht mehr zu halten, und es wurde dem Kurfürsten, der 1706 in die Reichsacht kam, auch förmlich abgesprochen. Noch 1704 hatten es die Österreicher besetzt, mit Ausnahme des Rentamtes München, das der Kurfürstin, die im Vertrag von Ilbesheim die Kapitulation vollzogen hatte, vorerst noch überlassen blieb, bis es im folgenden Jahr ebenfalls besetzt wurde. Der außerordentliche Steuerdruck wie die Aushebungen zum kaiserlichen Militär erregten noch 1705 die Bevölkerung so, daß es zu lokalen Empörungen kam, schließlich im Unterland zur allgemeinen Erhebung. Sie endete mit der Einnahme der wichtigsten Städte und dem Versuch, dem Land im Landesdefensionskongreß zu Braunau eine neue Ordnung zu geben, an der auch eine Vertretung der Bauern, der Träger des Aufstandes, maßgeblich beteiligt sein sollte. Gleichzeitige Versuche, einen Waffenstillstand zu erlangen oder die Erhebung durch Einschaltung des Reichstages zu legalisieren, scheiterten, auch gelang es nicht, die ungeordneten Massen in eine militärische Gliederung zu bringen. Da auch 1705 nicht daran zu denken war, aus Frankreich Hilfe an die Isar zu führen, war nach diesem Höhepunkt der Umschlag unausbleiblich. Zur Katastrophe kam es an Weihnachten, nachdem auch das Oberland in den Aufstand eingetreten war. In Sendling wurden die zur Befreiung Münchens aufgebotenen Landfahnen von österreichischer Reiterei zusammengehauen, wenig später erlitt auch das Aufgebot des Unterlandes bei Aidenbach eine vernichtende Niederlage. Bis zur Rückkehr des Kurfürsten 1715 wurde kein neuer Versuch mehr gemacht.

Daß Max Emanuel im Friedensschluß zu Rastatt sein Land wieder zurückerhielt, verdankte er der Garantie des französischen Königs, der freilich auch ein Interesse daran hatte, auch in Zukunft einen möglichen Verbündeten im Reich zu wissen. Allerdings verlor Bayern im französischen System dadurch an Gewicht, daß Ludwig XIV. noch 1715, da sich deutlich zeigte, daß England der eigentliche Sieger in dem langen Ringen war, eine Neuorientierung einleitete, die eine Verständigung mit Österreich zur Voraussetzung hatte. Ein neuer Vertrag mit Bayern hatte allerdings schon 1714 gleichzeitig den Grund gelegt für die nächste große europäische Entwicklung, da Ludwig XIV. dem bayerischen Kurfürsten die französische Hilfe versprach für den Fall, daß der österreichische Mannesstamm erlöschen sollte. Beide Tendenzen, so wenig sie auf die Dauer miteinander vereinbar waren, bestimmten den Kurs der französischen Politik auch noch nach dem Tode Ludwigs XIV.; da unter dem Regenten auch noch der zeitweise Versuch einer Zusammenarbeit mit England dazukam, die mit Rücksicht auf die Verwicklungen in Italien und als Gegenwirkung gegen die spanischen Pläne erforderlich schien, ist der vorherrschende Eindruck von der Politik dieser Jahre außerordentlich verwirrend. Stabil schien nur noch der Bund Englands mit Frankreich, der dazu bestimmt war, das europäische Gleichgewicht aufrechtzuerhalten. Die Schwäche der bayerischen Position, sofern der Kurfürst nicht einfach auf eigene Ziele verzichten wollte, zwang zu behutsamer Absicherung nach allen Seiten. So war der Kurfürst auch, mit Einverständnis Frankreichs, bereit zur neuerlichen Annäherung an Österreich, das ebenfalls ohne festen Partner unter den Großmächten war und außerdem 1716 einem Türkenkrieg entgegensah. 1722 wurde die Versöhnung besiegelt durch die Vermählung des Kurprinzen Karl Albrecht mit Maria Amalie, der Tochter des 1711 verstorbenen Joseph I. Ein Erbrecht wurde durch den Ehekontrakt aber ausdrücklich ausgeschlossen, außerdem setzte die 1713 durch Karl VI. erlassene Pragmatische Sanktion fest, daß nach dem Aussterben des habsburgischen Mannesstammes die Töchter Karls VI. erben sollten; eine Beteiligung Bayerns am Erbe war dadurch ausgeschlossen, daß alle Länder Habsburgs zu einem unteilbaren Staatsganzen erklärt wurden.

So war mit dieser Hinwendung zu Österreich vom Standpunkt Max Emanuels aus nichts gewonnen, im Gegenteil, Bayern geriet in die Gefahr völliger Abhängigkeit. Zur gleichen Zeit kam die Pfalz durch die preußischen Absichten auf Jülich und Berg in schwere Bedrängnis; was lag näher, als jetzt, da das bisherige Hindernis der Konfessionsverschiedenheit durch den Übergang der Pfalz 1685 an die katholische Neuburger Linie weggefallen war, die beiden Linien des Hauses Wittelsbach zu einem politischen Bündnis zu vereinen? Dieser Wittelsbachischen Hausunion, die 1724 nach langen Vorstufen endlich zustande kam, schlossen sich auch die wittelsbachischen Kurfürsten zu Köln und Trier an, so daß in diesem Bündnis von vier Kurfürsten vor allem eine beträchtliche politische Macht in Erscheinung trat, die in der Reichspolitik nicht übergangen werden konnte. Der Anstieg des Bündniswertes des Hauses Wittelsbach war trotzdem überraschend. Von allen Seiten setzten Werbungen ein, von Frankreich und den Seemächten, die 1725 mit Preußen die Herrenhausener Allianz geschlossen hatten, aber auch vom Kaiser und von Spanien, die ebenfalls seit diesen Jahren verbündet waren. Die Unschlüssigkeit Max Emanuels, aber auch die divergierenden Interessen der Mitglieder der Union selbst verhinderten zunächst eine klare Ausrichtung, erst nach dem Tode Max Emanuels 1726 bestimmte die Rücksicht auf Jülich-Berg den pfälzischen Bündnispartner zum Anschluß an Wien, 1729 im Vertrag von Marly an Frankreich. Karl Albrecht, der Sohn und Nachfolger Max Emanuels, machte beide Wendungen mit, nicht ohne sich 1727 von Kardinal Fleury, dem Leiter der französischen Politik, in der Erneuerung des Vertrages von 1714 französische Hilfe für seine Erbansprüche zusichern zu lassen. Das war das dominierende bayerische Interesse; daß man an ihm so hartnäckig festhielt, bedeutete in diesen Jahren des ständigen Positionswechsels aller europäischen Mächte, daß Bayern jederzeit richtig eingeordnet, also auch leicht ausmanövriert werden konnte. In der Tat schien Bayern hoffnungslos isoliert, als nach dem Polnischen Thronfolgekrieg sich Paris und Wien 1735 einigten, wobei Frankreich die 1732 auch vom Reich anerkannte Pragmatische Sanktion garantierte. In seiner Verwirrung verbündete sich der Kurfürst erneut mit dem Kaiser und warf seine Armee in den Türkenkrieg von 1738, kurz vor dem Zeitpunkt, auf den sich die bayerische Politik seit 1670 vorbereitet hatte, dem Aussterben des Hauses Habsburg.

Am 20. Oktober 1740 starb Karl VI. ohne männlichen Erben. Nach der Pragmatischen Sanktion war seine Tochter Maria Theresia, die mit Herzog Franz von Lothringen, seit 1735 Großherzog der Toscana, verheiratet war, die rechtmäßige Erbin, Karl Albrecht ließ jedoch in Wien erklären, daß er diese Rechtslage nicht akzeptiere, und forderte das Habsburger Erbe für sich. Seine Ansprüche stützte er auf den Regensburger Ehekontrakt von 1546, auf das Testament Ferdinands I. von 1543 und das Testamentskodizill von 1547. In München las man aus diesen Dokumenten ein unbeschränktes wittelsbachisches Erbrecht heraus; in Wirklichkeit war darin der Erzherzogin Anna, der Gemahlin Albrechts V., ein Erbrecht nur garantiert beim Aussterben der ehelichen Nachkommenschaft Ferdinands I., nicht der männlichen. Ein Miterbrecht wollte man allerdings unter allen Umständen festhalten, doch auch das wurde in Wien abgelehnt. Daß Bayern in dieser Frage zum Krieg schreiten würde, brauchte man in Wien keinesfalls zu befürchten, es war nicht gerüstet und politisch ohne Gewicht.

In der Tat gingen die großen Aktionen, die Europa erneut in einen Krieg stürzten, der sieben Jahre dauern sollte, nicht von Bayern aus, der Kurfürst war bestenfalls Werkzeug. In Frankreich gelang es einer starken Partei, die hinter dem Marschall Belle-Isle stand, wieder zur traditionellen, ausschließlich von kontinentalem Denken bestimmten Politik zurückzulenken, das als Gegner Frankreichs nur die habsburgische Großmacht kannte. Jetzt schien die Stunde gekommen, sie zu zerschlagen und damit Frankreich die Hegemonie zu sichern. Der erste Schritt dazu war die Kaiserwahl des bayerischen Kurfürsten Karl Albrecht, für die Belle-Isle in großzügigem Wahlkampf die Stimmen zusammenbrachte. Es ist jedoch fraglich, ob damit bereits der Krieg um das österreichische Erbe entbrannt wäre; jedenfalls machte erst der Angriff Preußens auf Schlesien und der Sieg Friedrichs II. bei Mollwitz im April 1741 Fleury geneigt zum Bündnis mit Preußen, dem auch die Zusage von Subsidien und militärischer Hilfe für Bayern folgte. Erst jetzt war Karl Albrecht imstande, seine Forderungen auf österreichisches Gebiet auch militärisch zu vertreten.

Zunächst war der bayerische Vormarsch auch durchaus erfolgreich, doch nach der Einnahme von Linz schwenkte die bayerisch-französische Armee nach Böhmen ab, gab also Bayern selbst einem Angriff preis; am 8. Dezember ließ sich Karl Albrecht in Prag zum König von Böhmen krönen. Damit war zwar der deutsche Thronstreit entschieden, Karl Albrecht konnte im Januar 1742 zum Kaiser gewählt werden, doch zwei Tage später rückten die österreichischen Truppen in München ein. Den Weg dazu hatte ihnen der Waffenstillstand mit Friedrich II. geöffnet, aber auch das Versagen der bayerischen Armeeführung unter Graf Törring. Wenige Monate später ging dann auch Prag wieder verloren, Friedensbemühungen Karls VII. scheiterten an seinen überhöhten Forderungen. Auch nachdem Bayern 1742 wieder zurückerobert werden konnte, änderte sich die Lage nicht grundlegend, da die französische Armee unter Marschall Broglie keine Initiative wagte und schließlich Bayern im Frühjahr 1743 wieder räumte, während eine zweite französische Armee bei Dettingen am Main geschlagen und über den Rhein zurückgetrieben wurde. Jetzt einsetzende Friedensbemühungen Englands, das eine Konzentration aller verfügbaren Kräfte auf den Kampf gegen Frankreich wünschte, führten zu keinem Ergebnis, vielmehr fühlte sich Preußen durch den wachsenden Druck auf den Kaiser ebenfalls bedroht und versuchte, bei gleichzeitigem Angriff auf Böhmen, im Mai 1744 durch die Bildung der Frankfurter Union, der auch die Pfalz und Hessen-Kassel angehörten, Karl VII. noch einmal Bewegungsfreiheit zu verschaffen. Tatsächlich gelang die Rückgewinnung Bayerns, doch zog Karl VII. nur in München ein, um zwei Monate darauf, am 20. 1. 1745, dort zu sterben.

Mit seinem frühen Tod endet die Auseinandersetzung der beiden so eng verwandten Familien um den dynastischen Vorrang, zuletzt auch um die Beherrschung Süddeutschlands. Ein Dualismus in jenem Sinn wie der jetzt zwischen Preußen und Österreich aufbrechende konnte aus dem Antagonismus Bayern–Österreich freilich nie werden, dazu waren die Machtunterschiede zu groß; das dynastische Erbrecht allein, ein Mittel, das auch Habsburg einst an die Spitze getragen hatte, konnte im Zeitalter des europäischen Gleichgewichts keine Kräfteverschiebung mehr bewirken, das erstarkende Staatsbewußtsein machte sich – im Gegenteil – die dynastischen Möglichkeiten für eigene Zwecke untertan. Der Sohn und Nachfolger Karls VII., Max III. Joseph, verzichtete im Frieden von Füssen im April 1745, der durch einen neuen Angriff der Österreicher auf Bayern unabweisbar geworden war, auf alle Ansprüche auf Österreich und versprach seine Kurstimme für Franz Stephan von Lothringen, auch trat er in ein Subsidienverhältnis zu den Seemächten, um die erschütterten bayerischen Finanzen wieder in Ordnung zu bringen. Wittelsbachische Großmachtpläne gab es in Zukunft nicht mehr.

ABSOLUTISMUS UND AUFKLÄRUNG:
DER WEG ZUM KULTURSTAAT

Der neue Kurfürst hatte die traditionelle Rolle Bayerns nicht gern
aufgegeben, doch nüchterne Einsicht in die realen Gegebenheiten
hatten ihm keine Wahl gelassen. Zwar hatte Ferdinand Maria schon
die von Maximilian I. eingeleitete Entwicklung zum Absolutismus
abgeschlossen und 1669 den Landtag zum letzten Mal einberufen
und seither nur mit dem Landtagsausschuß zu tun gehabt, der die
herkömmlichen Steuern bewilligte, aber ein bemerkenswerter Zuwachs an Macht war damit nicht mehr verbunden gewesen. Es war
ohne Landtag rechtlich nicht möglich, die Steuern zu erhöhen oder
neue indirekte Steuern einzuführen, erhöhten Einnahmen aus Zöllen und Mauten wie in Frankreich stand die mangelnde Entwicklung
der bayerischen Manufakturen und die geringe Nachfrage nach
bayerischen Gewerbeerzeugnissen entgegen; der noch im 15. und
frühen 16. Jahrhundert sehr rege Transithandel aus Italien durch
Bayern dagegen stagnierte weitgehend.

Das Kurfürstentum hatte um 1700 ca. eine Million Einwohner,
1770 1,14 Millionen; das war so viel wie Brandenburg 1688 oder eine
Million weniger als Preußen vor dem Erwerb Schlesiens hatte, doch
war es mehr, als Sachsen, Hannover oder Württemberg an Einwohnern besaßen, die dem Umfang wie der politischen Bedeutung nach
auf Bayern folgten. Das Reich dürfte 1650 ca. 10 Millionen Einwohner gehabt haben, 1740 18 Millionen; Frankreich wies zur gleichen
Zeit 24 Millionen bzw. 16 Millionen auf, Österreich mit Ungarn und
Böhmen 18 Millionen. Bereits von der Gesamtstruktur des Landes
her waren die Entwicklungsmöglichkeiten einer systematischen
Merkantilpolitik nicht günstig. Das Land war vorwiegend agrarisch.
An Umfang wie der Bevölkerungszahl nach am größten war das
Rentamt München mit 388000 Einwohnern, es deckt sich in etwa
mit dem heutigen Oberbayern. Davon hatte die Stadt München zu-

sammen mit der Vorstadt Au 1770 allein 39 000 Einwohner, Berlin 1688 20 000, 1740 bereits 90 000. Auch die nächsten Großstädte im Umkreis, Augsburg und Nürnberg, waren München an Bevölkerungszahl voraus. Auf München folgte der Größe nach das Rentamt Landshut mit 246 000 Einwohnern, dann das Rentamt Burghausen mit 180 000, das Rentamt Straubing mit 168 000 Einwohnern. Zu Burghausen gehörte damals auch noch das 1778 an Österreich abgetretene Innviertel mit allein mehr als 100 000 Einwohnern. Der kleinste Bezirk war, nicht räumlich, wohl aber der Bevölkerungszahl nach, die Oberpfalz mit 165 000 Einwohnern. Das Rentamt München hatte auch die meisten Städte aufzuweisen, 16 Städte, dazu 25 Märkte; 34,3 % der Einwohner lebten hier. Allerdings war ein großer Teil der Bürger, vor allem in den Märkten, noch der bäuerlichen Bevölkerung zuzurechnen. Das Rentamt Landshut wies nur sechs Städte auf und 26 Märkte. Hier lebten 16,5 % der Bevölkerung, genauso wie im Rentamt Straubing, das 10 Städte und 21 Märkte hatte. Das Rentamt Burghausen war in seiner Struktur am weitesten agrarisch. Hier lebten nur 11,8 % der Einwohner in Städten und Märkten, das Rentamt hatte fünf Städte und 12 Märkte. Traunstein mit zweieinhalbtausend Einwohnern war hier die volkreichste Stadt, halb so volkreich wie etwa Straubing, ein Drittel so volkreich wie Landshut. Insgesamt umfaßte die bürgerliche Bevölkerung im alten Herzogtum Bayern, ohne die Oberpfalz also, 18,8 %. Der absolut dominierende agrarische Charakter des Landes steht also außer Frage.

Auf den Landesprodukten, vor allem auf Getreide und Salz, beruhte demnach auch der mäßige Wohlstand der Bevölkerung, damit aber auch das Einkommen des Fürsten. Alle Versuche, durch Einführung neuer Gewerbezweige, vor allem durch zielstrebige Förderung von Manufakturen diese Struktur insofern zu verbessern, als durch eigene Veredelung von Rohstoffen, durch eigene Produktion von Tuchen, Luxuswaren oder auch Massenartikeln das Land vom Import ausländischer Erzeugnisse unabhängig und dadurch bares Geld gespart würde, schlugen, aufs große gesehen, fehl. Die Hauptursachen dafür lagen im Land selbst, in der mangelnden Rohstoffbasis, aber auch im fehlenden Unternehmergeist wie in der zurückhaltenden Nachfrage. Schwerwiegende Fehler waren aber auch der staatlichen Manufakturpolitik selbst anzulasten, die besonders unter Ferdinand Maria und Max Emanuel an intensiven Bemühungen nicht sparte. Am stärksten fiel bei den staatlich gelenkten und staatlich gegründeten Manufakturen ins Gewicht, daß nicht wirtschaftliche Gesichtspunkte bei der Führung dieser Betriebe maßgebend waren, sondern Prestigegründe oder private Versorgungsinteressen der maßgebenden Beamten, daß sich in der Regel niemand voll verantwortlich fühlte, vor allem, daß die leitenden Kräfte nicht ausgewählt wurden nach ihren fachlichen Fähigkeiten, sondern nach der Gunst des Hofes. Wie meist im gesamten Manufaktursystem der Epoche kam es auch den bayerischen Fürsten darauf an, rasche Gewinne zu erzielen; vor langfristigen Investitionen und dem geduldigen Ausbau der vorhandenen Möglichkeiten schreckte man deshalb stets zurück. Erfolgreich gearbeitet haben nur staatliche Manufakturen, welche auf ein brennendes Interesse der Käuferschaft stießen, und das waren die Tabakmanufakturen. Die größten Erfolge der Manufakturpolitik waren allerdings nicht mit solchen staatlichen Gründungen verbunden, sondern mit privaten Gründungen, die durch die lokalen Umstände wie durch aussichtsreiche Märkte begünstigt waren. Das war vor allem die Glasindustrie in der Oberpfalz und im Bayerischen Wald, die ganz Süddeutschland beherrschte und deren Erzeugnisse bis nach Holland, Skandinavien, Italien, in den Orient und bis nach Amerika exportiert wurden. Um Freystadt und Allersberg wurden, in enger Zusammenarbeit mit Nürnberg, Posamentierwaren erzeugt; ein begehrter Exportartikel waren die Schmelztiegel, die an der Donau unterhalb Passau entstanden. Diese Erfolge der Privatinitiative zeigen wohl, daß es im übrigen Manufakturbereich eben doch an erheblichen Voraussetzungen gefehlt haben muß, die mit dem System zusammenhängen. Dazu gehört auch das kurzsichtige Beharren auf raschem Gewinn in der gesamten Handelspolitik. Die Schutzmaßnahmen gegen die ausländische Konkurrenz, Schutzzölle, Präventivzölle oder Importverbote und Importrestriktionen riefen auf der Gegenseite ähnliche Maßnahmen hervor, so daß der Absatz der eigenen Produktion im Ausland, damit der hauptsächlich angestrebte Effekt, die Einfuhr von Edelmetallen auf

Kosten des Auslandes, eben nicht erreicht wurde. Durch die hohen Zölle litten dann sowohl die Initiative der einheimischen Unternehmer wie die Kauflust des Publikums, so daß auch die Handelspolitik alles in allem wenig florierte. Insgesamt betrug um die Mitte des 18. Jahrhunderts das Gesamtvolumen des Imports an die 5 Millionen Gulden, davon betrafen etwa 20% Eisen und Kupfer, weitere 20% betrafen Genußmittel, wie Wein, Tabak und Kolonialwaren, der Rest umfaßte Textilien, Lederwaren und reine Luxuswaren. Ebenso hoch war der Export. Bei der Bewegung der Waren über die Grenzen ging nahezu eine halbe Million Gulden an Mautgeldern und Akzisen ein; die Akzise war der Aufschlag auf den Verkaufspreis, der vom Händler getragen werden mußte, der die Ware zum Verkauf brachte. Die Waren, die den bayerischen Export völlig beherrschten, waren Salz, Getreide und Fleisch; die Tatsache, daß die bayerische Handelsbilanz bis auf wenige Ausnahmen stets ausgeglichen war und meist sogar einen kleinen Überschuß aufwies, war diesen Agrarexporten zu danken. Die Sicherung des Salzexports, der besonders auf Franken, die Schweiz und das Elsaß zielte, bedurfte stets des Einsatzes bedeutender diplomatischer Mittel. Beträchtlich war vor allem die österreichische und Tiroler Konkurrenz. Im Grunde war natürlich eine solche Wirtschaftsordnung, bei der jede Region selbst alles produzierte und sich selbst genug war, weit weniger krisenanfällig als ein vom gesamten Programm des Merkantilismus bestimmtes System mit ausgedehnten Fernhandelsbeziehungen, mit weit gestreuten Absatzmärkten, mit hochentwickelten Manufakturen. So hatte die bayerische Wirtschaftsform eine weit größere wirtschaftliche und auch soziale Stabilität als die hochentwickelter Länder; das freilich, worauf es dem Kurfürsten in erster Linie angekommen wäre, die Verfügung über bares Geld durch hohe Einnahmen bei der Warenbewegung, war nicht zu erreichen. Damit blieben die kurfürstlichen Einnahmen weit unter jenen des Königs von Preußen, der vor allem durch die Akzise, welche die Hälfte seiner Einkünfte erbrachte, zu seiner Machtpolitik befähigt wurde.

Auf Grund dieser und anderer Gegebenheiten betrugen die fürstlichen Einkünfte in Kurbayern im 18. Jahrhundert selten mehr als zweieinhalb Millionen Gulden pro Jahr; die Hälfte davon stammte aus den fürstlichen Grundherrschaften, dann aus dem Salz- und Weißbiermonopol wie überhaupt aus dem sogenannten Kammergut, die andere Hälfte, oder etwas mehr, kam aus Steuern und Zöllen. Die Steuern, die nach der Größe und dem Ertrag des Grundbesitzes bemessen wurden, wurden bezahlt von den grundhörigen Bauern und den Bürgern der Städte und Märkte; ihre Bewilligung wie ihre Verwaltung oblag den Mitgliedern der Landschaftsverordnung. Dazu trat unter Max III. Joseph eine weitere Million, die für das Schuldentilgungswerk bestimmt war und ebenfalls zumeist aus den Einnahmen der Landschaft stammte. Durch diese regelmäßigen Zuweisungen gelang es dem Kurfürsten, der von seinem Vater an die 26 Millionen Schulden übernommen hatte, bis zu seinem Tod die Schuldenlast wenigstens um 4 Millionen zu senken und vor allem durch zuverlässigen Schuldendienst den Staatsbankrott zu vermeiden. Wenn man bedenkt, daß Österreich, freilich bei einer Schuldenlast von 100 Millionen Gulden 1760, an Einkünften jährlich 30 Millionen, Preußen, das keine Schulden hatte, jährlich 20 Millionen an Einkünften zur Verfügung hatte, wird deutlich, daß für jedwede Art von Machtpolitik allein schon aus finanziellen Gründen keinerlei Basis bestand. Jeder Versuch aber, wie bisher immer, mit Hilfe von Subsidien eine Armee aufzubauen und zu unterhalten, konnte nie zu einer Politik gemäß den eigenen Interessen führen, sondern nur zur Abhängigkeit von den Zielen der Großmächte.

Ungeachtet der völligen Zurückhaltung in der Zielsetzung seiner auswärtigen Politik blieb eine solche Abhängigkeit auch Max III. Joseph mehr als ein Jahrzehnt hindurch nicht erspart. 1745 noch hatte er sich gegen Subsidien der Seemächte der Koalition gegen Frankreich angeschlossen und hatte bis zum Frieden von Aachen 1748 ein Korps im Feld. Der Versuch eines Bündniswechsels, um wieder größere Bewegungsfreiheit zu erlangen, war dann gescheitert an der welthistorischen Umkehr der Bündnisse 1756, als Frankreich für die nächsten Jahrzehnte auf die Seite Österreichs trat. Die Folge war für Bayern der unausweichliche Zwang zum Eintritt in den Siebenjährigen Krieg auf der Seite Österreichs; doch gelang es dem Kurfürsten stets, den Bündnisbeitrag äußerst niedrig zu halten, und als sich zeigte, daß Preußen sich gegen die übermächtige Koalition würde behaupten können, zog sich Bayern unmerklich aus dem Krieg zurück, 1762 gaben dann überhaupt die bayerisch-preußischen Verhandlungen den Anstoß zum vorzeitigen Austritt des Reiches aus dem Krieg, noch vor den Friedensschlüssen zu Paris und Hubertusburg. Diese Politik war nicht ohne Gefahren, wie einst die gleichgerichtete Ferdinand Marias; sie erforderte sorgfältige Berechnung der Machtverhältnisse und nicht selten kühne Entschlüsse. Mehr als die Sicherung des Friedens war dabei freilich keinesfalls zu erreichen, doch gerade das war das Hauptanliegen Max III. Josephs. So setzte er seine Politik der Balance zwischen den Großmächten auch in Zukunft fort, ohne sich betont an eine Macht anzulehnen; vor allem versuchte er in jener Frage, die demnächst für Bayern die wichtigste werden sollte, in jener seiner Nachfolge, eine Regelung herbeizuführen, die Bayern und Europa beim Aussterben einer der beiden Linien des Hauses Wittelsbach einen Krieg ersparen würde. In Verträgen mit Kurfürst Karl Theodor von der Pfalz, die auf den alten Hausverträgen seit 1329 aufbauten, einer reichsrechtlich verbindlichen Grundlage also, sicherten sich die beiden Kurfürsten, die beide ohne Erben waren, gegenseitig das volle Erbrecht in ihren Ländern zu; eingeschlossen war in dieses Pactum mutuae successionis und in die weiteren Verträge von 1766, 1771 und 1774 auch die Linie Zweibrücken, auf der die Zukunft des Hauses ruhen sollte.

Die Sicherung des Friedens für Bayern bis 1777 war die wichtigste Voraussetzung für die um 1750 einsetzenden Anfänge einer inneren Politik, die man bereits ohne Einschränkung als 'Kulturpolitik' bezeichnen kann. Unter Max III. Joseph entdeckt auch in Bayern der absolute Staat seinen Kulturauftrag, die Regierungsform wird zum Aufgeklärten Absolutismus. Der Staatszweck, wie zu allen Zeiten die Herbeiführung des Gemeinwohls, umfaßt jetzt auch die Bildung der Untertanen, insofern das Glück der Untertanen in ihrer Tugend, diese aber in ihrer Nützlichkeit für die Allgemeinheit gesehen wird, als deren Voraussetzung die allseitige Ausbildung aller menschlichen Fähigkeiten, vor allem die 'Aufklärung' des Verstandes gilt. Der Kurfürst selbst stand durch seine beiden Erzieher, den Würzburger Staatsrechtslehrer J. A. Ickstatt und den Jesuiten Daniel Stadler, beide Verehrer Christian Wolffs, unmittelbar im Einflußfeld solcher Gedanken.

Bisher, und das ist der grundlegende Unterschied zur Epoche, die jetzt beginnt, war der kurfürstliche Hof Träger einer Kulturaufgabe nur in einem mittelbaren Sinn; indem der Fürst durch seine Bauten, durch Theateraufführungen und Konzerte für jenen Glanz und jene Pracht sorgte, die den Untertanen die Größe und Bedeutung der herrschenden Dynastie vor Augen führte, gab er gleichzeitig Anregungen und Anstöße zu gleicher Entfaltung von Schönheit und Prunk auf den Schlössern des Adels, auch die großen Klöster des Landes ahmten das fürstliche Vorbild nach; die künstlerische Blüte Bayerns, die nach dem Dreißigjährigen Krieg erst zaghaft, um 1700 dann mit hinreißendem Schwung aufbricht, ist nicht zuletzt dem Gestaltungswillen zu danken, der vom Hof ausgeht. Am Anfang steht der Bau des Schlosses Nymphenburg und der Theatinerkirche, Schöpfungen des italienischen Geistes; mit der Kurfürstin Henriette Adelaide kamen Vorbilder und Baumeister über die Alpen. Zur gleichen Zeit entstanden die Dome in Salzburg und Passau, mit ihren weiten, klar gegliederten Räumen und dem schweren Carlone-Stuck, dann die Klosterkirche zu Waldsassen, zuletzt Tegernsee und Benediktbeuern, bald nach 1700 Fürstenfeld, das Werk Viscardis. Immer noch sind es Italiener, die landauf, landab die neuen prunkvollen Kirchen bauen, als am Hof schon der neue Geschmack einzieht. Der Kurfürst selbst gibt die Richtung an. Nach 1715 gestaltete der im französischen Geschmack gebildete Josef Effner den Festsaal von Nymphenburg, baute er die elegante Pagodenburg und die Badenburg. 1719 nahm er auch den Bau Schleißheims in die Hand; mit ihm und seinem Gehilfen, dann Konkurrenten und Nachfolger François Cuvilliés, mit den Fresken von C. D. Asam und J. B. Zimmermann geht vom Hof jene Folge von künstlerischen Impulsen aus, die sich dann in den Bauten Karl Albrechts, dem Hoftheater und der Amalienburg, und den größten Schöpfungen der Kirchenbaumeister der dreißiger, vierziger Jahre zu einem Bayern in ganz besonderem Maß eigenen Stil verdichten, dem bayerischen Rokoko. Die Baumeister der Klosterkirche zu Weltenburg, der Wies, von St. Michael in Berg am Laim oder Ottobeuren und Zwiefalten gehören zu den größten der europäischen Architekturgeschichte: C. D. Asam, J. M. Fischer, Dominikus Zimmermann. Bedeutend waren auch die Stukkatoren und Freskanten aus Wessobrunn und Augsburg, von europäischem Rang die Bildschnitzer J. B. Straub und Ignaz Günther.

Der Hof Maximilians I. hatte einst auch eine Fülle von Anregungen verströmt, die vor allem die Geschichtsschreibung befruchtet hatten, am Hof selbst und in der Residenzstadt wurde darüber hinaus auch die Naturwissenschaft gepflegt, das Jesuitentheater stand in hoher Blüte. Bewußte Bildungsstätigkeit war das freilich nicht; die Geschichtsschreibung hatte apologetische Funktionen oder diente dem Ruhm des Fürsten, wie seine Bautätigkeit oder das Werk des Panegyrikers. Nur insofern sorgte auch der Fürst für die Erziehung der Untertanen, als er die Seelsorge überwachte und förderte und der Landesuniversität die nötigen Mittel zuwies wie die Berufungen lenkte, auch die Jesuitengymnasien waren unmittelbares Anliegen des Fürsten. Um die Unterrichtstätigkeit der übrigen Klöster, an den Schulen der Prälatenklöster auf dem Land, der Mendikantenklöster in den Städten, kümmerte sich keine staatliche Behörde, noch weniger um die Wissenschaftspflege, die fast nur Sache der Orden war. Auch an der Landesuniversität Ingolstadt waren Forschung und Lehre streng getrennt, die Gestaltung der Vorlesungen war nach Form und Inhalt genau vorgeschrieben. Trotzdem war gerade Ingolstadt nie arm an bedeutenden Gelehrten. Nach der Hochblüte der Theologie im 17. Jahrhundert, besonders in Dogmatik, Kirchengeschichte, Moraltheologie und Kirchenrecht, bildete zu Beginn des 18. Jahrhunderts das Kirchenrecht zu Ingolstadt, besonders durch das Wirken von Franz Schmalzgrueber, einen Schwerpunkt, der weit über Bayern hinaus beachtet wurde. Zu spät kamen dann um die Jahrhundertmitte Versuche, einen Ausgleich zwischen Scholastik und Naturwissenschaft zu finden; die Jesuiten waren längst als wissenschaftsfeindlich abgestempelt.

Um diese Zeit war bei den anderen Orden, vor allem bei den Benediktinern, bereits ein tiefgreifender Wandel eingetreten, nachdem auch hier noch lange Zeit die scholastische Philosophie und Theologie absolut dominiert hatten, wobei besonders an der Benediktineruniversität Salzburg um und kurz nach 1700 vielbenützte Lehrbücher entstanden. Im Kirchenrecht trat den Jesuiten der Franziskaner Anaklet Reiffenstuel, der in Freising lehrte, durch seine große, die scholastische mit der humanistisch-kasuistischen Schule verbindende Interpretation des gesamten Kirchenrechts würdig zur Seite. In der Geschichtsschreibung vollends findet Bayern dank des nie abgestorbenen Interesses der einzelnen Klöster für ihre eigene Geschichte jetzt auch wieder Anschluß an die europäische Entwicklung. In den Geschichtswerken P. Karl Meichelbecks von Benediktbeuern zeigt sich erstmals in Bayern der Einfluß der historiographischen Methode der Mauriner, und in seiner Verteidigungsschrift für Herzog Arnulf wendet 1735 der Münchner Augustiner Agnellus Kandler die kritische Methode der Bollandisten an. So war, selbst wenn wir nur die Werke von allgemeiner Bedeutung ins Auge fassen, schon in der ersten Hälfte des 18. Jahrhunderts ein wissenschaftlicher Aufbruch zu konstatieren, der ohne einen weithin wirkenden, von allgemeinen Strömungen gespeisten Wissenschaftsenthusiasmus nicht zu denken ist. In der Tat hatte die bayerische Benediktinerkongregation, die 1683 gegründet worden war, die Wissenschaftspflege bewußt in ihr Programm aufgenommen. Noch einen Schritt weiter gingen die Augustiner. Eusebius Amort von Polling, der mit seinen Pariser Mitbrüdern in reger wissenschaftlicher Korrespondenz stand, gab zusammen mit den Münchner Augustinern Agnellus Kandler, dem Historiker, und Gelasius Hieber 1722 bis 1740 die erste wissenschaftliche Zeitschrift Bayerns heraus, den ›Parnassus Boicus‹. Er sollte dasselbe für den deutschen Süden bedeuten, was die Leipziger ›Acta Eruditorum‹ für den Norden, das ›Journal des Sçavants‹ für Europa bedeuteten.

Obwohl bereits diese Zeitschrift den Versuch darstellte, auf die breite Öffentlichkeit erziehend und belehrend zu wirken, hat sich Amort um diese Zeit noch nicht als Aufklärer gefühlt. 1730 erschien seine ›Philosophia Pollingana‹, ein Werk, in dem er versuchte, das wissenschaftliche Weltbild seiner Zeit mit der traditionellen Philosophie, der peripatetischen, zu versöhnen. Auch seine Werke zur Dogmengeschichte, zur Kanonistik oder zur Moraltheologie zeigen stets entschiedene Ansätze zur Fortentwicklung der jeweiligen

Thematik, aber nirgends brach er aus der Tradition wirklich aus. In weitreichende heftige Konflikte wurde er allerdings verstrickt durch seine Polemik gegen die angeblichen Offenbarungen der Maria von Agreda. Ein anderer typischer Vertreter der Frühaufklärung war P. Anselm Desing von Ensdorf. Seine zahlreichen Bücher, die seit 1730 erschienen, waren bestimmt für Schüler der höheren Lehranstalten und für Angehörige jener gebildeten Schicht, die sich auch in Bayern längst über Klerus und Adel hinaus bis weit ins gehobene Bürgertum erweitert hatte, nicht zuletzt durch den wachsenden Anteil der Bürger an der Beamtenschaft. Er schrieb Schulbücher für den Unterricht in Geschichte, Geographie und Arithmetik. An den Bürger richteten sich seine Geschichtswerke. Desing gehörte dabei zu den ersten deutschen Historikern, die mit Hilfe der Geschichte zur Bürgertugend erziehen wollten und zu einem rechten, das heißt vernünftigen und glücklichen Leben – damit steht er im vollen Strom der Wolffschen Ideen.

Wer mit Hilfe der wenigen durch ihre zukunftsträchtigen Gedanken bedeutenden Werke, die aus der Vielzahl literarischer Erscheinungen einer Epoche herausragen, den Gesamtcharakter der Epoche selbst rekonstruieren wollte, hätte bei seinem Bild eine geradezu erdrückende Fülle aussagekräftiger Zeugnisse ignoriert. Die literarische Produktion des frühen 18. Jahrhunderts in Bayern umfaßt zum geringsten Teil wissenschaftliche Werke, die Erbauungsliteratur herrscht vor, Mirakelbücher, Legendensammlungen, für den Seelsorgsklerus stehen zahlreiche Predigtbücher zur Verfügung. Auch die schöne Literatur war vor allem volkstümlich. Lieder im Volkston, zupackend und von bildhafter Formkraft, meist anonym, erklangen landauf, landab; ein Bauer in Stubenberg hat sie gesammelt. In außerordentlicher Blüte stand vor allem das Volksschauspiel. An Hunderten von Spielorten führten Bauern und Bürger ihre Ritterdramen auf, zur Hauptsache aber geistliche Spiele, zu Weihnachten oder zu Ostern, vor allem das Passionsspiel. Berühmt war schon damals das Passionsspiel zu Oberammergau, das 1760 an die 10 000 Zuschauer besuchten. Dies allein hat auch die Zeiten überdauert, nicht zuletzt durch die hohe literarische Qualität, welche die Bearbeitung des Ettaler Benediktiners Ferdinand Rosner von 1750 auszeichnet. Durch ihre dichte und strenge Sprache, durch den kunstvollen Charakter erweist sie sich als das Werk eines echten Dichters. Die literarische Tradition, in der das Oberammergauer Passionsspiel steht, ist nicht nur jene des volkstümlichen Mysterienspiels, sondern zugleich die des Ordenstheaters. Das immer noch blühende Jesuitendrama wurde noch im 17. Jahrhundert auch von den Benediktinern aufgenommen, in Salzburg und in Freising, wo 1724 das erste Stück in deutscher Sprache aufgeführt wurde, aber auch in einzelnen Klöstern.

Die vorwiegend geistliche Prägung der bayerischen Literatur des Hochbarock ist ein ebenso ausdrucksvolles Zeugnis der das ganze Leben, das Fest wie den Alltag, beherrschenden Volksfrömmigkeit wie die zahllosen neuen oder in neuen Glanz gekleideten Kirchen, die das ganze Land überziehen, bis in die kleinsten Dörfer, ja sogar hinaus auf die Einöden, wie zu Oppolding bei Erding. Das konnten auch die reichsten Klöster nicht mehr leisten, hier mußte die Bevölkerung selbst mithelfen, und wir wissen etwa vom Bau der Wieskirche bei Steingaden, wieviel an Fuhren, an Scharwerksleistungen, alles freiwillig, die Bauern der Umgebung erbracht haben, um dieses Kleinod erstehen zu lassen. Wallfahrtskirchen wie die Wies standen in höchstem Ansehen; zu keiner Zeit erlebten sie größeren Zulauf als damals, Altötting, Andechs, das jetzt durch Johann Baptist Zimmermann seine heutige Gestalt erhielt, Tuntenhausen, die Heilig-Blut-Wallfahrten. Die Bruderschaften, meist im 15. Jahrhundert entstanden, erlebten eine neue Blüte wie die Michaelsbruderschaft zu Berg am Laim, die damals ihre neue Gebetsstätte erhielt, das Meisterwerk J. M. Fischers; auch entstanden neue Bruderschaften oder fanden die bestehenden ungeheueren Zulauf, wie die zu Wessobrunn, der der Kurfürst Karl Albrecht selbst zugehörte. Die Kehrseite dieses Enthusiasmus war die schnelle Bereitschaft, Unverstandenes zu verketzern; selbst die Rechtgläubigkeit des frommen Eusebius Amort wurde in Zweifel gezogen. Bekämpft wurde auch die Gründung der Bayerischen Akademie der Wissenschaften, und nicht nur aus Eifersucht, sondern auch, weil die allzu intensive Beschäftigung mit der Wissenschaft selbst vielen verdächtig erschien. So war es sicher kein Zufall, daß die seit den dreißiger Jahren ständig zunehmende Bewegung der Frühaufklärung in Bayern, die ausschließlich eine pädagogische Bewegung war, kein institutionelles Zentrum fand. Amort hatte 1722 vergebens versucht, den Kurfürsten für die Gründung einer Akademie nach italienischem oder nach westeuropäischem Muster zu gewinnen, weitere Bemühungen blieben ebenfalls erfolglos. Die über das ganze Land hin verstreuten, zum Teil voneinander isolierten, zum Teil bereits in lebhafter Verbindung stehenden Stätten regen wissenschaftlichen Lebens, wozu nicht nur viele Klöster, sondern auch die Reichsstadt Regensburg gehörten, zusammenzufassen, genügte individuelle Initiative allein nicht, im Zeitalter des Absolutismus bedurfte es dazu auch der Autorität des Fürsten.

In der Tat wurde der Durchbruch der Aufklärung in Bayern in erster Linie gewährleistet durch die entschiedene kulturpolitische Aktivität des Kurfürsten selbst und seiner Berater. Max III. Joseph strebte bewußt nach dem Ruf eines aufgeklärten Fürsten, und schon immer schrieb man, zu Recht, das Verdienst an den großen Reformen auf dem Gebiet der gesamten Kulturpflege ihm selbst zu, auch wenn die Initiative jeweils von den verschiedensten Seiten kam. Die Gründung der Bayerischen Akademie der Wissenschaften, der eine Schlüsselstellung in der gesamten Entfaltung der Aufklärungsprogrammatik in Bayern zukam, wurde angeregt vom Münz- und Bergrat J. G. Lori, einem Juristen, Schüler Ickstatts, des Erziehers des Kurfürsten, und vom Kurfürsten 1759 in feierlicher Form vollzogen. Sie war gegliedert in zwei Klassen; die Aufgabe der Historischen Klasse bestand in der Edition der einheimischen Geschichtsquellen und in der Untersuchung der Geschichte des Landes, der Forschungsauftrag der Philosophischen Klasse umfaßte das ganze Feld der Naturwissenschaften, neben Mathematik und Astronomie, Chemie und Physik auch so junge Wissensgebiete wie Landvermessung und Meteorologie. Die Aufnahme der Mitglieder erfolgte allein nach dem Ansehen als Gelehrter, ohne Rücksicht auf die Konfession. Die Durchführung des wissenschaftlichen Programms der Akademie wies in den ersten beiden Jahrzehnten ihres Bestehens, wie nicht anders zu erwarten war, erhebliche Lücken auf. Das hängt zusammen mit dem allgemeinen Stand der Naturwissenschaft in Bayern.

An der Universität Ingolstadt wirkte seit zwei Jahrzehnten kein Naturforscher von Bedeutung mehr; immerhin wurde hier in Mathematik, Astronomie, Physik und Chemie das bekannte Wissen schulmäßig tradiert, es gab ein physikalisches Kabinett und eine Sternwarte. Auch in Klöstern wie St. Emmeram und St. Jakob in Regensburg und in Polling bei Weilheim, wo Interesse bestand, vermittelte man nur Ergebnisse, ohne eigene Forschung. So war bis weit herein ins letzte Viertel des Jahrhunderts der Beitrag des Landes selbst zur Entwicklung der Naturwissenschaften bescheiden und blieb weit hinter den Forschungsergebnissen der Akademien zu Göttingen oder zu Berlin zurück. Anders war es auf dem Gebiet der Geschichte. Hier wirkte sich bereits die uralte historiographische Tradition vor allem der Benediktinerklöster förderlich aus, und die Lenkung der Forschung durch sinnvoll gestellte Preisfragen und durch die Bereitstellung des Quellenmaterials in den ersten zehn Bänden der ›Monumenta Boica‹ durch den Elsässer C. F. Pfeffel, einen Schüler des großen Straßburger Historikers Daniel Schöpflin, brachte noch in den ersten beiden Jahrzehnten außerordentliche Ergebnisse, insgesamt die Grundlegung eines völlig neuen Bildes der bayerischen Geschichte des hohen Mittelalters.

Die Öffentlichkeit nahm aber nicht davon Kenntnis, von dieser stillen Arbeit der Gelehrten. Aufsehen erregten die großen, spektakulären Auftritte, in denen sich die Akademie als Erzieherin der Nation einführte. So hielt 1766 der Münchner Theatiner Ferdinand Sterzinger seine berühmte Rede gegen ›Das gemeine Vorurtheil von der wirkenden und thätigen Hexerey‹, in der er nach dem Vorgang Scipione Maffeis von Verona den Hexenglauben bekämpfte, wenig später wandte er sich gegen die Wunderkuren des in Süddeutschland weithin berühmten Exorzisten Gassner. Auch jener Beitrag sollte nicht unterschätzt werden, den einzelne Mitglieder im Rahmen der großen physiokratischen Diskussion der Zeit um den Zusammenhang von bäuerlicher Freiheit und dem auf dem Ackerbau gründenden Wohl der Völker leisteten; wenig später verlieh Karl Theodor den kurfürstlichen Hintersassen generell ihr Land zu Erbrecht. In Akademiereden wurde auch erstmals das Programm der großen Schulreform entwickelt, die unter Max III. Joseph in Angriff genommen wurde. Auf dem Gebiet des höheren Schulwesens waren Reformen zweifellos notwendig; ein allgemeiner Verfall jedoch, wie das in den Schriften der Reformer selbst zu lesen ist, kann bei unbefangener Betrachtung nicht festgestellt werden. Es gab zahlreiche klösterliche und städtische Lateinschulen, welche die Anfangsgründe vermittelten, das gesamte Programm der höheren Schulbildung konnte man an den acht Jesuitengymnasien des Landes absolvieren, daneben gab es noch das Lyzeum der Benediktiner zu Freising und die Ritterakademie zu Ettal. Der Unterricht erfolgte allerdings auf der Grundlage des humanistischen Bildungsprogramms, das im 16. Jahrhundert entwickelt worden war; das war für das 18. Jahrhundert nicht mehr ausreichend. Die notwendigen Reformen mußten an den Punkten ansetzen, die im Programm der Jesuiten fehlten, das waren im allgemeinen die sogenannten Realien. Das Forum für die unerläßliche Auseinandersetzung war die Akademie der Wissenschaften. Fußend auf den Werken Gottscheds, verfaßte der Tegernseer Benediktiner Heinrich Braun Einführungen in den Gebrauch der deutschen Sprache und ein orthographisches Wörterbuch, 1768 entwickelte er in einer Akademierede einen Plan zur Umgestaltung des gesamten bayerischen Schulwesens. Er stützte sich dabei auf die Vorstellungen des österreichischen Reformpädagogen Abt Felbiger. Braun wurde zum Schulkommissär für Bayern ernannt, das Generalschulmandat des Kurfürsten von 1770 hat ihn zum Verfasser. Es enthielt die organisatorischen Richtlinien für die Neugestaltung der Volksschulen und die Neueinrichtung der Realschulen als eigenständige Ausbildungsstätte für die nichtgelehrten bürgerlichen Berufe. Für die Ausbildung der Lehrer selbst wurde die Stiftsschule des Kanonikerstifts zu Unserer Lieben Frau in München als Haupt- und Musterschule bestimmt. 1771 wurde die allgemeine Schulpflicht verordnet. Braun wurde 1776 auch Nachfolger Ickstatts als Direktor der Universität Ingolstadt. Eine eigentliche Reform der Universität war Ickstatt trotz aller Bemühungen nicht gelungen, nur einige Verbesserungen im Bereich der juristischen Fakultät, auch die Reform des Medizinstudiums ging nicht sehr tief. Vor allem blieb, wie auch in Österreich, das grundsätzliche Verhältnis zu der Staatsgewalt unberührt. Auch

Ickstatt hat das System nicht geändert, das staatliche Gängelung bis in die Gestaltung der Vorlesung hinein kennt, das Vorbild Göttingens blieb ihm fremd. Das Eingreifen Brauns brachte Ingolstadt dann wenigstens den Sieg der Theologiereform nach dem Programm des Abtes Rautenstrauch, der in Österreich die Einführung der historischen Theologie, des Studiums der orientalischen Sprachen und die Verlegung des Schwergewichts auf die praktische Theologie durchgesetzt hatte.

Der unmittelbare Beitrag des Kurfüsten zu diesem Reformprogramm bleibt noch zu untersuchen; in anderen Bereichen läßt sich aber sein persönlicher Einfluß nachweisen. Eine eigentliche Staatsreform, so dringend sie auf dem Gebiet der allgemeinen Staatsverwaltung wie auf dem Finanzsektor notwendig gewesen wäre, wagte er, abgesehen von einigen Verbesserungen in der Zollverwaltung, nicht durchzuführen, zur Hauptsache aus Personalrücksichten. Auch die Justizreform blieb, da die Folter nach wie vor nicht abgeschafft wurde und auch die Privilegien des Adels nicht angetastet wurden, hinter den Forderungen der Zeit zurück, so bedeutsam auch die umfassende Kodifikation des geltenden Rechts in den fünfziger Jahren durch den Kanzler Kreittmayr für die allgemeine Rechtssicherheit war.

In Bayern war das staatliche Werkzeug zur Kontrolle der Beziehungen mit der Kirche der 1570 gegründete Geistliche Rat. Er wurde 1768 neu organisiert; daß seit diesem Zeitpunkt die Neuorientierung der bayerischen Kirchenpolitik datiert, ist kein Zufall, sie hängt unmittelbar mit dieser Umbesetzung zusammen. Sie ist also zu diesem Zweck erfolgt, d. h. der Kurfürst selbst suchte sich das Werkzeug aus, das die neue politische Richtung gewährleisten sollte. Der neuernannte Direktor des Geistlichen Rates, Osterwald, war als Direktor der Philosophischen Klasse der Akademie durch seine Feindschaft gegen die Jesuiten aufgefallen. Für die durchgreifende Neuordnung des Verhältnisses von Staat und Kirche empfahl er sich durch sein aufsehenerregendes Buch von 1766, ›Veremund von Lochsteins Gründe für und wider die geistliche Immunität in zeitlichen Dingen‹. Der Kurfürst selbst hatte die Drucklegung befohlen. Osterwald ging es dabei zunächst um die genauen Grenzen zwischen der weltlichen und geistlichen Gewalt, Grenzen, die besonders durch die geistliche Gewalt, wie Osterwald feststellte, seit unvordenklichen Zeiten weit überschritten worden seien. Besonders lag ihm an der Abschaffung der kirchlichen Privilegien, der Befreiung geistlicher Personen von Abgaben und ihrer Unabhängigkeit vom weltlichen Gericht. In seiner praktischen Kirchenpolitik zielte er vor allem auf die Kontrolle des Staates über den kirchlichen Reichtum ab. 1768 bereits erhob der Kurfürst kraft eigener Autorität eine Steuer von den kirchlichen Besitzungen, 1769 erging das sogenannte Amortisationsgesetz, das alle Zuwendungen an kirchliche Institutionen über 100 Gulden und testamentarische Verfügungen über 2000 Gulden untersagte. Gleichzeitig wurde das Kirchenvermögen der staatlichen Aufsicht unterstellt. 1770 wurde den Bettelorden das Betteln verboten, zur Verstärkung der Bindung der Ordensniederlassungen an das Territorium wurde die Bildung eigener Ordensprovinzen für Bayern gefordert, als kirchliche Vorstände sollten nur noch kurfürstliche Untertanen zugelassen werden. Wie weit diese Reformgesetze der Jahre seit 1768 tatsächlich reinem Aufklärungsdenken zuzuordnen sind, wie weit nur aktuelle Parolen benutzt wurden, um uralte staatskirchliche Ziele zu erreichen, ist schwer zu sagen, wenn man die Haltung des Kurfürsten im Auge hat; bei Osterwald ist dagegen nicht nur die rationalistische Argumentation ein entscheidendes Kriterium, sondern auch die grundsätzliche Einstellung gegen die Scholastik und gegen die Klöster. Trotzdem bleibt, wenn die Kirchenpolitik anderer Fürsten der Epoche zum Vergleich herangezogen wird, ein wesentlicher Unterschied deutlich: In den eigentlichen innerkirchlichen Bereich hat die bayerische Gesetzgebung nicht eingegriffen, das Verbot überflüssiger Feiertage, vieler Bruderschaften und der Wallfahrten rechtfertigte man aus der Sorge des Staates für das wirtschaftliche Wohl der Untertanen. So beschränkten sich die Reformen der ersten Phase der Aufklärung in Bayern gegenüber der Kirche auf die Geltendmachung der staatlichen Autorität im gemischten Bereich, im wesentlichen jedenfalls, wiesen der Kirche ihre Grenzen zu und griffen dabei besonders über auf das bisher in nahezu ausschließlicher kirchlicher Regie stehende Schulwesen; der Auftrag zur Jugendbildung ist in Zukunft stets staatlicher Natur, Kulturpolitik im weitesten Sinn wird staatliches Monopol, der Staat wird zum Kulturstaat.

Bereits unter Max III. Joseph wirkte die staatliche Kulturpolitik auch in Bayern wie ein Alarmsignal. Die neuen Zeitschriften, die in den sechziger Jahren entstanden und die bereits die Popularisierung der Aufklärungsideen, nicht mehr der Wissenschaften, zur Absicht hatten, übten bereits Kritik an Auswüchsen der Volksfrömmigkeit und am Klosterwesen, nicht direkt an der Religion selbst. Die Kritik an der Veräußerlichung der Religion, die 1770 das Verbot des religiösen Volksschauspiels bewirkt hatte, war aber nicht nur negativ. Im Bestreben, einen positiven Beitrag zur Erneuerung der Volksfrömmigkeit zu leisten, schufen Kohlbrenner und Denis eine ganze Reihe von ansprechenden Kirchenliedern, die zum Teil heute noch gesungen werden. Diese Ambivalenz der Aufklärung ist eine Erscheinung, die vor allem in den katholischen Ländern zu beobachten ist; unter dem Einfluß des Jansenismus war sie besonders ausgeprägt in Frankreich und in den Niederlanden, doch auch in Italien und in Österreich war der Zug zum Purismus, zur Rückkehr zur Reinheit der Urkirche, weithin bestimmend für den Rigorismus der Reformen Josephs II. In Bayern spürte man davon weniger, die Haupttendenz war die fortschreitende Säkularisierung der Kultur, die auch vor der Kunst nicht halt machte. Die letzten großen Kirchenbauten, Ettal und das Meisterwerk Fischers, Rott am Inn, fallen in die Zeit nach der Jahrhundertmitte, bis 1770/80 entstehen nur noch Ausläufer, Dorfkirchen von bestechender Eleganz wie zu Wessobrunn oder Buchbach; die 1779 vollendete Wallfahrtskirche zu Bettbrunn, erbaut vom Nachfolger J. M. Fischers, wird „der Abgesang der großen Kirchenarchitektur des 18. Jahrhunderts in Süddeutschland" (H. Schindler), dann folgt eine tiefe Zäsur.

Sie hängt sicher auch zusammen mit dem Erlahmen der ungeheueren künstlerischen Energien, die bisher am Werk gewesen waren, auch mit dem Überdruß an der Formensprache des Rokoko, die den rationalen Geist der neuen Epoche abstieß, sie hängt aber in erster Linie zusammen mit der Erschütterung des Selbstverständnisses der Kirche selbst. In vielen Klöstern hat der Geist des neuen Säkulums ebenfalls Eingang gehalten, die Askese als Mittel zur Selbstheiligung wird in Frage gestellt, bei den Benediktinern schwindet das Verständnis für das Chorgebet, oft begründet man auch hier die eigene, klösterliche Existenz nur mehr mit dem Nutzen für Staat und Gesellschaft. Dieser Zug verstärkt sich seit dem Einschnitt, den der Tod Max III. Josephs im Dezember 1777 bildet, ungemein.

Daß unter Karl Theodor keine kulturpolitischen Impulse irgendwelcher Art vom Hof mehr ausgingen, bedeutet aber nicht, daß jetzt im geistigen Leben des Landes Stagnation eingetreten wäre. Das Gegenteil ist der Fall. Die Spätaufklärung brachte auch für Bayern eine nie dagewesene Blütezeit wissenschaftlichen Lebens und literarischer Fruchtbarkeit. Allenthalben im Land entfalteten sich jetzt jene Keime, die in den vergangenen Jahrzehnten ausgestreut worden waren, nach eigenem Gesetz weiter und gingen auf, in weit verstreuten einzelnen Zentren, die zum Teil mit größeren Organismen zusammenhingen, zum Teil aber auch isoliert waren, und vor allem, wie die Aufklärungsbewegung insgesamt, in einzelnen Kreisen, die ihren Mittelpunkt gern in Persönlichkeiten von besonderer Prägung hatten. Dabei ging die Führung der gesamten Bewegung, die noch bis zur Jahrhundertmitte bei einzelnen Ordensgelehrten gelegen hatte, dann bei der Akademie und der fürstlichen Beamtenschaft, trotz ständig steigender wissenschaftlicher Bedeutung der Klöster insgesamt über an die zahlreichen jungen Literaten, die sich mit ihren neugegründeten literarisch-polemischen Zeitschriften in Kürze durchsetzten. An der dann unerläßlichen Phase schöpferischen Neubaus war aber keiner von den stürmischen jungen Leuten mehr beteiligt, ausgenommen Lorenz Westenrieder. Vor allem seine historischen Werke haben seinen Ruhm begründet, nicht zuletzt auch seine Leistung als Sekretär der Historischen Klasse der Akademie.

Die Akademie hatte nach 1777 nicht mehr in jenem Maße wie vorher das Ohr der Öffentlichkeit, da die großen Grundsatzdebatten nicht mehr fortgeführt wurden, doch sachlich hatte sie jetzt weit Bedeutenderes zu bieten als vorher. Die Historische Klasse führte ihr Programm der umfassenden Erforschung des bayerischen Mittelalters mit Nachdruck und Erfolg weiter. Auch in der naturwissenschaftlichen Klasse setzte echte Forschungstätigkeit ein. Nach dem Vorbild der Mannheimer Societas Meteorologica Palatina wurde von München aus ein ganz Bayern umspannendes Observationsnetz aufgebaut, die Forderung nach exakter Beobachtung der Phänomene setzte sich auch in der Botanik, Zoologie und Geologie durch. Auch die großen Themen der Zeit fanden Beachtung, Elektrizität und Magnetismus, Licht und Wärme wurden in aufsehenerregenden Preisschriften bearbeitet. Namhafte Physiker, Chemiker und Meteorologen wirkten gegen Ende des Jahrhunderts auch an der Universität Ingolstadt, zu nennen ist hier vor allem P. Placidus Heinrich von St. Emmeram in Regensburg.

Auch nach der Aufhebung des Jesuitenordens 1773, der dann zehn Jahre später die Ersetzung der ehemaligen Jesuiten unter den Professoren durch Angehörige der Prälatenorden folgte, hatte die Universität als solche in den geistigen Kämpfen der Zeit keinen Führungsanspruch erhoben. Einer ihrer Professoren allerdings besaß das ungeheure Selbstgefühl, dessen man bedarf, wenn man einem ganzen Volk ohne irgendeinen Auftrag eine neue geistige oder politische Richtung geben will, der 1748 zu Ingolstadt geborene Adam Weishaupt, seit 1773 Inhaber der Lehrkanzel für Kirchenrecht in der juristischen Fakultät. Er war der Gründer des Illuminatenordens, dessen Hauptprogrammpunkt die Erziehung der Menschheit zum Streben nach steter Vervollkommnung durch Aufklärung der Vernunft war. Zweifellos hat man die politischen Ziele dieses Ordens in ihrer Gefährlichkeit überschätzt; das war auch bedingt durch den Geheimbundcharakter der Verbindung, nicht nur durch die Aktivitäten, die Weishaupt alsbald entfaltete, als es die wachsende Zahl der Mitglieder, darunter auch einige Fürsten, erlaubte. Immerhin hatte Weishaupt die Absicht, seine Gründung als Instrument politischer Machtausübung zu benutzen, wobei freilich die letzten Ziele unklar sind – weiter als zur Überleitung des Absolutismus in ein System begrenzter fürstlicher Herrschaftsausübung mit führendem Anteil des gebildeten Bürgertums, im Sinne also des späteren Konstitutionalismus, wollte Weishaupt wohl nicht gehen. Wie wenig fest gefügt seine Gesellschaft war, zeigt der rasche Verfall, als der Kurfürst 1784 ein Verbot solcher Verbindungen aussprach. Weishaupt selbst konnte rechtzeitig fliehen, 135 seiner Anhänger in Bayern wurden unter Anklage gestellt, einige wurden aus ihren Ämtern entlassen, eingesperrt wurde keiner. Die sogenannte Illuminatenverfolgung machte sich vor allem in größerer Zurückhaltung bei öffentlichen Äußerungen, vor allem in Zeitschriften und Büchern bemerkbar, das berüchtigte Bündnis zwischen Exjesuiten und Rosenkreuzern zur Bekämpfung der Illuminaten ist eine Legende.

Diese Legende belastet das Andenken an diesen Kurfürsten bis heute. Er wird dadurch zum Prototyp des Reaktionärs, doch gerade in den für den Staat der Zukunft entscheidenden Zügen seiner Regierungstätigkeit führt er die Linie seines Vorgängers folgerichtig weiter. Als im Januar 1778 Kurfürst Karl Theodor von der Pfalz auch in München die Herrschaft antrat, ein Fürst, der sich von Voltaire hatte huldigen lassen, der 1773 die Mannheimer Akademie gegründet hatte, dazu eine Sternwarte, in Kaiserslautern eine Hochschule für Kameralistik, hatte man von ihm zum wenigsten erwartet, daß er das gesamte Reformprogramm seines Vorgängers übernehmen würde. Er tat es nur in einigen wenigen Punkten, in der Wirtschaftspolitik wie in der Kulturpolitik, und ob wirklich Reformabsichten damit verbunden waren oder ob dabei nur Ansatzmöglichkeiten für eine sehr eng fiskalische und familienbezogene Politik wahrgenommen wurden, mag man dahingestellt sein lassen. Das staatliche Schulmonopol jedenfalls wurde in Zukunft, freilich ohne daß echte Verbesserungen angestrebt oder damit verbunden gewesen wären, bereits mit voller Selbstverständlichkeit in Anspruch genommen, der theoretische Anspruch wurde in der Praxis sogar außerordentlich verstärkt. Das geschah im Zuge der Gründung einer bayerischen Zunge des Malteserordens durch Karl Theodor für seinen natürlichen Sohn, den Fürsten von Bretzenheim. Für diese Gründung nahm er das eingezogene Vermögen der Jesuiten in Anspruch, mit dem bisher wie vor 1773 die bayerischen Gymnasien und das Kolleg zu Ingolstadt finanziert worden waren. Jetzt wurden die bayerischen Prälatenklöster gezwungen, die Finanzierung wie die personelle Ausstattung dieser Schulen wie der Universitätsfächer der Jesuiten zu übernehmen, gleichzeitig wurde die Unterstellung unter eine Schulkommission zur echten staatlichen Schulaufsicht, die es vorher nicht gegeben hatte. Die Prälatenorden ließen sich dazu zwingen, weil einzelne Beispiele bereits gezeigt hatten, wie leicht es für den Kurfürsten war, die päpstliche Genehmigung zur Aufhebung angeblich nicht mehr lebensfähiger Klöster zu erlangen. Die Säkularisationsfurcht wurde beträchtlich verstärkt durch die erhöhten Dezimationen, die Karl Theodor einhob und die der Papst tolerierte; die letzte dieser Dezimationen, jene von 1798, sollte 15 Millionen Gulden einbringen, ein ungeheurer Betrag, dessen volle Eintreibung bereits damals die Klöster ruiniert hätte und die tief in die Substanz des klösterlichen Vermögens eingegriffen hätte.

Die Zusammenarbeit mit Rom ändert nichts an der Tatsache, daß Karl Theodor die bayerische Landeskirche nur unter fiskalischen und politischen Gesichtspunkten ansah und benützte. Eines der wirksamsten Mittel, das ihm wie gleichzeitig der Kurie auch die Kontrolle der bisher so widerspenstigen, weil reichsrechtlich von Bayern unabhängigen Bischöfe im Umkreis seines Herrschaftsgebietes gewährleisten sollte, war die 1785 unter heftigen publizistischen Kämpfen errichtete Münchner Nuntiatur. In Zusammenarbeit mit dem Nuntius gelang es ferner, in München ein eigenes, vom zuständigen Freisinger Bischof unabhängiges Hofbistum zu errichten, das als Einleitung zum Aufbau einer vom Kurfürsten abhängigen Landeskirche gedacht war. Die staatliche Kirchenhoheit wurde also gerade unter Karl Theodor in einer Intensität ausgebaut, an die Osterwald nicht einmal gedacht hatte. Nur insofern waren Karl Theodor und seine Beamten keine echten Aufklärer, als sie den innerkirchlichen Bereich in Ruhe ließen.

So richtete sich der Unmut der Untertanen Karl Theodors nicht gegen seine Kirchenpolitik, wie einst unter Max III. Joseph; die wachsende Entfremdung zwischen ihm und den bayerischen Patrioten samt dem ganzen Volk war das Ergebnis seiner Politik. Auch die Personalpolitik hatte dabei ihren Einfluß, da Karl Theodor seine pfälzischen Beamten den bayerischen vorzog; aber den Ausschlag gab doch seine keineswegs verleugnete Bereitschaft, Bayern gegen die österreichischen Niederlande zu vertauschen, und dann seine Ohnmacht inmitten der Umwälzungen seit 1792. Der österreichische Einmarsch nach Niederbayern im Januar 1778 wäre wohl auch bei entschiedener Politik nicht zu vermeiden gewesen, aber daß sich Karl Theodor aus Furcht vor dem Verlust von Jülich und Berg an Preußen zu einem Vertrag mit Joseph II. zwingen ließ, der diesem auch noch den Schein des Rechts einräumte, machte seine Position hoffnungslos; er hätte die Hälfte Bayerns verloren, wenn nicht Friedrich II. eingegriffen hätte, um das innerdeutsche Gleichgewicht aufrechtzuerhalten. Im Frieden von Teschen verlor Bayern immerhin noch das Innviertel, von einem Tausch war nicht mehr die Rede. Trotzdem verhandelte Karl Theodor weiter, immer bereit, das ungeliebte Bayern aufzugeben; das fehlende Einverständnis seines Erben, des Herzogs von Zweibrücken, wie die Wirkung des Fürstenbundes von 1785, aber auch die Neigung des Kaisers, das Äquivalent möglichst gering zu halten, schließlich der Aufstand gegen die zentralistische Politik des Kaisers in den Niederlanden verhinderten den Tausch Bayerns gegen ein Königreich am Niederrhein. Durch diese Pläne schuf sich Karl Theodor besonders unter jenen Beamten heftige Feinde, denen an der bayerischen Selbständigkeit alles lag; der prominenteste unter ihnen war Johann Georg Lori, der Gründer der Akademie, der auch einige Jahre hindurch die bayerische Außenpolitik mitgestaltet hatte. Tief verhaßt im ganzen Volk wurde der Kurfürst, als es ihm nicht gelang, die Revolutionskriege mit ihren Schrecken von Bayern fernzuhalten. Das wäre sicher bei keiner wie auch immer gearteten bayerischen Politik möglich gewesen, dafür waren die Kräfteverhältnisse einfach zu ungleich, aber Karl Theodor hat auch wenig Initiative entwickelt innerhalb jenes Rahmens, der ihm noch geblieben war. Weder seine anfängliche Neutralitätspolitik noch der Anschluß an den Kaiser konnten den Verlust der Pfalz an die Franzosen vermeiden; die halbherzige Führung des Reichskrieges und die zwielichtigen Vorgänge bei der Übergabe Mannheims an die Franzosen machten in Wien den Kurfürsten aufs höchste verdächtig, bis dann bei der Annäherung einer französischen Armee unter General Moreau der Kurfürst Bayern verließ und die Regentschaft zusammen mit der Landschaft einen Waffenstillstand mit dem Versprechen der Neutralität und einer Zahlung von 10 Millionen Gulden schloß. Jetzt ließ sich Österreich im Frieden von Campo Formio von Napoleon beinahe die Hälfte des südlichen Bayern versprechen; doch als der

Krieg 1798 noch einmal aufflammte, schloß der Kurfürst sich wieder der Koalition gegen Frankreich an und stellte seine Truppen unter österreichisches Kommando – jede Form von selbständiger Politik war bei der geographischen Lage Bayerns aussichtslos.

DAS NEUE BAYERN

Die absolute Machtlosigkeit des Kurfürstentums Bayern, selbst nach seinem Zusammenschluß 1777 mit der Rheinischen Pfalz, Pfalz-Neuburg und Jülich-Berg, war nicht nur ein Ergebnis des außerordentlichen Erstarkens der deutschen Großmächte Österreich und Preußen seit 1700, die jetzt ebenbürtig neben Frankreich und England traten, sie war auch ein Ergebnis der schwerfälligen, unzweckmäßigen und weithin wirkungslosen Verwaltung und der Entschlußlosigkeit wie des mangelnden Selbstvertrauens, aber auch der fehlenden Einsicht der politischen Führung. Auch ohne den gewaltigen Druck durch die plötzlich eröffneten neuen Möglichkeiten um 1800 war eine innere Neuordnung Bayerns und eine Neuorientierung seiner auswärtigen Politik unerläßlich, wollte man nicht immer nur Objekt der Weltpolitik sein, sondern selbst über das eigene Schicksal wenigstens mitbestimmen. Diese Notwendigkeit war dem Mann, dem nach dem Tode Karl Theodors 1799 die Gestaltung der Zukunft Bayerns anvertraut werden sollte, Maximilian v. Montgelas, in vollem Umfang bewußt. Schon 1796 hatte er in einer Denkschrift seinem Fürsten, dem damaligen Herzog von Pfalz-Zweibrücken und zukünftigen Erben Bayerns, Max Joseph, die Grundzüge der unerläßlichen Staatsreform entwickelt. Als er sein neues Amt als leitender Minister Pfalz-Bayerns antrat, waren die Umstände für eine solche Neugestaltung aller Verhältnisse günstiger, als sie je ein bayerischer Staatsmann angetroffen hatte; das Jahrhundert selbst erforderte die Inangriffnahme des staatlichen Neubaus Bayerns.

Der Friede von Lunéville 1801, der Abschluß des Krieges mit Frankreich, der seit 1795 den Verlust der rheinischen Fürstentümer, Berg ausgenommen, gebracht hatte und der 1796 und 1800 Bayern selbst als Kriegsschauplatz gesehen hatte, erzwang die Konzentration auf die bayerischen Stammlande des Hauses Wittelsbach, räumte aber gleichzeitig die Möglichkeit ein, diese Stammlande so zu konsolidieren, wie das seit dem 13. Jahrhundert stets das vergebliche Ziel der Herzöge gewesen war. Als Entschädigung für die Verluste am Rhein bot dieser Friedensvertrag – dem Sonderverträge zu Paris vorausgegangen waren – den rechtsrheinischen Fürsten die Besitzungen der Reichskirche und eine Reihe von Reichsstädten. Die Bestätigung durch die vom Kaiser eingesetzte Reichsdeputation, der sogenannte Reichsdeputationshauptschluß von 1803, verlieh dieser Regelung auch reichsrechtliche Gültigkeit. Das Haus Wittelsbach erhielt dabei um einiges mehr, als es verloren hatte. Bayern gewann endlich seine territoriale Geschlossenheit, indem die Hochstifte Freising, Regensburg, Eichstätt und Teile von Passau mit der Stadt selbst an das alte Herzogtum angeschlossen wurden. Zwischen Lech und Iller gelang es, erstmals wieder seit dem Ende der Staufer, der durch Sprache und Kultur geeinten Landschaft auch die staatliche Einheit zu geben; die Basis des neuen Gebildes, das geschlossen zu Bayern kam, waren die alten wittelsbachischen Besitzungen aus dem Konradinischen Erbe an der Donau, daran fügten sich das Hochstift Augsburg, die umfangreichen Herrschaften der schwäbischen Reichsstifte, St. Ulrich und Afra in Augsburg, das Fürststift Kempten; die Reichsstifte Ottobeuren, Irsee, Wettenhausen, Ursberg, Kaisheim und Roggenburg. Die schwäbischen Reichsstädte Memmingen, Kaufbeuren, Nördlingen und Dinkelsbühl verloren ihre Selbständigkeit, nur Augsburg konnte sich noch zwei Jahre behaupten. Erstmals griff die Herrschaft der Wittelsbacher jetzt auch auf Franken über, wieder bildete den Grundstock der kirchliche Besitz. Am wertvollsten waren die weitgehend bereits durchorganisierten geistlichen Staaten der Fürstbischöfe von Würzburg und Bamberg, auch die Reichsstädte Rothenburg, Schweinfurt und Windsheim kamen damals an das neue Bayern.

Mit den geistlichen Territorien wurden dem neuen Machthaber auch die nicht reichsunmittelbaren Klöster zur freien Verfügung überantwortet, sie wurden ebenso dem Staatsvermögen zugeschlagen wie die Besitzungen der Reichsstifte. Der Paragraph 35 des Reichsdeputationshauptschlusses, der auf Veranlassung von Montgelas formuliert wurde, gewährte den Landesherrn darüber hinaus auch die Säkularisation der landsässigen Klöster der eigenen Territorien. Beides, die Beendigung der herrschaftlich-politischen Rolle der Reichskirche und die Einziehung ihres Vermögens wie die Aufhebung der Klöster in den katholischen Territorien des Altreiches, war in jahrzehntelanger polemischer Diskussion geistig vorbereitet worden; die Aufklärung in all ihren Schattierungen verband sich dabei mit den Argumenten der fürstlichen Finanzfachleute, die in ihrem verzweifelten Kampf um den Haushaltsausgleich ihre letzte Hoffnung in der Nutzbarmachung der Vermögensmasse der 'Toten Hand' sahen.

Schon 1802 wurden die Niederlassungen der Bettelorden eingezogen, ebenso die sieben Prälatenklöster der Oberpfalz, die nicht landständisch waren, am 1. März 1803 auch die landständischen Klöster, denen noch 1801 eine ausdrückliche Versicherung des Kurfürsten ihre Weiterexistenz garantiert hatte. Insgesamt wurden allein in Altbayern an die 160 Männerklöster säkularisiert. Bei dieser großen Zahl konnte es nicht ausbleiben, daß da und dort auch beim Säkularisationsvorgang selbst Unregelmäßigkeiten vorkamen, bisweilen richtiggehende Exzesse, gingen doch erhebliche Vermögenswerte durch die Hände der staatlichen Kommissäre. Insgesamt, so die Ergebnisse staatlicher Schätzungen und der Rechenschaftsberichte der Beamten, betrug der an den Staat fallende Vermögenswert aller bayerischen landständischen Klöster an die 21 Millionen Gulden; der unmittelbar erzielte Gewinn lag jedoch weit darunter, da die Bargeldbeträge der Klöster allgemein sehr niedrig waren, die Außenstände jedoch – die Klöster dienten vielfach als Geldgeber für die Bevölkerung – kaum höher waren als die Schulden, der Verkauf der Liegenschaften und Kunstwerke jedoch, infolge des schlagartig auftretenden Überangebots, nicht annähernd die erhofften Beträge einbrachte. Immerhin war es möglich, vom direkten Säkularisationsgewinn einen Teil der Kriegskosten der nächsten Jahre zu bestreiten. Das ging allerdings bereits auf Kosten der Substanz, da mit der Aufhebung der Klöster auch erhebliche Ausgaben verbunden waren, vor allem mit den Pensionen der Klostervorstände und der Klosterinsassen. Die jetzt an den Staat fallenden laufenden Einnahmen aus den klösterlichen Grund- und Gerichtsherrschaften wurden so weithin wieder von den Pensionen aufgezehrt; das Ergebnis hätte sich auch, wie das bei der großen Dezimation von 1798 beabsichtigt war, durch die erhöhte Beiziehung der Klöster zum Steueranfall erreichen lassen, aus finanziellen Gründen war die Säkularisation überflüssig.

Ausgesprochen schädlich waren die allgemeinen geistlichen Folgen. Für die Seelsorge traten erhebliche Nachteile zunächst nicht in Erscheinung, da ja die Pfarrstellen weiterhin auch von Mönchen besetzt waren und in Zukunft die Stellen für Weltgeistliche in vermehrtem Umfang zur Verfügung standen. Aber so wie in den neu zu Bayern hinzugekommenen geistlichen Territorien die einst blühenden Universitäten Dillingen und Bamberg, dazu allerdings auch die der Reichsstadt Nürnberg gehörende Universität Altdorf, aufgehoben wurden, so verschwanden jetzt die zahlreichen Volks- und Lateinschulen der Orden in Stadt und Land, zu staatlichem Ersatz kam es oft erst im 20. Jahrhundert. In Zukunft blieben auch die Impulse aus, die vom klösterlichen Wissenschaftsbetrieb auf das Land ausstrahlten. Die bayerische Geschichtswissenschaft, die dank der Forschungen vor allem der Akademiemitglieder unter den Benediktinern in der deutschen Mediävistik in hohem Ansehen stand, versank in den nächsten Jahrzehnten in Bedeutungslosigkeit, und auf dem Gebiet der Naturwissenschaften, wo ebenfalls vor allem Regensburger Benediktiner den Anschluß Bayerns an die allgemeine Entwicklung erreicht hatten, konnte nur durch Anstellung zahlreicher mittel- und norddeutscher Gelehrter an der Münchner Akademie die Kontinuität gewahrt werden. Erst in Zukunft sollte der Vorteil der Konzentration der klösterlichen Forschungsmittel in München, der reichen Bibliotheken und wertvollen Sammlungen, ins Gewicht fallen – wobei aber die Verarmung der Provinzen auch nicht übersehen werden darf.

Weiter sind noch die Folgen der wirtschaftlichen Umwälzungen zu nennen. Zahlreiche neubäuerliche Existenzen wurden durch Zerschlagung der großen landwirtschaftlichen Komplexe geschaffen, die das klösterliche Salland oft darstellte. Ob das freilich die Nachteile aufwog, welche der Verlust an Nebenerwerbsmöglichkeiten darstellte, der jetzt durch den Fortfall der anspruchsvollen klösterlichen Großbetriebe eintrat, mag man bezweifeln, auch die Zerschlagung des weithin auf wirtschaftliche Sicherung des einzelnen Untertanen angelegten klösterlichen Beschäftigungssystems hat sicher sehr häufig ungünstige Folgen nach sich gezogen. Unübersehbar ist der absolute Niedergang der Hofmark Wessobrunn, die unter der zielstrebigen Förderung durch das Kloster in ganz Europa als künstlerisches Zentrum unerreicht war.

Einzig die staatspolitischen Folgen der Säkularisation fallen positiv ins Gewicht. Den kirchlichen Grundherrschaften unterstanden in Bayern zum Ausgang des 18. Jahrhunderts mehr als die Hälfte der abhängigen Bauern, sie wurden jetzt wieder unmittelbar mit dem Fürsten verbunden. Die nächste Folge war die Möglichkeit für den einzelnen Bauern, endlich die Grundlasten abzuschütteln, allerdings durch eine Ablösung in Geld, deren Summe den Bauern meist zu hoch war. Immerhin wurde die Vielgestalt der oft kaum mehr überschaubaren Rechtsverhältnisse durch Rationalisierungsmaßnahmen jetzt überschaubarer, wenngleich dank der außerordentlichen Anspannung der Finanzverhältnisse durch die nicht abreißende Folge von Kriegen die Steuerlasten keineswegs geringer wurden.

Schon durch die Säkularisation der Kirchengüter und Mediatisierung der reichskirchlichen Fürstentümer wurden die staatlichen Behörden unmittelbar zuständig für gewaltige Massen von neuen Untertanen; die Erwerbungen aus den Kriegen von 1805 und 1809 brachten noch einmal Hunderttausende, der Preis dafür war jetzt allerdings sehr hoch, die Hypothek auf die Zukunft konnte sogar tödlich werden. 1805 sah sich Napoleon, der sich 1804 selbst die Kaiserkrone aufs Haupt gesetzt hatte, von einer neuen Koalition bedroht, im Versuch, ihr mit einem Gegenbündnis zu begegnen, umwarb er die süddeutschen Fürsten, war er vor allem auf die süddeutschen Fürsten angewiesen, denen gegenüber er weder mit Drohungen noch mit neuen Versprechungen sparte. Noch im Verlauf des Sommers kam es zum Abschluß eines Bündnisses auch mit Bayern; die monatelange Untätigkeit, dann die abstoßende Erpressertaktik der österreichischen Diplomatie machte es Montgelas leicht, dem Kurfürsten den Anschluß an Frankreich nahezulegen. Am stärksten fiel dabei wohl ins Gewicht, daß von Österreich auch bei siegreichem

Ausgang des Krieges nichts zu erwarten war, Gewinn nur auf seiten Napoleons, bei Neutralität Gebietseinbußen, wie auch immer der Sieger heißen mochte – beide Parteien machten dies mit allem Nachdruck klar. In der Tat war der Neuzuwachs an Land und Leuten, der Bayern im Vertrag von Brünn mit dem folgenden Frieden von Preßburg 1805 zugedacht war, imponierend. Bayern erhielt, nachdem es Würzburg als Entschädigung für die Verluste des einstigen Großherzogs der Toscana wieder abgetreten hatte, Tirol und Vorarlberg, die Markgrafschaft Burgau, eine ganze Reihe von Herrschaften in Oberschwaben bis weit westlich der Iller, die Reichsstädte Augsburg und Lindau. Gegen die Abtretung des Herzogtums Berg mit Düsseldorf an Napoleon erhielt es außerdem von diesem das von Preußen eingetauschte Fürstentum Ansbach. Napoleon legte außerdem den Kurfürsten von Bayern und Württemberg nahe, die Königskrone anzunehmen, auch wurde den Verbündeten Napoleons in Preßburg die volle staatliche Souveränität zugesichert. Damit war aber die Reichsverfassung nicht mehr vereinbar, die notwendigen Konsequenzen zogen Kaiser und Reichstag noch 1806. Nachdem Franz II. schon 1804 die österreichische Kaiserkrone angenommen hatte, als Franz I., legte er jetzt die Krone des Reiches nieder, der Reichstag löste sich auf.

Mit der Zuwendung von Tirol, Vorarlberg und Burgau hatte Napoleon nicht zuletzt die Absicht verfolgt, Bayern so dauerhaft mit Österreich zu verfeinden, daß ihm nichts übrigbleiben würde, als sich auf Dauer an Frankreich anzuschließen. Zunächst mit einem außenpolitischen Bündnisverhältnis zufrieden, verfolgte er unter dem Einfluß seines Außenministers Talleyrand einen institutionellen Zusammenschluß des Dritten Deutschland unter französischer Führung. Nach zeitweiligem Sträuben willigte schließlich auch der König von Bayern ein, die eben errungene Souveränität wieder zu opfern und trat dem Rheinbund vom 12. Juli 1806 bei, einem Offensiv- und Defensivbündnis von 16 deutschen Fürsten. Bayern hatte für die Armee des Rheinbunds ein Kontingent von 30 000 Mann zu stellen. Napoleon wurde zum Protektor des Bundes bestimmt, der letzte Kurerzbischof von Mainz, Karl Theodor v. Dalberg, der als einziger Kirchenfürst nicht enteignet, sondern für den Verlust von

Mainz mit Aschaffenburg und Regensburg entschädigt worden war, wurde als Fürst-Primas zum Vorsitzenden des wichtigsten in Aussicht genommenen Bundesorgans bestimmt, des Bundeskongresses. Allerdings gelang es dem gemeinsamen Widerstand Bayerns und Württembergs, den Zusammentritt dieses Kongresses wie den weiteren institutionellen Ausbau des Rheinbundes zu verhindern, damit weitere Einbußen an Souveränitätsrechten. Gleichzeitig nahmen sie jedoch die von Napoleon eingeräumte Möglichkeit wahr, die schwäbische und fränkische Reichsritterschaft wie die kleineren Fürstentümer ebenfalls zu mediatisieren, die Hohenlohe, Fugger, Oettingen, Schwarzenberg, Thurn und Taxis, die Reichsgrafen Castell, Schönborn, Stadion, Pappenheim, Ortenburg und Lobkowitz, auch die Reichsstadt Nürnberg mit ihrem Territorium kam damals an Bayern.

Der Krieg des Jahres 1806 mit Preußen sah den Rheinbund bereits auf seiten Napoleons, bayerische Truppen griffen jedoch nicht in nennenswertem Umfang in die Kämpfe ein. 1809 dagegen, im Krieg mit Österreich, der vom leitenden Minister Österreichs, Philipp Graf Stadion, trotz seiner Bestimmung als Krieg zur Befreiung ganz Deutschlands militärisch wie diplomatisch nur ungenügend vorbereitet worden war, lag in der Einleitungsphase des Feldzuges die Hauptlast der Kämpfe auf den drei bayerischen Divisionen; in der Schlacht bei Abensberg-Eggmühl schlugen sie unter der Führung Napoleons eine etwa fünffache österreichische Übermacht und erzwangen wieder die Räumung Bayerns. Tirol jedoch, das sich gegen die verhaßte bayerische Herrschaft mit ihrer aufgeklärten Kirchenpolitik, mit ihren Steuerlasten und militärischen Aushebungen erhoben hatte, ging nach verlustreichen Kämpfen vor allem um den Berg Isel vorübergehend verloren. Erst nach dem Friedensschluß gelang die Unterwerfung der aufständischen Bauern unter Andreas Hofer, den Napoleon 1810 zu Mantua erschießen ließ. Eine der Folgen des Aufstandes war die Teilung Tirols; der südliche Teil mußte an das Königreich Italien, Osttirol an Illyrien abgetreten werden. Im übrigen wurde Bayern auch im Pariser Vertrag von 1810 wieder erheblich vergrößert, es erhielt Salzburg und Berchtesgaden, das Innviertel und Teile des Hausruckviertels, das Fürstentum Bayreuth und das für Dalberg aus der Reichsstadt und den kirchlichen Besitzungen gebildete Fürstentum Regensburg. Der Gebietszuwachs galt als Entschädigung für die 22 Millionen Gulden Kriegskosten, die Bayern bisher aufgewendet hatte, außerdem mußte es auf die Bezahlung seiner Lieferungen an die französische Armee verzichten, für Bayreuth waren außerdem noch 11 Millionen Gulden zusätzlich zu bezahlen. Wenn man außerdem noch bedachte, und für Montgelas ist das nachzuweisen, daß der Besitz der ehemals habsburgischen Länder auf die Dauer eine gefährliche Belastung darstellte, kann man dieses Ergebnis von 1810 kaum mehr als Erfolg betrachten; auf jeden Fall zeigte die Verehelichung Napoleons mit der österreichischen Kaiserstochter Maria Luise, daß im Verhältnis zu Bayern ein entschiedener Wandel eingetreten war: Österreich wurde jetzt zum wichtigsten Verbündeten Frankreichs, Napoleon bereitete sich auf den Krieg mit Rußland vor.

Das politische Gewicht Bayerns war seit 1800 nicht zuletzt deshalb so beträchtlich gewachsen, weil mit dem Regierungsantritt Max' IV. Joseph Montgelas, der erste Berater des Kurfürsten, mit Energie und außerordentlichem Sachverstand die Umgestaltung Bayerns zu einem modernen Staatswesen in Angriff genommen hatte. Die seit 1802 nicht abreißenden neuen Erwerbungen hatten dann diese Aufgabe ihrerseits zur unabweisbaren Notwendigkeit werden lassen, waren doch jetzt, im großen betrachtet, Gebiete zu einem Staatswesen zusammengefügt worden, deren staatlicher Zustand drei deutlich unterscheidbare Entwicklungsstufen aufwies. Ansbach-Bayreuth und das Kurfürstentum Bayern, vor allem nach den ersten Reformen von 1800, waren bereits zentral regierte, durch ein aufsteigendes Behördensystem in überschaubaren Verwaltungseinheiten zweckmäßig gegliederte, territorial geschlossene und mit gleichmäßigem Hoheitsrecht ausgestattete moderne Staaten, während die geistlichen Staaten oft noch einen sehr altertümlichen, durch die historische Entwicklung bedingten Verwaltungsaufbau besaßen oder doch, wie Würzburg und Bamberg, ihre Hoheitsrechte nicht selten mit anderen Herrschaftträgern teilen mußten und so nur in den Kerngebieten eine geschlossene Landesherrschaft hatten ausbauen können, hier allerdings mit sinnvoll gegliederten

Ämtern und Unterbehörden. Geradezu chaotisch war aber der staatliche Zustand auf der Stufe der zahllosen Adelsherrschaften in Franken und Schwaben, chaotisch im Hinblick auf die Vielzahl der Rechte und Ansprüche, die hier ineinandergriffen und oft kaum entwirrbar waren. Ihre Eingliederung in ein überschaubares, dank unablässiger Kontrolle gut funktionierendes Verwaltungssystem wurde von den Untertanen einhellig begrüßt, es war vielleicht das wichtigste Band, das in Zukunft das alte und das neue Bayern zusammenhielt.

Schon 1799 hatte Montgelas, entsprechend seinem Programm von 1796, das er im ›Ansbacher Memoire‹ entwickelte, die Neugliederung der gesamtwittelsbachischen Zentralregierung erreicht. Alle einzelnen Besitzungen des Hauses, die zum Teil fast noch selbständige Länder waren, wurden zu einem Gesamtterritorium zusammengefaßt, die bisher kollegialisch besetzten Zentralbehörden wurden jetzt nach französischem Vorbild in Ministerien umgewandelt, mit voller Entscheidungsbefugnis, aber auch voller Verantwortlichkeit des einzelnen Ministers. Die Aufgabe der Koordination der Gesetzgebung wie der gesamten Regierungstätigkeit sollte ein Staatsrat übernehmen, dem der König selbst vorstand. Diese Gliederung war so wenig starr, daß sie jeweils den wechselnden Bedingungen angepaßt werden konnte und den Anforderungen der stürmischen Entwicklung der nächsten Jahre voll gerecht wurde.

Der Anfall von immer neuen Massen an Ländern und Untertanen machte dann vor allem den zweckmäßigen Ausbau der Mittelbehörden notwendig, die ja vielfach geradezu an die Stelle ehemaliger selbständiger Länder traten. Von ihnen blieb jedoch keines als politische Einheit bestehen, wenn auch die ehemals hohenzollernschen Markgrafschaften Ansbach und Bayreuth wie auch das Fürstbistum Würzburg eine wichtige Funktion als Kern der neuen Gebilde hatten. Diese wurden, ebenfalls nach französischem Vorbild, entsprechend den geographischen Gegebenheiten als geschlossene, durch keine fremde Hoheit mehr durchbrochene Verwaltungskörper von ungefähr gleicher Größe gleichmäßig über das ganze Königreich hin angelegt; genannt wurden diese Kreise wie die Departements in Frankreich nach den Flüssen, erst 1837 wieder nach den alten Stämmen, auch ihre Zahl, die zunächst höher gewesen war, wurde damals auf die Zahl der heutigen Regierungsbezirke fixiert. Ein Teil der alten Residenzstädte, Passau, Eichstätt und Bamberg, verlor jetzt diese Funktion, bei den anderen, Landshut, Regensburg, Ansbach, Bayreuth und Würzburg, knüpfte auch die Reform Montgelas' an die Vergangenheit an. Hier, bei den Mittelbehörden, wurde die theoretisch längst geförderte Trennung von Justiz und Verwaltung auch praktisch durchgeführt. Auch bei der Neuordnung der Landgerichte, die ebenfalls auf die Gewinnung annähernd gleichgroßer Bezirke abzielte, baute die Reform in Altbayern wie bei den fränkischen Fürstentümern auf die historisch gefundene Gliederung auf, auf weite Strecken hin mußten aber auch hier neue Zentren bestimmt werden; sie verlegte man zumeist in die alten Reichsstädte, so daß auch diese nicht gänzlich ihre einstige Bedeutung verloren.

Aus Ersparnisgründen sah Montgelas auf dieser Ebene von einer Trennung von Justiz und Verwaltung ab, das wirkte sich aber auch lähmend auf die Reformarbeit auf der untersten Ebene, jener der Gemeindeverwaltung aus. Auch hier blieben die alten adeligen Grund- und Gerichtsherrschaften bestehen und behielten weiterhin ihre Stellung in Verwaltung und Rechtspflege; damit war aber das zunächst ins Auge gefaßte Ziel der Gewinnung einer gleichmäßigen Verwaltungsgliederung nicht mehr zu erreichen, auch die ausdrücklich bekundete Absicht Montgelas', einen gleichmäßigen Untertanenverband zu schaffen, blieb damit schon im Ansatz stecken. Die Gemeindebildung wurde zunächst überhaupt nur im Interesse einer lückenlosen Ausschöpfung aller Steuerquellen in Angriff genommen, am Anfang standen Steuerbezirke, die ohne Rücksicht auf historische Einheiten einfach als gleich große Räume gebildet wurden. Das war möglich, weil zunächst auch die bisherigen Selbstverwaltungsrechte der Stadt- und Marktgemeinden wie der Ortschaften auf dem Land radikal beseitigt worden waren, im Interesse der freilich unerläßlichen Vereinheitlichung der Rechtslage im gesamten Land. Als sich aber nur Schwierigkeiten ergaben, wurde das Prinzip des strengen staatlichen Zentralismus nach und nach gelockert, man begann den Gemeinden wieder selbständige Verwaltungsfunktionen zu übertragen, auch die Grenzen nahmen wieder Rücksicht auf die historische Zusammengehörigkeit im Kirchensprengel oder bei gemeinsamem Stiftungsvermögen, bis zur vollen Selbstverwaltung war aber noch ein weiter Weg.

Vereinheitlicht wurde auch die Gerichtsverfassung; selbst auf der untersten Ebene, jener der Patrimonialgerichte, wurde wenigstens das Prinzip des staatlichen Gerichtsmonopols insofern gewahrt, als der Adel sein altes Gerichtsrecht jetzt als staatlichen Auftrag wahrnahm. Dreiviertel der Untertanen unterstand jedoch bereits auf dieser Ebene der Gerichtsbarkeit des Landrichters, so daß ein Mißbrauch dieser Ausnahmestellung stark aufgefallen wäre; außerdem mußten die Patrimonialherren juristisch vorgebildete Richter anstellen, vor allem aber gab es gegen Entscheidungen der untersten Gerichte jeder Art Appellationsmöglichkeiten an die höheren Gerichte; der Instanzenzug durch drei Instanzen bis zum Obersten Landesgericht in München sicherte die Gleichmäßigkeit der Rechtspflege im ganzen Land. Die Gerichtsverfassung, die 1808 publiziert wurde, gewährleistete auch die Unabhängigkeit der Richter, die Tortur wurde abgeschafft, 1813 wurde das von Anselm Feuerbach geschaffene neue Strafgesetzbuch publiziert, die Kodifikation auch des Zivilrechts kam allerdings nicht zum Abschluß.

Daß die Verwaltungsreform trotz aller Übereilung, trotz zahlreicher unvernünftiger Eingriffe in althergebrachte und noch funktionsfähige Strukturen, trotz oft unnötiger Kompetenzausweitung der Zentrale ein Erfolg wurde, hing nicht zuletzt zusammen mit der von Montgelas völlig neu geregelten Stellung der Beamten. Die Staatsdienstpragmatik von 1805 verlangte von jedem Beamten eine seiner Stellung gemäße Vorbildung, die durch staatliche Prüfung nachzuweisen war, die Beamten erhielten eine feste Besoldung und Aussicht auf Pensionierung, die bisherige Sportelwirtschaft, die Beteiligung der Richter etwa an den Strafgeldern mit all den denkbaren Folgen, fiel in Zukunft weg, strenge Kontrolle, aber auch die drastische Reduzierung der Stellen um volle zwei Drittel sorgten dafür, daß die Beamten auch ihre Pflicht taten; das bayerische System wurde dadurch für weite Teile Deutschlands vorbildlich.

Die Vereinheitlichung des Staatsgebiets und der Verwaltung erforderte auch Konsequenzen in wirtschaftlicher Hinsicht: Bayern wurde ein einheitlicher Wirtschaftskörper mit einheitlichem Maß-, Münz- und Gewichtssystem, die Zollschranken im Innern fielen weg, von den Alpen bis zum Main. An sich hätte den wirtschaftspolitischen Tendenzen Montgelas' der Übergang zur Gewerbefreiheit und zum Freihandel entsprochen, doch gelang ihm nur eine Milderung des Zunftzwangs, und die von Napoleon erzwungene Kontinentalsperre hatte schärfere Handelsrestriktionen als je zur Folge. Eine letzte Konsequenz der Staatseinheit zwischen Altbayern und dem vielfach protestantischen Neubayern war schließlich auch die Preisgabe der katholischen Staatsreligion. Schon 1801 hatte Max IV. Joseph, der selbst mit einer Protestantin verheiratet war, die Niederlassungsfreiheit für Protestanten durchgesetzt, 1803 dann, im Jahr der ersten großen Erwerbungen, erließ er das Religionsedikt, das auch den Protestanten die gleichen Rechte einräumte wie den Katholiken, mit vollem staatlichen Schutz für Religionsdiener und kirchliche Einrichtungen. Den Juden wurde wenigstens die freie Ausübung ihres Bekenntnisses gewährt; bis zur vollen staatsbürgerlichen Gleichheit, die in stufenweiser Verbesserung ihrer Rechte erreicht wurde, verging aber noch mehr als ein halbes Jahrhundert.

Um überschaubare Rechtsverhältnisse zu schaffen, aber auch um der von Napoleon geforderten Rheinbundverfassung zuvorzukommen, faßte Montgelas die bisher erlassenen Verordnungen und organischen Edikte 1808 in einer Konstitution zusammen, deren wesentliches Kennzeichen die „Verstaatlichung der Herrscherrechte" (E. Weis) war. Auch der König erscheint jetzt als Organ des Staates, ein einheitliches Staatsrecht, einheitliche Verwaltungsgrundsätze gelten für das ganze Land, das aus so verschiedenartigen Teilen bestand, und Montgelas stellte auch für die Untertanen dieses neuen Staates eine einheitliche Vertretungskörperschaft in Aussicht – nachdem kraft der 1806 verliehenen Souveränität die alte Ständeverfassung aufgehoben worden war. Obgleich aber die Konstitution die Freiheit der Person und des Eigentums garantierte, also auch die Steuer wie bisher der Zustimmung des Landes hätte unterwerfen müssen, kam es unter Montgelas zur Einrichtung der versprochenen Nationalrepräsentation nicht, auch die versprochene Pressefreiheit wurde unter dem Druck Napoleons nur sehr eingeschränkt wirksam. Auch die grundsätzliche Gleichheit aller vor dem Recht wie der gleichberechtigte Zugang aller Staatsbürger zu den staatlichen Ämtern, ein Kernstück der Konstitution, blieb in vieler Hinsicht bloße Proklamation. Bei den Bauern endete die Freiheit bei der Aufhebung der Leibeigenschaft, die ohnedies nur mehr selten und auch dann in sehr abgeschwächter Form zu finden war, die Unterwerfung des Bauernstandes unter staatliche und adelige Grundherrschaft und die adelige Gerichtsherrschaft blieben weiter bestehen. Allerdings machten die Bauern von der Möglichkeit, die Grundhörigkeit auf staatlichen Domänen durch eine einmalige Zahlung vom 25fachen der Abgaben abzulösen, kaum Gebrauch, da ihnen der angesetzte Betrag zu hoch erschien, außerdem besaßen sie ihre Güter bereits zu Erbrecht, konnten sich also sicher fühlen. Zusätzlich war es ihnen möglich, die drückenden Scharwerksleistungen abzulösen. Vollends unter Staatsherrschaft kam jetzt die Kirche. In ihren äußeren Verhältnissen war ja die staatliche Kirchenherrschaft schon im Verlauf des späten 18. Jahrhunderts etabliert worden, mit Vermögensaufsicht und Aufsicht des Staates über kultische Äußerungen außerhalb der Kirche, mit dem Verbot von Wallfahrten, geistlichen Schauspielen, Bruderschaften und kirchlichen Feiertagen. Jetzt ergriff der Staat auch die Aufsicht über die inneren Verhältnisse, indem er die Ausbildung des Klerus kontrollierte, aber auch Vorschriften über die Gestaltung der Predigt und der Gottesdienste erließ. Die Tatsache, daß der größte Teil des Pfarrklerus dem königlichen Präsentationsrecht unterlag, daß die Bischöfe keine Fürsten mehr waren und damit ihre alte Macht dahin war, daß der Papst ein Gefangener Napoleons war, erleichterte diesen Zugriff.

Das Volk empörte sich allerdings um so mehr, bis in die Kreise jener Literaten hinein, die einst Aufklärung und Reform stürmisch gefordert hatten, reichte die Kritik. Widerstand weckten natürlich auch viele Maßnahmen im Namen der großen Staatsreform, besonders der Verlust der Privilegien der Reichsstädte und der ehemaligen Hauptstädte des altbayerischen Landes führte zu Mißmut und Staatsverdrossenheit, müde war man vor allem der steigenden Steuerlast und der nie abreißenden Kontributionen. Bayern war schon seit Beginn des neuen Jahrhunderts ständig am Rand des Staatsbankrotts. 1799 lagen auf dem Land wieder 28 Millionen Gulden an Schulden, nachdem Max III. Joseph bis 1777 mehr als 10 Millionen getilgt hatte. Im Laufe der Neuerwerbungen waren an Schulden der übernommenen Territorien sowie an Entschädigungen für die mediatisierten Fürsten an die 70 Millionen dazugekommen, dazu als Zahlungen an Frankreich für Bayreuth und Regensburg 16 Millionen. Die Kriege seit 1805 verschlangen ebenfalls Millionen; insgesamt wurden als Aufwand für die Armee von 1809 bis 1815 etwa 100 Millionen Gulden veranschlagt, bei einer Heeresstärke von zunächst 50000, dann 1815 75000 Mann. Das jährliche Defizit, bei Staatseinnahmen von durchschnittlich 27 bis 30 Millionen, betrug 3 bis 5 Millionen, am Ende stand die Staatsschuld auf 110 Millionen Gulden, der Zinsendienst war kaum mehr zu meistern.

Längst war in Bayern alles kriegsmüde, die Franzosen nur noch verhaßt, als die russische Katastrophe, die auch eine bayerische Armee von 30000 Mann verschlang, den letzten Anstoß lieferte zur Einleitung der Wende. Die vorsichtige Lösung aus dem französischen Bündnis zog sich noch Monate hin, da der König erst sicher sein wollte, daß er nicht einfach die eine Herrschaft mit der anderen vertauschte. Der diplomatischen Kunst des österreichischen Staatskanzlers Metternich, der nicht mehr, wie seine Vorgänger, mit plumpen Drohungen, sondern mit Betonung und Förderung der gemeinsamen Interessen arbeitete, gelang es dann, Rußland und Preußen zur Garantie der staatlichen Integrität Bayerns und zur Anerkennung der bayerischen Souveränität zu bringen; er selbst behob die schwersten Bedenken dadurch, daß er nicht auf entschädigungsloser Rückgabe ehemals habsburgischer Besitzungen bestand, wie man in München befürchtet hatte. Die Tauschverhandlungen, die damit notwendig wurden, vertagte man auf später, für den Augenblick wichtig war der Anschluß Bayerns an die Allianz gegen Napoleon noch vor der entscheidenden Schlacht. Der Anschluß erfolgte im Vertrag von Ried vom 8. Oktober 1813, dieser Vertrag garantierte die kommende Stellung Bayerns als souveränes Königreich und präjudizierte damit auch die Lösung der Deutschen Frage, wie sie 1815 zu Wien gefunden wurde.

Der Wiener Kongreß mit seinem Ergebnis, der Neuordnung Europas mit Deutschland, brachte auch für Bayern folgenschwere Entscheidungen. Bayerische Truppen hatten zwar unter der Führung des Feldmarschalls Wrede an der letzten Phase des Feldzugs gegen Napoleon rühmlichen Anteil genommen, als Wrede aber, der bayerische Bevollmächtigte auf dem Wiener Kongreß, für Bayern die Einreihung unter die europäischen Mächte verlangte, stieß er auf allseitigen Widerstand; es gelang ihm nur unter Ausnützung des Gegensatzes, der in der Sächsischen und Polnischen Frage zwischen Rußland und Preußen einerseits, Österreich und England anderseits aufbrach und den Talleyrand für eine Rückkehr Frankreichs unter die Großmächte ausnützte, wieder aus der bereits eingetretenen Isolierung herauszukommen. Gefährlich war eine solche Isolierung sowohl für die territorialen Interessen Bayerns wie für die Festlegung seiner künftigen Stellung im Deutschen Bund.

Die Regelung des territorialen Ausgleichs mit Österreich war nicht einfach. Österreich forderte die Rückgabe Tirols, Vorarlbergs, Salzburgs und des Innviertels und bot dafür Eichstätt und Würzburg, das Fürstentum, mit dem der jetzt wieder restituierte Großherzog der Toscana einst für seine Verluste entschädigt worden war. Dazu kam das Fürstentum Aschaffenburg, das dem Fürst-Primas Dalberg, der bis zuletzt bei Napoleon geblieben war, abgesprochen wurde. Der offene Rest sollte aus Gebieten gedeckt werden, die ebenfalls an den bayerischen Grenzen verfügbar waren, doch hier erhoben auch andere Nachbarn Ansprüche, nicht zuletzt Preußen, das seine Stellung am Rhein jetzt mit allem Nachdruck ausbaute, von Mainz bis an den Niederrhein. Für Bayern blieben so die wieder freigewordenen linksrheinischen Gebiete, darunter beträchtliche Besitzungen, die einst den Wittelsbachern gehört hatten, aber auch zahlreiche Besitzungen mediatisierter Fürsten und der säkularisierten Kirchenfürsten. Da das eigentliche Kerngebiet der ehemaligen Rheinischen Pfalz um Heidelberg und Mannheim inzwischen zu Baden gekommen war, war es weder möglich, ohne Konflikt mit Baden dieses alte wittelsbachische Fürstentum völlig zu restituieren, noch den von Bayern gewünschten territorialen Zusammenhang herzustellen; darüber gingen die Verhandlungen noch lange nach dem Kongreß weiter, erst 1816 kam es zur Einigung, nicht ohne starken österreichischen Druck. Mit der Anfügung der linksrheinischen Pfalz an Bayern war die äußere Staatsbildung abgeschlossen.

Bayern hatte jetzt 3,7 Millionen Einwohner, die in 208 Städten, 410 Märkten und mehr als 23 000 Dörfern und fast 20 000 Einöden wohnten. Preußen hatte zur gleichen Zeit 7,9, Österreich, ohne Ungarn und Italien, 9,4 Millionen Einwohner. Bis 1849 wuchs Bayern auf 4,5 Millionen, Preußen auf 16,9, Österreich auf 17,5 Millionen Einwohner.

Das zweite große Ergebnis von Wien war die Bildung des Deutschen Bundes, der an die Stelle des Alten Reiches trat, aber jetzt, gegen den Willen des Freiherrn vom Stein, des einstigen preußischen Reformministers und 1815 Beraters des Zaren, als Staatenbund, nicht mehr als Verband lehensrechtlich vom Kaiser abhängiger Fürsten. Die Verträge mit Bayern und anderen Bundesgliedern noch 1813, aber auch das preußische und das österreichische Interesse selbst legten die Bildung eines losen Bundes nahe, der, wie die Bundesakte bestimmte, zur Sicherung der Existenz der Bundesglieder nach innen wie nach außen geschlossen worden war. Für den Kriegsfall war die Bildung einer eigenen Streitmacht des Bundes vorgesehen, für die bereits im Frieden die Kontingente bereitgehalten werden mußten. Der Bundestag zu Frankfurt, ein Gesandtenkongreß, war das einzige Bundesorgan. Er tagte kontinuierlich, das Präsidium hatte der österreichische Gesandte inne. Die Bildung weiterer Organe, vor allem ein Bundesgericht, wurde nicht zuletzt durch den Widerstand des bayerischen Vertreters zu Wien verhindert. Unterbunden wurden dank der Uneinigkeit der Beteiligten selbst allerdings auch die Versuche, die von Bayern, später dann von Hessen-Darmstadt ausgingen, die deutschen Mittelstaaten, das Dritte Deutschland, in einem Sonderbund innerhalb des Deutschen Bundes zusammenzufassen und auf diese Weise ihre Interessen gegenüber den Großmächten Österreich und Preußen besser zu vertreten. Daß dieser Deutsche Bund von 1815 kein Instrument für Machtpolitik war, hat ihm die scharfe Kritik der fünfziger Jahre eingetragen; daß er mehr als vier Jahrzehnte den Frieden in Europa gewährleisten konnte, wird man heute besonders unterstreichen.

Der Wiener Kongreß brachte auch die Restitution einer Macht, die in früheren Jahrhunderten auch politisch, zuletzt in großem Stil 1648 durch die Vermittlung zwischen den kriegführenden Parteien, eine bedeutende Rolle gespielt hatte, des Papsttums. Die Restitution des Kirchenstaates konnte freilich nicht die Verluste rückgängig machen, die Papst und Kirche im Verlauf des 18. Jahrhunderts auf ihrem ureigensten Gebiet erlitten hatten, dem Feld der kirchlichen Organisation und der kirchlichen Disziplin, nicht weniger des religiösen Glaubens. Um wieder neuen Boden zu fassen, bedurfte es nicht nur der äußeren Wiederherstellung, sondern auch einer inneren Erneuerung. In Bayern waren die Ansatzpunkte dafür besonders günstig, da sich die Aufklärung im kirchlichen Bereich nirgends voll durchgesetzt hatte und da den bedeutendsten Theologen an der 1800 nach Landshut verlegten Landesuniversität, an ihrer Spitze J. M. Sailer, in entschiedener Abkehr von einer Theologie des Rationalismus und der Anpassung an die zeitgenössische Philosophie die Wiederbelebung des Offenbarungsglaubens gelang; die entstehende Romantik begünstige dabei besonders die Anknüpfung an die großen Mystiker des Mittelalters, die Übersetzung der ›Nachfolge Christi‹ von Thomas von Kempen durch Sailer wurde eines der erfolgreichsten Bücher dieser Epoche.

Die wichtigste Voraussetzung war jedoch die Wiederherstellung einer geordneten Seelsorge. Seit der Zerschlagung der Reichskirche 1802 war bereits eine ganze Reihe von Bischöfen gestorben, kein neuer konnte gewählt werden, da die rechtlichen Bedingungen völlig ungeklärt waren. Nicht viel anders stand es mit den Pfarreien, die ja auch ohne Bischof nicht besetzt werden konnten. Schon Montgelas, der ja keineswegs ein Feind der Kirche, gar der Religion war, sondern dem es nur um ihre Einordnung in den Staat ging, hatte die Entwicklung mit Besorgnis betrachtet und noch vor 1806 die ersten Versuche gemacht, in Zusammenarbeit mit dem päpstlichen Nuntius zu einer Neuregelung zu kommen, doch waren die beiderseitigen Vorstellungen schwer in Übereinstimmung zu bringen, auch verhinderten die sich überstürzenden Ereignisse den ruhigen Fortgang der Verhandlungen. Nach dem Wiener Kongreß wurden sie wiederaufgenommen, doch erst nach dem Sturz Montgelas' im Februar 1817 kam es zum Abschluß.

Den Maßstab setzte das Konkordat mit Napoleon 1802. Vergeblich hatte Dalberg versucht, ein ähnliches Abkommen zwischen Rom und dem Alten Reich herbeizuführen, in Rom traute man weder Dalberg noch der Stabilität des Reiches, man setzte lieber auf die Einzelstaaten, auch unter dem Motto 'divide et impera'. Die Kirche strebte bei den Verhandlungen, die in Rom durch den bayerischen Residenten, den Bischof Häffelin, zum Abschluß gebracht wurden, die Rückkehr zu den alten Verhältnissen an; doch die katholische Konfession wieder in den Rang der allein privilegierten zu erheben, war nach 1803 nicht mehr möglich, der darauf abzielende Einleitungssatz mußte unwirksam bleiben. Unmöglich war auch die Rückkehr zur relativen kirchlichen Freiheit vor der Aufklärungsgesetzgebung. Im Gegenteil, die Kirche wurde jetzt erst richtig zur Staatsanstalt. Der im Konkordat eingegangenen Verpflichtung des Staates zum Unterhalt der Kirche, als Gegenleistung für den eingezogenen Kirchenbesitz, entsprachen das auch Napoleon zugestandene königliche Ernennungsrecht für Bischöfe, einen großen Teil der Domherren und der Mehrzahl der Pfarrer und ein verstärktes staatliches Aufsichtsrecht über das noch verbliebene kirchliche Vermögen. Auf die staatliche Lenkung der Klerusbildung dagegen wurde verzichtet, ebenso auf die einengenden Bestimmungen des Amortisationsgesetzes, auch die kirchlichen Gerichte erhielten in ihrem eigenen Rechtsbereich wieder größere Freiheit. Der Verbesserung der Seelsorgsbedingungen sollte auch das staatliche Versprechen einer Neugründung einer begrenzten Zahl von Klöstern zugute kommen. Besonders wichtig für das Selbstverständnis des Königreichs war die Neuregelung der kirchlichen Grenzen. Die bayerischen Diözesen blieben mit ihren Amtssprengeln innerhalb der Landesgrenzen und wurden in zwei Kirchenprovinzen eingeteilt, mit München-Freising und Bamberg als Metropolitankirchen. Die Bildung nur einer Kirchenprovinz lehnte Rom ab, um nicht Tendenzen für eine Nationalkirche Vorschub zu leisten.

Ungeachtet einiger noch offener Fragen, die sowohl die von München beanspruchte königliche Prärogative wie das Verhältnis zur protestantischen Kirche in Bayern betrafen, unterzeichnete Häffelin am 5. Juli 1817 und wurde daraufhin Kardinal, die neue bayerische Regierung jedoch erließ ein Jahr später ein neues Religionsedikt, die modifizierte Wiederauflage des Edikts von 1809, das durch das Konkordat hinfällig geworden war. Damit erneuerte die Regierung, vor allem durch die Wiedereinführung des königlichen Plazet für kirchliche Verlautbarungen, ihren Anspruch auf umfassende Staatsaufsicht über die Kirche, gab aber jetzt, angesichts des Widerspruchs zwischen Konkordat und Religionsedikt, Anlaß zu Streitigkeiten, die ein volles Jahrhundert nicht abreißen sollten. Die gleichzeitige Verkündigung eines ›Edikts über die inneren kirchlichen Angelegenheiten der protestantischen Gesamt-Gemeinde‹ dagegen entließ die vereinigten lutherischen und reformierten Kirchen aus dem Summepiskopat des Königs – der ja katholisch war – und unterstellte sie einem Oberkonsistorium; die staatliche Aufsicht war damit freilich nicht beseitigt, im Gegenteil, durch seine Unterordnung unter das Innenministerium erschien das Oberkonsistorium geradezu selbst wie eine Staatsanstalt.

Diese Stärkung der Staatsgewalt bis nahezu zur Staatsomnipotenz stellte aber doch nicht den Abschluß des Neubaus des bayerischen Staates dar, das wäre des Jahrhunderts unwürdig gewesen. Waren schon in der Konstitution von 1808 wesentliche Forderungen der Zeit verwirklicht worden, so sollte die Verfassung von 1818 mit der vollen Mitverantwortung der Staatsbürger und der allgemeinen Garantie der freiheitlichen Grundrechte, Freiheit der Person und des Eigentums, Gewissensfreiheit, Pressefreiheit, Gleichheit aller vor dem Recht, die Krönung darstellen. Montgelas hatte zwar eine Nationalrepräsentation in Aussicht gestellt, die Verwirklichung aber immer wieder hinausgeschoben, obgleich 1814 bereits Ludwig XVIII. von Frankreich eine Verfassung gegeben hatte und die Bundesakte 1815 für die deutschen Staaten „Landständische Verfassungen" vorgesehen hatte. Vergebens hatte sich der Kronprinz noch 1814 dafür eingesetzt, erst mit dem Sturz Montgelas', der 1817 im Zusammenwirken des Kronprinzen mit Feldmarschall Wrede und Zentner, dem engsten Mitarbeiter Montgelas', erfolgte, war die Verwirklichung möglich. Wie die französische Charte von 1814 wurde sie erlassen in königlicher Machtvollkommenheit, nicht als Vertrag zwischen König und Untertanen wie die württembergische

Verfassung, und nach wie vor blieb der König alleiniger Inhaber der gesamten staatlichen Gewalt, wenngleich nicht mehr als Patrimonialherr, sondern selbst als Organ des Staates, „sein erster Diener", wie Friedrich II. einst gesagt hatte. Praktisch wurde aber doch die Gewaltenteilung eingeführt. Die gesetzgebende Gewalt wurde zwei Kammern übertragen, der Kammer der Reichsräte und der Kammer der Abgeordneten; wie bisher schon die Landstände, sollten sie außerdem das Recht der Steuerbewilligung haben und Stellung nehmen dürfen zur Festlegung der Staatsausgaben. Nicht zugestanden wurde ihnen das Recht, sich selbst zu versammeln, die Gesetzesinitiative war eingeengt auf ein bloßes Petitionsrecht, untersagt war den Ständen jeder Antrag auf Änderung der Verfassung. Die Zusammensetzung der beiden Kammern war ebenfalls weit davon entfernt, dem vollen Ideal einer Repräsentation des gesamten Volkes zu entsprechen. Die Kammer der Reichsräte sollte, ähnlich wie das englische Oberhaus oder die Kammer der Pairs zu Paris, eine Versammlung des hohen Adels darstellen; es war beabsichtigt, dadurch die Standesherren, die mediatisierten, ehemals reichsfreien Fürsten und Grafen, in den neuen Staat einzugliedern. Gleichzeitig erwartete man von ihr ein mäßigendes Gegengewicht gegenüber der Zweiten Kammer, das sollte vor allem dadurch erreicht werden, daß sie zur Hauptsache Parteigänger der Krone umfaßte: die Prinzen des königlichen Hauses, die obersten Kronbeamten, die beiden vom König ernannten Erzbischöfe, ferner Personen, die der König ausdrücklich in die Erste Kammer berief. Die Zweite Kammer unterlag ausschließlich dem Wahlprinzip, insofern stellte sie eine echte Repräsentation dar. Ihre Zusammensetzung war jedoch noch sehr stark von den Reminiszenzen an die alte ‘Landschaft’ bestimmt. Sie bestand zu einem Achtel aus adeligen Gutsbesitzern mit gutsherrlicher Gerichtsbarkeit, zu einem weiteren Achtel aus Geistlichen beider Konfessionen, zu einem Viertel aus Vertretern der Städte und Märkte, zur Hälfte aus Landeigentümern ohne grundherrliche Gerichtsbarkeit. Das aktive wie das passive Wahlrecht war an einen Zensus gebunden, der jedoch nicht annähernd so hoch war wie für die französische Kammer – für das aktive Wahlrecht war ein Steuersimplum von drei Gulden, für das passive ein solches von zehn Gulden maßgebend, das setzte ein Vermögen von 2500 bzw. 8000 Gulden voraus. Wahlberechtigt waren damit zwar auch bäuerliche Grundholden, wählbar war aber von ihnen doch nur ein Prozentsatz von 0,24, während es bei den Bürgern der Städte und Märkte immerhin 0,72 % waren. So waren zwar alle Stände vertreten, aber doch in sehr ungleichem Maße; auf einen gutsherrlichen, also adeligen Abgeordneten entfielen 67 Familien, auf einen städtischen 4101, auf einen bäuerlichen 12238.

Entscheidend war aber doch, daß diese Schicht jetzt überhaupt selbst vertreten war, nicht nur, wie vor 1800, durch ihre Herren. Gleichmäßig vertreten waren in der Ausübung der gesetzgebenden Gewalt und mit dem Recht der Steuerbewilligung jetzt auch jene Provinzen, die vor 1800 solche Körperschaften überhaupt nicht gekannt hatten, und das war der Großteil der Neuerwerbungen; es ist keine Frage, daß es gerade der Erlaß der Verfassung von 1818 war – wie das Wrede auch vorhergesagt hatte und die großen Verfassungsfeiern von 1832 gerade in Franken und in der Pfalz zeigten –, der das Zusammenwachsen der neuen Landesteile mit den alten am vorzüglichsten beförderte und für die Ausbildung eines einheitlichen Staatsbewußtseins im neuen Bayern den wirkungsvollsten Beitrag darstellte.

VERFASSUNGSENTWICKLUNG UND KULTURPOLITIK UNTER LUDWIG I. UND MAXIMILIAN II.
(1825–1864)

Die Verfassung von 1818, auch wenn sie keine prinzipielle Gewaltenteilung gebracht hatte, veränderte doch die grundsätzliche Stellung des Fürsten zum Staatsganzen entscheidend. Ludwig I. freilich, der 1825 auf seinen Vater folgte, deutete das in der Verfassung verankerte monarchische Prinzip noch ganz im Sinne des Gottesgnadentums, ungeachtet seines eigenen Anteils am Zustandekommen der Verfassung. Die Diskrepanz zwischen dem Anspruch, den die Vertreter des Volkes aus der Verfassung herauslasen, und den Zugeständnissen, die ihnen der König einräumte, führte unter Ludwig I. zu einem unablässigen Ringen um die Interpretation wie die Weiterbildung der Verfassung. Dieses Ringen überlagerte alle anderen Züge der Regierungszeit des Königs; insgesamt ist das Ergebnis der 23jährigen Epoche Ludwigs I. bedeutsam vor allem durch den Übergang zu einer zweiten Stufe des Verfassungsstaates, die mit den Reformgesetzen von 1848 erreicht wird, mit ihren letzten Ausläufern 1862. Daß Ludwig I. dabei selbst ein Opfer der Entwicklung wurde, sosehr er alle anderen deutschen Fürsten seiner Zeit überragte, ist in einer Hinsicht doch auch gerecht; er hat, gemessen selbst an seinem eigenen Verfassungsverständnis von 1825, gegenüber der großen Aufgabe tatsächlich versagt, sein Volk durch schrittweise Weiterbildung der Verfassung zu befähigen, an den Staatsaufgaben in freier Mitverantwortung mitzuwirken und so die Sache der Allgemeinheit zu der jedes Staatsbürgers zu machen.

Er regierte nicht nur ohne leitenden Minister, sondern nicht selten gegen, oft ohne die Minister; die Selbstregierung des Monarchen, wie Ludwig I. sie übte, war in dieser Grundsätzlichkeit wie in diesem Umfang selbst zur Blütezeit des Absolutismus ungewöhnlich. Seine Auffassung von den Rechten des Monarchen war gefährlich überspitzt, in einer Formulierung von 1847 drückte er sie einmal folgendermaßen aus: „Der König befiehlt, die Minister gehorchen." Schon in der Bezeichnung des Königs als Organ des Staates erblickte er eine Verletzung dieses Prinzips, das Wort 'Staatsregierung' oder 'Staatsoberhaupt' konnte er nicht hören. Dabei war bereits 1808 den Ministern ein Geschäftsbereich und damit ein Feld eigener Verantwortung zugewiesen, durch die Gegenzeichnung königlicher Verordnungen durch den jeweiligen Ressortminister war diese Verantwortung auch ausdrücklich festgestellt.

In Wirklichkeit fällte der König, unterstützt durch seine zwei Kabinettssekretäre, nach umfassendem Studium der Akten nicht selten seine Entscheidung ohne Beiziehung der Minister, auch verkehrte der König, der schwerhörig war, mit den Ministern in der Regel schriftlich, nahm ihre Anträge entgegen und verbeschied sie durch Signate. Diese Form der Regierung aus dem Kabinett war im Grunde mit dem konstitutionellen System nicht vereinbar; der König begab sich dadurch selbst auf die Ebene ministerieller Verantwortlichkeit und unterstellte sich damit selbst der Kontrolle durch den Landtag, gab also den verfassungsmäßigen Selbstschutz des Monarchen preis, wie Michael Doeberl feststellt. Die heftigen Verfassungskämpfe in den Jahren bis 1848 richteten sich deshalb auch meist direkt gegen den König, allerdings waren auch die großen Leistungen seiner Regierungszeit ganz allein sein Werk.

Die Bedeutung Ludwigs I., der in vieler Hinsicht ein wahrhaft großer König war, wird bestimmt durch sein Wirken als der wohl größte Mäzen seiner Zeit, durch seinen Anteil an der religiösen Erneuerung Bayerns, durch die in erster Linie ihm zu dankende Bildung des Deutschen Zollvereins, aber auch durch andere handels- und wirtschaftspolitische Initiativen, nicht zuletzt auch durch seine glänzendste staatspolitische Leistung, die Sanierung der bayerischen Staatsfinanzen, die seit 200 Jahren nie gemeistert worden war.

Das gelang ihm, obwohl er gleichzeitig die Bautätigkeit aller seiner Vorgänger weit in den Schatten stellte. Schon als Kronprinz wandte er alle seine Ersparnisse an den Ankauf von Kunstwerken, besonders von Antiken, die ihm seine Agenten in Italien vermittelten. Als König war er entschlossen, München schlechterdings zum

Zentrum europäischer Kunstpflege zu machen. Dabei dachte er nicht nur an den eigenen Ruhm, sondern betrachtete Kunst in erster Linie als Erzieherin des Volkes. Daher baute er Museen, die Alte wie die Neue Pinakothek, die Glyptothek, die heutige staatliche Antikensammlung, und öffnete sie dem Volke, er baute Nationaldenkmäler, die Walhalla, die Ruhmeshalle, die Befreiungshalle, das Siegestor, die Feldherrnhalle, zur Ehrung der großen Deutschen, der großen Bayern und zur Erinnerung an nationale Großtaten.

Die Finanzierung seiner Bauten, soweit sie nicht von Staats wegen erfolgte, was immer auf große Schwierigkeiten im Landtag stieß, zehrte nahezu 40 Jahre hindurch fast die gesamten Einkünfte der Zivilliste, d. h. das private Einkommen des Königs, auf. Dabei blieb er stets im Rahmen seiner Möglichkeiten, obwohl etwa die Walhalla 2,5, die Befreiungshalle 2, der Königsbau der Residenz ebenfalls 2, der Festsaalbau gar 3 Millionen Gulden kosteten, die Glyptothek 1,5 Millionen. Es kommen noch viele Bauten dazu, der Königsplatz, das Benediktinerkloster St. Bonifaz zu München, Zuschüsse zur Fertigstellung der Dome zu Speyer, Bamberg, Regensburg und Köln, mit dem die Wittelsbacher ebenfalls länger als zwei Jahrhunderte verbunden waren. Die Baumeister und Künstler, die der König im Rahmen dieses Programmes förderte, die Architekten Leo v. Klenze, Friedrich v. Gärtner, Karl v. Fischer, Georg Friedrich Ziebland, die Münchner Bildhauer, ein Roman Anton Boos oder Ludwig Schwanthaler, die Maler Peter Cornelius, Wilhelm v. Kaulbach oder Julius Schnorr v. Carolsfeld gehören zu den großen Namen der Münchner Kunst dieser Jahre.

Ludwig I. war auch bedeutend als Kunstsammler, die Alte wie die Neue Pinakothek danken ihm zahlreiche wertvolle Gemälde, die Glyptothek mit ihren Antiken ist ganz seine Schöpfung. Er hat auch die große musikalische Tradition der Wittelsbacher weitergepflegt. Verständnis hatte er auch, weit mehr als sein Vater, für die Entwicklung der Wissenschaft. Ausgesprochene Neuerungen im Bereich von Schule und Wissenschaft sind unter Ludwig I. weniger zu verzeichnen als konsequente Weiterführung der Ansätze des 18. Jahrhunderts oder der Kulturpolitik unter Montgelas. So wird die allgemeine Volksschulpflicht, die 1771 verordnet, 1802 noch einmal eingeschärft worden war, jetzt wirklich durchgesetzt, und in der höheren Schule kam es unter dem Einfluß des Philologen Thiersch zum vollen Sieg des Neuhumanismus, der in ersten Ansätzen bereits 1808, durch Niethammer, eingeführt worden war. Einschneidend und für die Entwicklung der Wissenschaft in Bayern von epochemachender Bedeutung war dann vor allem die schon 1826 verfügte Verlegung der Universität nach München und ihre enge Verbindung mit der Akademie der Wissenschaften. Auch die Besetzung der Lehrstühle, nicht selten mit hervorragenden Gelehrten wie Schelling, Döllinger, Möhler, Martius oder Thiersch, erfolgte ausnahmslos auf Initiative des Königs selbst.

Ganz sein Werk ist schließlich auch die Wiedererrichtung ehemaliger und die Neuerrichtung zahlreicher neuer Klöster in Bayern. Ein König, der wie Ludwig I. gerade aus der Tradition seine wichtigsten Antriebe empfing, mußte von dem Bruch von 1803 tief berührt werden. Er hat das auch wiederholt geäußert. Der Lieblingsorden des Königs war der Benediktinerorden, ihn förderte er besonders. Das erste Kloster, das er gründete, war Metten; Metten mit seinem heute noch blühenden Gymnasium zeigt bereits, worum es dem König ging, nicht um eine Erneuerung der alten benediktinischen Gelehrsamkeit, sondern um ein Kloster, das eine Erziehungsaufgabe im Programm der höheren Schulentwicklung übernehmen würde. Auch St. Stephan in Augsburg, Scheyern und Schäftlarn hatten eine höhere Schule zu versehen, ein großer Teil der neu gegründeten Frauenklöster diente ebenfalls pädagogischen Aufgaben, vor allem der arg darniederliegenden höheren Mädchenschulbildung. Andere Frauenklöster wieder wurden errichtet zur Krankenpflege; besonders die Barmherzigen Schwestern mit ihrem Münchner Mutterhaus, von dem aus noch unter Ludwig I. 23 Filialen in ganz Bayern gegründet wurden, haben ihren ausgezeichneten Ruf bis heute bewahrt. Der außerordentlichen Seelsorge dann dienten die neugegründeten Klöster der Franziskaner und Karmeliten. Bereits 1831 waren 43 klösterliche Niederlassungen der verschiedensten Art neu gegründet oder wiederbelebt, größtenteils auf Initiative des Königs oder seines Ministers Schenk hin, größtenteils auch finanziert oder unterstützt vom König, so daß Doeberl mit Recht sagen kann, daß kein bayerischer Fürst seit den Agilolfingern so viele Klöster gegründet hat wie dieser sparsame Ludwig I.

Die staatsmännische Bedeutung eines Regenten wird im allgemeinen aber nicht nach seinem Rang als Mäzen bewertet. Da im Rahmen des Deutschen Bundes die außenpolitische Bewegungsfreiheit für die Mittelstaaten außerordentlich beengt war, auf jenem Gebiet also, in dem gemeinhin das Bewährungsfeld für historische Größe gesehen wird, wiegen die wenigen großen Aktivitäten, die von Ludwig I. in der Außenpolitik und in der Deutschlandpolitik ausgingen, um so schwerer. Bezeichnenderweise ergriff Ludwig I., dem Machtgier als Antrieb zu politischem Handeln völlig fremd war, außenpolitisch die Initiative nur in einem politischen Bereich, der den üblichen rationalen Interessen weit entrückt war, in der Griechischen Frage. Schon als Kronprinz hatte er versucht, finanzielle Unterstützung für den Unabhängigkeitskampf Griechenlands zu organisieren, Friedrich Thiersch warb in einer Reihe von begeisterten Zeitungsartikeln für das Ringen der Griechen um ihre Freiheit, München war das Zentrum des Philhellenismus in Deutschland. Als König unterstützte Ludwig I. die griechische Bewegung durch reiche Geldzuwendungen und beurlaubte Offiziere zur Teilnahme an den Kämpfen mit den Türken, schließlich ließ er Thiersch freie Hand, als dieser versuchte, in Athen die Wahl seines zweiten Sohnes zum griechischen König zu erreichen. 1832 wurde tatsächlich Ludwigs Sohn Otto von der griechischen Nationalversammlung zum König von Griechenland gewählt, im Londoner Vertrag erkannten England, Rußland und Frankreich das wittelsbachische Königtum in Griechenland an. Bayern hatte dafür allerdings auch lange Jahre hindurch erhebliche Lasten zu übernehmen, sowohl um den Schutz der griechischen Unabhängigkeit zu gewährleisten als auch für die wirtschaftliche und staatliche Entwicklung des Landes. Heute werden die bayerischen Verdienste auf diesem Gebiet in jeder Hinsicht anerkannt, auch wenn König Otto 1862 den Thron wieder räumen mußte, weil es ihm nicht gelungen war, die inneren Gegensätze auszugleichen oder sich den Interessen der Großmächte gegenüber zu behaupten.

Ludwig I. war gleichzeitig auch einer der Urheber der wichtigsten realpolitischen Entscheidung in der Frühzeit des Deutschen Bundes, er gehört zu den Vätern des Deutschen Zollvereins. Handespolitische Initiativen waren auch sonst seiner Regierungszeit nicht fremd. Unter Ludwig I. kam es zur Gründung von Industrie- und Handelskammern, 1834 wurde der Bau des Ludwig-Donau-Main-Kanals beschlossen, polytechnische Schulen zu Nürnberg, Augsburg und München wurden errichtet, gefördert wurden auch Industrieausstellungen, besonderer Nachdruck wurde auf die Sorge für das Gedeihen der Landwirtschaft gelegt. Für eine allgemeine Wirtschaftsblüte fehlten als unumgängliche Voraussetzung aber immer noch die Erschließung weiträumiger Märkte und die Möglichkeit unbehinderter Güterbewegung, das heißt die Existenz eines großräumigen Wirtschaftskörpers. Unter dem Einfluß der Gedankengänge des Nationalökonomen Friedrich List, aber auch in der Absicht, dadurch zu einem engeren Zusammenschluß der deutschen Staaten beizutragen, nahm Ludwig I. noch 1825 ältere Pläne wieder auf und schloß 1828 einen Zollverein mit Württemberg, der den Fortfall der Zollmauern zwischen beiden Ländern brachte und beispielgebend für die Reihe der Verträge wurde, die jetzt auch in Mittel- und Norddeutschland folgten. Gegen den Widerstand Frankreichs und Österreichs gelang es dem bayerischen Außen- und Finanzminister Graf Armansperg, auch zum Zusammenwirken mit Preußen zu kommen, das bedeutete die Geburt des Deutschen Zollvereins, dessen Satzung am 1. Januar 1834 in Kraft trat.

Von allen seinen staatsmännischen Leistungen hat Ludwig I. selbst die finanzielle Sanierung Bayerns am höchsten eingeschätzt. Schon in seiner Kronprinzenzeit bereitete er sich systematisch auf diese Aufgabe durch das Studium der Volks- und Staatswirtschaft vor, mit seltener Konsequenz setzte er dann die Pläne, die er als Kronprinz entwickelt hatte, nach seinem Regierungsantritt in die Tat um. Er erreichte tatsächlich, daß erstmals seit 150 Jahren der bayerische Staatshaushalt wieder ins Gleichgewicht kam und daß die Schulden, die, bei einem jährlichen Staatseinkommen von ca. 35 Millionen Gulden, bereits die Höhe von 110 Millionen erreicht hatten, nach und nach getilgt wurden. Das Mittel, das zu diesem Ergebnis führte, war die rigorose Einschränkung der Ausgaben, für die eine dreifache Kontrolle sorgte, bis zum Obersten Rechnungshof; die Verordnung dafür erließ Ludwig I. selbst, die wirksamste Kontrolle war sein eigenes, unablässiges Studium der Akten. Daß am meisten an den Ausgaben für die Armee gespart wurde, hing zusammen mit den dabei gebotenen Einsparungsmöglichkeiten, aber auch mit dem Vertrauen, das Ludwig I. in die Stabilität des Deutschen Bundes setzte. Auch im Zivildienst zog der König alle ihm überflüssig erscheinenden Stellen ein, wobei er zum Teil mit außerordentlicher Härte vorging; die Ernennung aller Staatsbeamten bis zum Mesner der Dompfarreien behielt er sich selbst vor.

Es wäre auch denkbar gewesen, die Einnahmen und Ausgaben durch drastische Steuererhöhungen ins Gleichgewicht zu bringen, doch dieses Mittel lehnte Ludwig I. ab, sowohl aus Achtung vor den Eigentumsrechten seiner Untertanen wie aus begründeter Abneigung dagegen, von der Volksvertretung allzu abhängig zu werden. Je länger er nämlich regierte, desto gespannter wurde sein Verhältnis zur Zweiten Kammer, für deren Rechte er einst, als Kronprinz, mit allem Nachdruck eingetreten war. Aber wenn auch, bis zum unrühmlichen Ende von 1848, im Verhältnis des Königs zur Volksvertretung die Zeichen meist auf Sturm standen, so sollte man doch die positiven Züge der Verfassungsentwicklung von 1825 bis 1848 nicht unterschätzen, auf keinen Fall ignorieren. Die Verfassungsentwicklung zur Zeit Ludwigs I. vollzog sich in drei Phasen; wie die Einschnitte zeigen, die immer mit großen europäischen Wendemarken zusammenfallen, vollzog sie sich dabei weithin unabhängig von Plan und Absicht des Königs.

Wie sehr er in all diesen Jahren eigentlich nur getrieben wurde, war wohl weder ihm noch seinen zeitgenössischen Kritikern bewußt. Zu lenken versuchte er die Entwicklung nur zu Beginn seiner Regierungszeit, in seiner sogenannten 'liberalen' Phase, als er selbst bestrebt war, die Verfassung im Sinn der freiheitlichen Mitbestimmung der Staatsbürger weiterzuentwickeln. So versuchte der König, auf seinem ersten Landtag 1827/28 ein Reformprogramm von 25 Gesetzesvorlagen durchzusetzen, darunter solche, welche die Öffentlichkeit und Mündlichkeit der Rechtspflege, die Vereinfachung der Verwaltung und Justiz, die Neuregelung der Zollverhältnisse und die

Ablösung der bäuerlichen Lasten und Grundabgaben betrafen, schließlich plante der König die Übertragung der in der Pfalz aus der Zeit vor 1815 noch vorhandenen Landräte auf ganz Bayern. Das war der Versuch, auch auf der Ebene der Kreise, der heutigen Regierungsbezirke, den Vertretungsgedanken einzuführen und damit das bürgerliche Interesse am Staat zu vertiefen. Entschiedene Opposition gegen diese Vorlagen ging von der Ersten Kammer, den Reichsräten, aus, die für ihre eigene Rechtsstellung fürchteten, doch auf Widerstand stieß der König auch in der Zweiten Kammer, wo eine radikale Gruppierung die Vorlagen viel zu gemäßigt fand. So brachte dieser Landtag für den reformfreudigen König die erste Ernüchterung, doch hielt er noch grundsätzlich an seiner Generallinie fest. Die wichtigsten Anstöße zur Änderung seiner Haltung gingen von der Pariser Julirevolution von 1830 aus und von dem Echo, das sie und die polnischen Ereignisse in Deutschland fanden. So überschätzte der König die Münchner Studentenkrawalle um Weihnachten 1830 so sehr, daß er die Universität schloß und die auswärtigen Studenten ausweisen ließ. In seiner Furcht vor der drohenden Revolution erließ er ferner am 28. Januar 1831 eine Verordnung, welche die Tagespresse, die sich mit der inneren Politik beschäftigte, wieder unter Zensur stellte; an dieser Verordnung entzündete sich der erste schwere Konflikt mit der Volksvertretung. Er endete auf dem Landtag von 1831 nur deshalb nicht mit einer vollständigen Niederlage, weil die Kammermehrheit, nachdem der König die Verordnung zurückgenommen und den damit belasteten Innenminister Schenk geopfert hatte, in doktrinärer Engstirnigkeit jeden Kompromiß mit der Regierung ablehnte, vor allem auf die volle Ministerverantwortlichkeit hinarbeitete und zudem durch die Ablehnung des Haushaltes die gemäßigten Liberalen wie die Konservativen gleichermaßen verärgerte. Der König entließ jetzt die Minister Armansperg und Zentner, die den bisherigen Kurs mit ihm getragen hatten, ein Umschwung der öffentlichen Meinung setzte ein, der die Radikalen in der Kammer um ihre Mehrheit brachte und Rudhardt, dem Sprecher der Gemäßigten, einen Kompromißvorschlag erlaubte, der wenigstens die Annahme des Finanzgesetzes ermöglichte, das einzige positive Ergebnis dieses turbulenten Landtages.

Der neue Innenminister, Fürst Ludwig von Oettingen-Wallerstein, war zwar ein Mann des Ausgleiches, aber unter dem Druck der Ereignisse, dem Hambacher Fest und der Verfassungsfeier auf dem Sonnenberg bei Gaibach 1832 mit ihren so bedrohlich klingenden Reden, dem Sturm auf die Frankfurter Hauptwache 1833, war auch er gezwungen, auf den verschärften Kurs einzuschwenken, den Metternich für das ganze Bundesgebiet durchsetzte und dem der König jetzt, anders als 1819, uneingeschränkt zustimmte. Ludwig I. fühlte sich in seiner Forderung nach strengem Durchgreifen nur bestätigt, als der Landtag von 1834/35 mit einem vollen Sieg für den König endete, nämlich mit der Verabschiedung der permanenten Zivilliste, die das Einkommen des Königs in Zukunft den bisherigen gehässigen Angriffen entzog. Allerdings lebte bereits 1837 die Gegnerschaft zwischen Landtag und Regierung wieder auf, es ging jetzt um den grundsätzlichen Einfluß der Volksvertretung auf das Budget. Die Abgeordneten verlangten, daß die Einsparungen, welche die Regierung an bereits bewilligten Ausgaben vorgenommen hatte, erneut in den Haushalt eingebracht, also noch einmal zur Bewilligung vorgelegt würden, während der König jede Bindung der sogenannten 'Erübrigungen' ablehnte. Der König mußte wenigstens in diesem Punkt nachgeben, seinen Innenminister Oettingen-Wallerstein jedoch, der für die Forderung der Kammer eingetreten war, entließ er. Mit seiner Entlassung endete nicht – wie man gesagt hat – eine zweite liberale Ära in der Regierungszeit Ludwigs I., aber es begann jetzt doch ein nahezu kompromißloser halbabsolutistischer Regierungsstil, der auch nicht mehr nach außen hin verdeckt war.

Trotz der Virtuosität jedoch, mit welcher der neue Innenminister Karl v. Abel alle Machtmittel des Staates zu handhaben wußte, ist es nicht angebracht, von einem 'System Abel' zu sprechen. Auch die entscheidenden Konfliktpunkte in der zehnjährigen Regierungszeit Abels gingen ausnahmslos auf den König selbst zurück, die sogenannte Kniebeugungsaffäre, der Klosterstreit oder die sonstigen Beschwerden konfessionspolitischer Art. Seit dem Kölner Kirchenstreit gefiel sich der König geradezu als Schutzherr der deutschen Katholiken, doch sein prononciertes Eintreten für seine Konfession, unter anderem durch sein Verbot des Gustav-Adolf-Vereins für

Bayern, führte zu einer Verbindung der königstreuen protestantischen Konservativen mit der liberalen Opposition; die daraus erwachsenen Schwierigkeiten mit dem Landtag hielten bis 1847, bis zum Abgang Abels an. Ein wichtiges Ergebnis des Ringens dieser Jahre war das sogenannte Verfassungsverständnis von 1843, wobei der König auf den Kompromißvorschlag des Freiherrn v. Rotenhan einging, der die 'Erübrigungen' in den neuen Haushalt einbrachte, ihre Verwendung aber an die Übereinkunft von Regierung und Landtag binden wollte. Die konfessionellen Streitpunkte wieder wurden dadurch gemildert, daß der König 1846 die kirchlichen und schulischen Angelegenheiten dem Innenminister entzog und ein eigenes Kultusministerium bildete. Ohne daß es zum völligen Austrag der Differenzen zwischen Regierung und Landtag gekommen wäre, brach dann im Februar 1847 eine persönliche Katastrophe über den König herein, der er nicht mehr zu steuern wußte.

Die Märzereignisse in München 1848 hätten sicherlich jene scharfe Wende, die dann tatsächlich eintrat, nicht bewirkt, hätten nicht die unablässigen Demütigungen, die der König selbst verschuldet hatte, seit Frühjahr 1847 das königliche Selbstgefühl völlig erschüttert. Daß die Öffentlichkeit erstmals Anteil an einer Liebesaffäre des Königs nahm, hing nicht mit den gewandelten Verhältnissen zusammen, sondern war unvermeidlich geworden, als Ludwig I. die Absicht bekanntmachte, der Tänzerin, die im Oktober 1846 in München erschien und im Sturm das Herz des Königs gewann, auch Zugang zum Hof und in die adelige Gesellschaft zu verschaffen. Die Erhebung der Lola Montez zur Gräfin v. Landsfeld war aber, da der Staatsrat und der zuständige Innenminister Abel ihre Mitwirkung verweigerten, nur möglich geworden durch einen Regierungswechsel, der zugleich ein Systemwechsel war. Das konservative und klerikale Bayern, bisher die Stütze des Königtums, wurde damit in die Opposition gedrängt, und als durch die Eskapaden der Tänzerin der Unmut in der Münchener Bürgerschaft, durch ihre Parteigänger unter den Studenten die Unruhe an der Universität sich mehr und mehr steigerten, bis zu regelrechten Krawallen, stand der König mit seinen Gegenmaßnahmen allein. Er verstieg sich dabei bis zur Schließung der Universität am 9. Februar 1848, das führte zu einem Auflauf von Studenten und Bürgerschaft, schließlich zur Bewaffnung der Landwehr und zur Auftürmung von Barrikaden, der Bürgerkrieg schien unmittelbar bevorzustehen. Dem König blieb nichts übrig, wollte er Blutvergießen vermeiden, als die Schließung der Universität zurückzunehmen und, am 11. Februar, Lola Montez zur Abreise von München zu veranlassen. Diese erste schwere Demütigung hat der König nie mehr verwunden. Als dann die Februarereignisse in Paris, die Absetzung des Bürgerkönigs Louis Philippe auch in München ihr Echo fanden, wie in Wien, Berlin oder Dresden, war der Widerstandswille des Königs bereits empfindlich geschwächt. Er gab nach, als ihm die Bürgerschaft am 3. März ihre Adresse mit den 'Märzforderungen' übergab und die sofortige Einberufung des Landtags verlangte, er trat dem Sturm auf das Zeughaus mit anschließender Volksbewaffnung nicht entgegen, und er akzeptierte die von Oettingen-Wallerstein, seit 1847 wieder Innenminister, jetzt unter liberalem Vorzeichen, entworfene Proklamation vom 6. März mit der Gewährung der Märzforderungen: Ministerverantwortlichkeit, Pressefreiheit mit Wegfall der Vorzensur, Öffentlichkeit und Mündlichkeit der Rechtsprechung, Vereidigung des Heeres auf die Verfassung. Bereits damals fühlte er sich, obgleich er nach der Entlassung Abels die vom neuen Ministerium ins Auge gefaßten Reformen bereits gebilligt hatte, durch die stufenweise erzwungene Kapitulation „entehrt", wie er zu seiner Gemahlin einmal bemerkte. Als dann Mitte März neue Unruhen ausbrachen, dankte er am 19. März zugunsten seines Sohnes ab, den Befürchtungen seiner Umgebung Rechnung tragend, die für den Bestand der Dynastie geäußert wurden, sicher aber auch, weil er nach der „Versündigung am Königtum", wie Spindler sagt, nicht mehr die innere Sicherheit aufgebracht hätte, mit jener Kraft und Entschiedenheit zu regieren, die er bis in die jüngste Zeit noch bewiesen hatte.

Sein Nachfolger Maximilian II., der als Kronprinz vielfach in Opposition zu seinem Vater gestanden hatte, wie einst auch Ludwig I., der wie sein Vater in Göttingen studiert hatte und dort mit den freiheitlichen Ideen der Epoche bekannt geworden war, in Berlin dann mit der Auffassung Rankes vom sittlichen Beruf der Macht, hatte die Versprechungen einzulösen, die am 6. März gemacht worden waren. Schon in seiner Proklamation vom 21. März bekannte er sich dazu, und der von ihm noch im März einberufene Landtag verabschiedete in der Tat jene Reformgesetze, die erst dem Sinn der Verfassung von 1818 voll gerecht wurden. Ein neues Wahlgesetz gab jedem Staatsbürger, der eine noch so niedrige Steuer bezahlte, in Zukunft das Recht, durch Ausübung des Wahlrechts an der Willensbildung der Allgemeinheit mitzuwirken, das passive Wahlrecht war nur mehr eingeschränkt durch die Altersgrenze von 30 Jahren. Auf 50 000 Einwohner sollte ein Abgeordneter treffen. Jetzt war wirklich das Volk repräsentiert, nicht mehr – wie bisher immer noch zum größten Teil – ständische Gruppen. Die Kammer erhielt ferner die volle Gesetzesinitiative, die nur noch eingeengt war hinsichtlich verfassungsändernder Gesetze, welche die Stellung des Königs betrafen, auch wurde die Verantwortlichkeit der Minister gegenüber dem Landtag ausdrücklich festgelegt; da jedoch keine Konsequenzen bei fehlendem Vertrauen des Landtags vorgesehen waren, mußte dieses Gesetz über die Ministerverantwortlichkeit wirkungslos bleiben, es machte nur die Stellung der Minister, die jetzt zwischen Krone und Landtag standen, um vieles schwieriger.

Das Volks interessierte aber vor allem das Gesetz über die Aufhebung der patrimonialen Gerichtsbarkeit und die Ablösung der Feudallasten, die Beseitigung der letzten Reste der mittelalterlichen Herrschaftsordnung. Da die bisherigen Eigentumsverhältnisse – so wenig ihre historische Entstehung bekannt war – als rechtmäßig vorausgesetzt wurden, konnten die Abgaben an den Grundherrn nicht einfach entschädigungslos fortfallen, sie mußten abgelöst werden. Die Ablösungssumme konnte aber jetzt, anders als in der Konstitution von 1808, die das 25fache der Gesamtsumme der Abgaben als einmalige Zahlung vorsah, auch durch jährliche Zahlungen abgegolten werden, die in ihrer Höhe jenem Betrag entsprachen, welcher bei einer Verzinsung dieser Gesamtsumme zu 4 % entstanden wäre. Außerdem war die Ablösung für jedermann Pflicht. 1908 wurden auch die letzten Folgen aus diesem Gesetz aufgehoben. Damit waren endlich auch die Bauern aus der bisherigen Abhängigkeit entlassen und konnten sich wirklich als vollwertige Staatsbürger fühlen. Den Abschluß der Reformen bildeten Gesetze, die das Versamm-

lungs- und Vereinsrecht regelten, mit der Einberufung der Schwur-
gerichte die Öffentlichkeit und Mündlichkeit der Rechtspflege
brachten und schließlich, das Wichtigste aus dieser Reihe, die Zensur beseitigten; bis zum November war das Reformwerk abgeschlossen. Es führte Bayern, dessen war man sich in München auch
bewußt, an die Spitze der deutschen Verfassungsbewegung.

Trotzdem waren Königshaus und Untertanen durch eine größere
Kluft voneinander getrennt als je. Als Maximilian II. am 23. April
die von der Frankfurter Nationalversammlung am 28. März be-
schlossene kleindeutsche Reichsverfassung mit dem preußischen
Erbkaisertum ablehnte, kam es in Franken und Schwaben zu einem
wütenden Adressensturm mit Tausenden von Unterschriften, in
Nürnberg erwog man auf Massenversammlungen die Trennung von
Bayern, in der Pfalz rief eine starke Bewegung die Republik aus.
Einsatz von Truppen, in der Pfalz von preußischen Truppen, rigorose Strafmaßnahmen waren nötig, um die Ruhe wiederherzustellen; es zeigte sich, daß Neubayern noch keineswegs sicherer Bestandteil der wittelsbachischen Monarchie war.

Die Annahme der Reichsverfassung war dem König nicht möglich, weil sie ein Werk der Volksvertretung, nicht der Regierungen
war, auch widerstrebte ihm der Ausschluß Österreichs aus dem
neuen Reich, damit die Auslieferung an eine einzige Führungs-
macht, und wenn er in Franken und Schwaben durch die Ablehnung
Anstoß erregte, so hätte ihm das konservative Altbayern die Zustimmung nie verziehen. Auch in der Verfassungsfrage war der König geneigt, zum konservativen Kurs seines Vaters zurückzukehren,
doch dem leitenden Minister des Königs, Ludwig von der Pfordten,
der als fränkischer Protestant und ehemaliger Professor der Rechte
zu Würzburg, 1848 als sächsischer Minister liberalen Grundsätzen
nicht fernstand, gelang es, den König weitgehend auf der bisherigen
Linie zu halten, zu einem Kurs der Reaktion, wie man bisweilen lesen kann, ist es unter ihm nicht gekommen. Seine Stellung war allerdings sehr schwierig, da der König das Regieren aus dem Kabinett,
unter Beratung von Persönlichkeiten, die keine offizielle Verantwortung trugen, zu einem System ausbaute, das an Grundsätzlichkeit der Regierungsweise Ludwigs I. in nichts nachstand, während

jetzt die Verantwortlichkeit des Ministers vor dem Landtag weit stärker in der Verfassung verankert war als einst. An dieser doppelten Belastung ist von der Pfordten schließlich auch gescheitert, der zweimal den Landtag auflöste, um zu günstigen Mehrheitsverhältnissen zu kommen, aber schließlich 1859, nach jahrelangem Streit mit dem Parlament zumeist um bloße Verfahrensfragen oder gar allein um das höhere Prestige, um seine Entlassung einkommen mußte: dem König zu liberal, dem Landtag zu konservativ.

Das Scheitern seines Ministers machte den König allerdings jetzt bereit, dem Fortgang der Reform zuzustimmen, so daß der neue Minister, der konservative Freiherr v. Schrenck-Notzing, 1861 mit einem neuen Strafgesetzbuch und dem Gesetz über die Gerichtsverfassung, die endlich die Trennung von Justiz und Verwaltung auf allen Ebenen brachte, dazu größere Übersichtlichkeit im Instanzenzug, die Reformära abschließen konnte. Der König selbst war es dann, der einen neuen Zug in die Gesetzgebung brachte, indem er die soziale Fürsorge als Regierungsaufgabe erfaßte und für Krankenhäuser, billige Wohnungen für Arbeiter und für Möglichkeiten zur Arbeitsbeschaffung sorgte. Der weitere Ausbau dieser Sozialgesetzgebung, mit der die Krone die entscheidende Aufgabe einer zukünftigen Gesellschaftsordnung aufgegriffen hatte, unterblieb, weil die liberalen Abgeordneten dafür kein Verständnis besaßen, wie sie auch weitere Verbesserungen des Wahlrechts verhinderten. Erst das neue Jahrhundert sollte an diese Bestrebungen wieder anknüpfen.

VOM DEUTSCHEN BUND
ZUM DEUTSCHEN REICH:
BAYERN UND DAS DRITTE DEUTSCHLAND

Das lebendige Interesse der Nation, das hatten die Ereignisse von 1848/49 gezeigt, galt der Verwirklichung der Forderung nach verfassungsmäßiger Freiheit und nationaler Einheit für das gesamte Bundesgebiet, die Form, die dem Deutschen Bund 1815 gegeben worden war, genügte der Nation nicht mehr. Die Diskussion um die Bundesreform war seither in der Öffentlichkeit dominierend, die Regierungen griffen in sie ein, sobald ihre Interessen es zu erheischen schienen, und die Reform sollte auch nur so weit gehen, als es diese Interessen erforderten. Bayern machte dabei keine Ausnahme.

Der König selbst war in Fragen der Bundespolitik weithin abhängig von seinen Beratern, vom Minister des Auswärtigen von der Pfordten, aber auch von seinen unverantwortlichen Ratgebern, vor allem von Doenniges; seine eigenen Initiativen lagen mehr auf einem anderen Feld, jenem der Wissenschaft. Studiert hatte er, wie angemerkt, in Göttingen, dann war er nach Berlin gegangen; hier hatte er vor allem die Historiker Dahlmann und Ranke gehört, in Berlin hatte er auch den Privatdozenten Doenniges kennengelernt, den er alsbald in seine Dienste zog. Besonders verehrte er Schelling. Sein Vertrauen in die Kraft der Wissenschaft war nahezu ungemessen, nicht geringer war auch die Verpflichtung, die er in sich fühlte, sie in königlichem Maßstab zu fördern. Seine besondere Fürsorge galt der Geschichte, seine unmittelbare Stiftung ist der Lehrstuhl für Neuere Geschichte, den nach fünfjährigem Ringen um seine Besetzung 1856 Heinrich von Sybel einnahm, empfohlen von seinem Lehrer Ranke und von Doenniges, dem Berater des Königs. Sybel gründete das Historische Seminar und rief die ›Historische Zeitschrift‹ ins Leben, aber er begnügte sich nicht mit seinen wissenschaftlichen Aufgaben, sondern versuchte auch, auf den Gang der politischen Entwicklung

Einfluß zu nehmen. Seine publizistische Tätigkeit verstimmte jedoch den König so, daß er bereits 1861 Giesebrecht Platz machen mußte, dem Geschichtsschreiber der deutschen Kaiserzeit, einem anderen Schüler Rankes. Neben ihm wirkte ein weiterer Ranke-Schüler, Adolf Cornelius; damit war die historisch-kritische Schule in München auf Dauer begründet, ihr Erbe verwaltet die ebenfalls vom König gegründete Historische Kommission.

Der König eröffnete auch dem Kulturhistoriker Wilhelm Heinrich Riehl, dem Begründer der Bayerischen Volkskunde, einen bedeutenden Wirkungskreis in München; sein größtes Verdienst war aber wohl die Berufung des großen Chemikers Justus Liebig, der für die Landwirtschaft die entscheidenden wissenschaftlichen Grundlagen schuf, und des genialen Mediziners Pettenkofer, des Begründers der modernen Hygiene. Man müßte noch viele Namen nennen, auch auf die Stiftung des Maximilianeums müßte man verweisen, der Einrichtung zur besonderen Förderung hochbegabter Studenten. Die königliche Wertschätzung der Wissenschaft dokumentiert aber wohl am bestimmtesten die Stiftung des Maximiliansordens für Wissenschaft und Kunst, deren Inhaber dem Adel rangmäßig gleichgestellt waren, das bedeutete die Öffnung auch des Hofes für die angesehensten Gelehrten. Der König beließ es aber nicht bei dieser symbolischen Geste, sondern versammelte in der Tat seit 1854 die herausragenden Vertreter von Kunst und Wissenschaft regelmäßig um sich, in den sogenannten Symposien.

Die Auswahl der Geladenen enthüllt, wie die Mehrzahl auch der Neuberufungen, gleichzeitig auch eine bedenkliche Seite der königlichen Kulturpolitik. Es handelte sich zum größten Teil um Gelehrte aus Norddeutschland, die, wenngleich nicht alle mit jenem Nachdruck wie Sybel, einen politischen Standpunkt einnahmen, der in der nationalen Frage jenem des Königs und der Regierung geradewegs entgegengesetzt war. Dieser Widerspruch zwischen der offiziellen Politik und den Ansichten der besonders ausgezeichneten Gelehrten konnte der Öffentlichkeit nicht verborgen bleiben, man gewann den Eindruck, daß im engsten Umkreis des Königs seine Politik nicht mitgetragen oder gar bekämpft wurde. Daß gleichzeitig einem kleindeutschen Historiker von der Wortgewalt eines Sybel die politische Erziehung der akademischen Jugend anvertraut wurde, konnte nicht anders wirken als in Richtung auf eine Aushöhlung der offiziellen Politik bei jenen Kräften, die sie in Zukunft zu vertreten haben würden.

Nicht nur die allgemeinen Tendenzen im außerösterreichischen Bundesgebiet, auch besondere Umstände im Herzen Altbayerns, das durch Natur und Politik am nachdrücklichsten auf die großdeutsche Lösung der nationalen Frage festgelegt war, wirkten so zusammen, um auch Bayern in den Sog der kleindeutschen Machtpolitik geraten zu lassen und schließlich seiner staatlichen Selbständigkeit ein Ende zu bereiten. Wie man dazu auch stehen mag, eine solche Entwicklung widersprach den Zielen der Könige Bayerns wie der Staatsmänner, denen sie vertrauten, aufs entschiedenste; daß sie trotzdem eintrat, spricht nicht für Größe und Kraft dieser Träger der Verantwortung in Bayern. Es war nicht einfach Verhängnis, es war eindeutiges Versagen vor der selbstgewählten Aufgabe. Was kann man einem Staatsmann Schlimmeres nachsagen?

Maximilian II. war nicht anders als sein Vater entschlossen, die Souveränitätsrechte des Königs und die Unabhängigkeit des Königreichs im vollen Umfang und in jeder Hinsicht zu behaupten. Im Interesse dieser Aufgabe dachte der König schon 1849 wieder, wie das schon zur Zeit des Wiener Kongresses geschehen war, an einen engeren Zusammenschluß des Dritten Deutschland; unter den Einflüsterungen seines Vertrauten Doenniges erhielt diese Trias-Idee allerdings auch einen leichten Einschlag bayerischer Hegemonialpolitik. Wenn auch der König selbst nicht so weit gehen wollte wie Doenniges, der für Preußen die Hegemonie in Norddeutschland, für Bayern im deutschen Süden forderte, so sah der Reformvorschlag, den der König in Frankfurt vortragen ließ, doch die Rolle Bayerns als Sprecher des Dritten Deutschland ausdrücklich vor. Neben Österreich und Preußen sollten die Mittelstaaten ein drittes Direktorium einnehmen, wobei der bayerische Vorrang unübersehbar betont wurde, wenn er auch machtpolitisch nicht streng definiert war. Die Ereignisse gingen über diese Pläne hinweg, die von der Nationalversammlung verabschiedete Reichsverfassung vom 28. März 1849 sah für Friedrich Wilhelm IV. von Preußen die Würde eines erblichen Kaisers von Deutschland vor, gleichzeitig mit dem Ausschluß Österreichs; das hätte unweigerlich die Mediatisierung Bayerns bedeutet, weder der König noch die Regierung stimmten deshalb zu, der Landtag, der sich dem Votum der Nationalversammlung angeschlossen hatte, wurde aufgelöst.

Friedrich Wilhelm IV. hatte zwar die Kaiserkrone abgelehnt, weil es das Volk war, das sie angeboten hatte, doch als es den Bemühungen seines Beauftragten Radowitz gelang, einen großen Teil der nord- und mitteldeutschen Kleinstaaten zum Beitritt zu einem engeren Bündnis zu bewegen, als dann auf den Berliner Konferenzen im Mai 1849 Hannover und Sachsen sich zum Anschluß bereit erklärten und im Juli zu Gotha auch die kleindeutschen Parlamentarier der Frankfurter Nationalversammlung dieses Dreikönigsbündnis billigten, stand dem preußischen Erbkaisertum nur mehr die Weigerung Österreichs im Wege, sich vom Deutschen Bund ausschließen zu lassen. Bei den süddeutschen Staaten kam es vor allem auf Bayern an. Der neue bayerische Außenminister von der Pfordten lehnte ab, weil eine Zustimmung die Mediatisierung Bayerns bedeutet hätte, und es gelang ihm, im Februar 1850 auch die drei übrigen mittelstaatlichen Königreiche zur Anerkennung seines Standpunkts zu bringen, daß der Ausschluß Österreichs vom Bund das Ende der Unabhängigkeit der Mittelmächte bedeute. Einen engeren Zusammenschluß der vier Königreiche, den von der Pfordten anstrebte, wieder mit ihrer Integrierung in ein mehrköpfiges Direktorium des Deutschen Bundes, unter gleichzeitiger Proklamierung eines einheitlichen Zollgebietes von der Nordsee bis zum Balkan, vermochte er jedoch nicht durchzusetzen. Preußen hatte also seinen Rückhalt im Bund verloren, Bayern hatte ebenfalls keinen Erfolg; dieses Ergebnis ermutigte Fürst Schwarzenberg, den Leiter der österreichischen Politik, die Mitglieder des Deutschen Bundes einzuladen, wieder ihre Gesandten nach Frankfurt zu schicken; im September 1850 sollten die Sitzungen wieder beginnen.

Preußen hielt zwar immer noch an den Unionsplänen des Freiherrn v. Radowitz fest, doch angesichts massiven österreichisch-russischen Drucks bei der Besprechung zu Olmütz im November trat auch Friedrich Wilhelm IV. in die Reihe der übrigen Bundesglieder zurück, eine diplomatische Niederlage Preußens, aber auch Bayerns, das im Verlauf des kurhessischen Verfassungsstreits sich als einziges Bundesland militärisch engagiert hatte und Preußen entgegengetreten war, nur um zu erleben, daß sich jetzt Preußen und Österreich verständigten. Mit einer solchen Möglichkeit, das wußte von der Pfordten jetzt, war auch in Zukunft immer zu rechnen, das belastete seine Politik ganz außerordentlich.

Vielleicht hätte größere Kühnheit auf seiten der deutschen Mittelmächte angesichts der Möglichkeiten, die sich im Windschatten der Politik Napoleons III. boten, in jenem Jahrzehnt, das wieder heftige Bewegung auf der europäischen Bühne sah, den Aufstieg des Dritten Deutschland zu jener Rolle ermöglicht, die bereits bei der Gründung des Rheinbundes erwogen worden war, der Rolle des Schiedsrichters der Großmächte mit dem Auftrag, den Frieden zu sichern, doch an dieser Kühnheit fehlte es in Zukunft völlig. Von der Pfordten wagte sich nicht mehr so weit vor wie 1850, die große Chance, die der Krimkrieg und die aggressive österreichische Politik dieser Jahre boten, nutzte er nur halb, damit vertat er sie aber ganz. Österreich unter Graf Buol-Schauenstein hatte im April 1854 Preußen zu einem Schutz- und Trutzbündnis gewinnen können, das die Wiederherstellung des Friedens zwischen Rußland und der Türkei mit ihren westlichen Bundesgenossen Frankreich und England zum Ziel hatte. Zu diesem Bündnis wurden auch die Mittelstaaten eingeladen; eine Konferenz zu Bamberg, zu der von der Pfordten einlud, sollte die Bedingungen festlegen. Von der Pfordten gelang es dabei nicht, seinen Plan durchzusetzen, dem Deutschen Bund als ganzem die Entscheidung zuzuspielen. Auch die Weiterentwicklung seiner eigenen Trias-Politik durch den sächsischen Außenminister Beust, der die Zeit reif glaubte für den Abschluß eines engeren Bundes der Mittelstaaten, unterstützte er nur halbherzig, es kam nichts zustande als die gemeinsame Forderung an Preußen und Österreich, strikte Neutralität zu wahren und das Bündnis nur zur Sicherung des Friedens einzusetzen. Trotzdem steuerte Buol-Schauenstein zielstrebig dem Krieg zu; nur der am Beispiel der Mittelstaaten orientierte Widerstand Preußens, dem sich auch Bayern anschloß, verhinderte den Erfolg des österreichischen Antrags vom 8. Februar 1855 auf Mobilisierung der Bundeskontingente, eigenes Gewicht hatten die Mittelstaaten nicht mehr einzusetzen.

Das änderte sich auch in den nächsten Jahren nicht, die jetzt bereits im Zeichen unaufhaltsamen Abstiegs Österreichs, des langsamen Ausbaus der preußischen Positionen im Bund und in Europa stehen. Die ständige Verschlechterung der österreichischen Staatsfinanzen, der ungeheuere Prestigeverlust durch die Niederlage von 1859 in Italien, die zur Abtretung der Lombardei an Piemont und zum Griff des siegreichen Kaisers Napoleon III. nach der europäischen Hegemonie führten, wurden nicht zur Verstärkung der Stellung des Dritten Deutschland durch eine zweckmäßige Bundespolitik ausgenützt, um für den Konfliktfall gerüstet zu sein; wieder wartete man die nächste Krise ab. Es schien freilich kein Anlaß zur Besorgnis gegeben, da auch Preußen in der 'Neuen Ära' seit 1858 zu einer Politik der 'moralischen Eroberungen' übergegangen war. Daß es gleichzeitig aufrüstete und seine wirtschaftspolitische Vormachtstellung ausbaute, indem es erst die Aufnahme Österreichs in den Zollverein verzögerte, dann durch den Handelsvertrag mit Frankreich 1860, der Frankreich die Meistbegünstigung einräumte, außerordentlich erschwerte, schließlich 1862 durch die Kündigung des Zollvereins verhinderte, hätte jedoch alarmieren sollen.

Damals stand die preußische Politik bereits unter der Leitung Bismarcks, des bisherigen preußischen Bundestagsgesandten. Durch seinen Konflikt mit der Kammermehrheit, durch dessen Ursache, die maßlose Heeresvermehrung, erwarb er sich alsbald den Ruf eines rücksichtslosen, kein Recht respektierenden Machtpolitikers. Den Kampf um die Hegemonie in Deutschland eröffnete er 1863, als er den Bundesreformplan des österreichischen Ministers Graf Schmerling ablehnte, der nach Frankfurt zu einem Fürstentag eingeladen hatte und wieder an die alten Direktorialpläne anknüpfte. Diesmal verlangte er den gleichberechtigten Vorsitz für Preußen, und während Schmerling eine Nationalvertretung abgelehnt hatte, forderte der preußische Ministerpräsident, der notorische Verächter des preußischen Parlaments, die unmittelbare Volkswahl für ein gesamtdeutsches Parlament. Eine unerhörte Brüskierung der deutschen Fürsten stellte die von Bismarck herbeigeführte Weigerung des preußischen Königs dar, mit ihnen überhaupt zusammenzutreffen. Auf diesem Hintergrund, aber auch von den übrigen Voraussetzungen wie vom Ergebnis her – das selbst von der Pfordten vorhergesagt hatte – wird die österreichische Haltung in den kritischen Jahren 1864/65 absolut unverständlich, und in der Tat haben die Staatsmänner des Dritten Deutschland an Österreich nie so gezweifelt wie damals. Es war für sie, das wird man wohl auch zugeben müssen, auch kaum noch möglich, eine klare politische Haltung einzunehmen, die Leiter der österreichischen Politik, erst Graf Rechberg, dann Graf Mensdorff, erlaubten es ihnen schlechterdings nicht. Ihre politische Zusammenarbeit, die nie so eng war wie in den zwei Jahren der Krise um Schleswig-Holstein, zu einer dauerhaften Institution mit gemeinsamen Organen zu verfestigen, versuchten sie aber mit dem letzten Ernst auch jetzt nicht, obwohl die klarsichtigsten unter ihnen, besonders der Hesse Dalwigk, das Ziel der Entwicklung sich deutlich abzeichnen sahen. Ihren Standpunkt mit Gewalt durchzusetzen, wie Bismarck, dachten sie freilich nicht einen Augenblick, Dalwigk ausgenommen.

So waren keine Vorkehrungen getroffen, als im Oktober 1863 durch den Erlaß der dänischen Gesamtstaatsverfassung, im November durch den Tod des dänischen Königs, damit den Eintritt des Erbfalls, die Krise in ihr entscheidendes Stadium trat. Preußen, und infolge davon Österreich, das ebenfalls keinen neuen selbständigen Bundesstaat Schleswig-Holstein wollte, ignorierten die vom Deutschen Bund bereits in Gang gesetzte Bundesexekution mit dem Ziel der Einsetzung des Herzogs von Augustenburg, des rechtmäßigen Erben Holsteins, benutzten vielmehr die Inkraftsetzung der dänischen Gesamtstaatsverfassung am 1. Januar 1864 als Anlaß, um das Londoner Abkommen für ungültig zu erklären, und schritten zur Besetzung der Elbherzogtümer, Österreich ohne die geringste Vorstellung, was man nach gelungener Aktion mit der Erwerbung machen sollte. Der Friede von Wien im Oktober 1864 brachte die Abtretung der Herzogtümer an Österreich und Preußen gemeinsam, damit setzten jene von Bismarck mit Vorbedacht inszenierten Provokationen Österreichs bei der gemeinsamen Verwaltung der beiden Herzogtümer ein, die schließlich zum Krieg führen sollten.

Bereits im März 1864 war Maximilian II. gestorben, mitten in der Schleswig-Holstein-Krise; bis zuletzt hatte Kaiser Franz Joseph gehofft, ihn auf seine Seite ziehen zu können, doch der König hielt an seiner Auffassung fest, daß die Entscheidung über Schleswig-Holstein Sache des Deutschen Bundes sei, nicht der Großmächte, und daß es keine Annexionen geben sollte, sondern die Einsetzung des legitimen Fürsten, des Augustenburgers. Das war auch der Standpunkt, den von der Pfordten vertrat, der Ende des Jahres vom neuen König, Ludwig II., wieder zum leitenden Minister berufen wurde. Sein Programm, das er dem König am 1. Dezember überreichte, sah die Aufgabe Bayerns darin, die Großmächte wieder auf den Boden des Bundesrechts zurückzuführen und damit den Frieden zu sichern, als Mittel dazu faßte es erneut die organisatorische Zusammenfassung der Mittelstaaten zum Dritten Deutschland ins Auge. Statt aber erst das Werkzeug zu schaffen, eben die feste Organisation, stellte man diese Aufgabe, über deren Lösung freilich die Ansichten unter den Mittelstaaten wieder sehr auseinandergingen, zurück und beschloß, am Bundestag endlich den Antrag auf Einsetzung des Augustenburgers zu stellen. Auch an diesem Beschluß hielt man jedoch nicht fest, als Graf Mensdorff Schwierigkeiten machte. Völlig überraschend kam dann der Vertrag von Gastein im September 1865 zwischen Preußen und Österreich, in dem Österreich erneut den Anspruch Preußens auf Lösung der Frage der Elbherzogtümer allein durch die Großmächte anerkannte und in die angebotene Teilung der Verwaltung der Herzogtümer willigte, außerdem stimmte es, was der Kaiser bisher als ehrenrührig abgewiesen hatte, dem Kauf des Herzogtums Lauenburg durch Preußen zu. Für einen solchen Fall hatte von der Pfordten auf einer Konferenz der Mittelstaaten zu München im August noch den endgültigen Zusammenschluß des Dritten Deutschland mit eigenem Parlament und den umgehenden Antrag beim Deutschen Bund auf Einsetzung des Augustenburgers gefordert, doch nach Gastein, als Österreich heillos diskreditiert war, wie Bismarck das auch beabsichtigt hatte, war nur noch die Rede von Zugeständnissen, die man an Preußen machen müsse, um den Frieden zu retten. Erreicht hat von der Pfordten damit, wie nicht anders zu erwarten war, das Gegenteil, stand doch hinter seinen Vermittlungsversuchen noch immer nicht jene imponierende Macht, die Preußen in die Waagschale zu werfen hatte. Allen Versuchen der militärischen Leitung, die bayerische Armee schlagkräftig zu machen, hatte sich von der Pfordten schon vor 1859 widersetzt, auch jetzt verstärkte er nur die Truppenzahl, statt gleichzeitig auch Bewaffnung und Organisation zu modernisieren, und konkrete Pläne zur sonstigen Verstärkung des Dritten Deutschland bot er auch jetzt nicht an. Seine Gespräche mit Bismarck hinterließen den Eindruck, als wäre unter Umständen im Konfliktfall mit einer bayerischen Neutralität zu rechnen, Österreich dagegen gab der bayerische Minister die Versicherung, daß sein König bei einem Verstoß Preußens gegen das Bundesrecht zum Krieg entschlossen sei, die Mittelstaaten aber forderte er auf, neutral zu bleiben, sich aber im Kriegsfall zusammenzuschließen – wenn es längst zu spät sein würde. Selbst nach dem Antrag Preußens auf Schaffung eines deutschen Parlaments mit direkten Wahlen vom 9. April, einen Tag nach dem Abschluß des Bündnisses mit Italien, glaubte von der Pfordten immer noch, durch Entgegenkommen gegenüber Preußen den Frieden und die Existenz des Deutschen Bundes retten zu können. Er tolerierte deshalb den preußischen Antrag, obgleich er praktisch den Ausschluß Österreichs aus dem Bund bedeutete, gerade das, was die bayerische Politik immer hatte vermeiden wollen. Als aber Österreich den preußischen Antrag auf die Bundesreform durch Schaffung eines freigewählten deutschen Parlaments, die Reaktion Bismarcks auf den Antrag Österreichs an den Bund, über die Erbfolge in den Herzogtümern zu entscheiden, am 11. Juni mit der Forderung nach der Mobilmachung der Bundeskontingente zum Schutz der Bundesverfassung beantwortete, stimmte auch Bayern diesem Antrag zu, so daß er angenommen wurde. Preußen trat daraufhin aus dem Bund aus und erklärte ihn für gebrochen, gleichzeitig marschierten preußische Armeen in Sachsen, Hannover und Kurhessen ein.

Damit war der Krieg da, den von der Pfordten hatte verhindern wollen, den er aber durch seine unentschiedene Haltung gegenüber

Preußen, durch seine Blankovollmacht für Österreich, aber auch durch seine Verzögerungstaktik in der Frage des mittelstaatlichen Zusammenschlusses erst ermöglicht hatte. Obwohl er der Auffassung war, daß Österreich den Krieg verlieren werde, daß der Bund also nicht mehr zu retten sei, obwohl er in der Sache selbst, der Frage der Bundesreform, nicht auf der Seite Österreichs stand, trat er jetzt in den Krieg ein, allerdings wieder nur, um ihn so zu führen, daß er nicht gewonnen werden konnte. Zwar wurde das achte Bundeskorps, das süddeutsche, unter bayerischen Oberbefehl gestellt, aber es trat erst an, als die Entscheidung in Königgrätz schon gefallen war. Die Vereinigung mit der österreichischen Hauptmacht, die militärisch allein sinnvoll gewesen wäre, hatte von der Pfordten zudem ausdrücklich untersagt. Den Fatalismus trieb er auf die Spitze, als er sich erst nach dem Abschluß des Waffenstillstands zu Nikolsburg in die Verhandlungen einschaltete, nachdem er wiederholte Aufforderungen Graf Mensdorffs ignoriert hatte. Bismarck behandelte ihn dabei aufs verächtlichste; nachdem er ihn erst hatte verhaften lassen, machte er ihm klar, daß Bayern die Hauptlast der Kriegsentschädigungen tragen müsse – ein Großteil Frankens sollte abgetreten werden. Das Ergebnis des Friedens vom 23. August 1866 war dann eine Kriegskostenentschädigung durch Bayern von 30 Millionen Gulden, den Staatseinkünften eines ganzen Jahres, und die Abtretung von zwei fränkischen Bezirksämtern an Hessen. In Norddeutschland annektierte Preußen Hannover, Hessen-Nassau, Kurhessen und Frankfurt und trat an die Spitze des Norddeutschen Bundes, dem auch Sachsen beitreten mußte. Ein Schutz- und Trutzbündnis band auch die süddeutschen Staaten militärisch und außenpolitisch an Preußen. Da der Zollverein die wirtschaftliche Führung durch Preußen bedingte, wie sich seit 1860 spätestens gezeigt hatte, war im Grunde schon mit dem Ausgang des Ringens von 1866 die deutsche Einigung herbeigeführt, die Selbständigkeit der Mittel- und Kleinstaaten zu Ende. Für Mitteleuropa bedeutete das auch das Ende der Ära des Gleichgewichts und den Übergang zu neuen Kämpfen um die Hegemonie in Europa. Die Rolle, die Bayern im Vorfeld dieser Entscheidung hätte spielen können, war ihm seit 1849 vorgezeichnet, seitdem Maximilian II. die Trias-Idee in die politische Diskussion gebracht hatte. Daß sie nie verwirklicht wurde, hing mit dem verständlichen Wunsch aller Mittelstaaten zusammen, nicht zum Schutze ihrer staatlichen Selbständigkeit gegenüber Preußen und Österreich eben diese Selbständigkeit im Interesse Bayerns zu opfern; um so sicherer war sie jetzt verloren.

Der bayerische König Ludwig II., 1864 mit 18 Jahren Nachfolger seines Vaters geworden, hatte nie versucht, selbst in die Ereignisse einzugreifen. Abhängig von Einflüssen, die in ihrer Herkunft meist nur schwer zu bestimmen sind, wurde er bei der Wahl seiner Berater nicht selten falsch informiert, ganz sicher nach dem Sturz von der Pfordtens im Anschluß an den verlorenen Krieg. Der Landtag mit seiner liberalen Mehrheit hatte umgehend den Anschluß an Preußen gefordert, auch die Konservativen lehnten den Minister wegen seiner schwächlichen Haltung ab, als Nachfolger empfahl Richard Wagner dem König den Fürsten Chlodwig zu Hohenlohe-Schillingsfürst, einen engagierten Kleindeutschen und Befürworter des Eintritts in den Norddeutschen Bund. Der König ernannte ihn, obgleich er in den wichtigsten Fragen mit dem Minister nicht übereinstimmte, das Ergebnis war eine Politik ohne entschiedene eigene Zielsetzung, in jeder Phase von der überlegenen Schwerkraft Preußens und des Norddeutschen Bundes auf einer Bahn gehalten, die immer näher an die Vereinigung heranführte. Wäre der König nicht gewesen, hätte Hohenlohe den Anschluß sicher ohne Verzug durchgeführt, doch Ludwig II. forderte, was der Prager Friede ja auch dem Süden zugestanden hatte, die Bildung eines Bundes mit Württemberg und Baden. Gedacht war dieser Bund in Abweichung von der einstigen Trias-Idee nur noch als Brücke zwischen dem Norddeutschen Bund und Österreich, sollte also der Isolierung Österreichs entgegenwirken und gleichzeitig die eigene Selbständigkeit – soviel davon noch geblieben war – unterstreichen. Hohenlohe nahm solche Anregungen, wie zu erwarten war, nur halbherzig auf, war er doch, wie er auch als Minister noch öffentlich bekannte, überzeugt von der Notwendigkeit eines Verfassungsbündnisses mit dem Norddeutschen Bund. Versuche allerdings, wie jener vom April 1867, durch die Mission des Grafen Tauffkirchen nach Berlin und Wien mit der Anregung einer Aussöhnung der beiden deutschen Großmächte und der Bildung einer Allianz das Gewicht Bayerns und damit seinen Bündniswert zu steigern, scheiterten kläglich. Aus der Rolle eines Satelliten herauszukommen, war für Bayern um diese Zeit nicht mehr möglich, zumal als es Bismarck geglückt war, durch gegenseitiges Ausspielen der süddeutschen Staaten die Erneuerung des Zollvereins 1867 zu einer erneuten Verstärkung der Bindung des Südens an den Norden zu benützen. Er erzwang die Umwandlung des Zollvereins in einen Zollbund mit Vorsitz Preußens, einem gemeinsamen Zollbundesrat und einem Zollparlament, das wie das Parlament des Norddeutschen Bundes aus geheimen, gleichen und direkten Wahlen hervorgehen sollte.

Diese Wahlen zum Zollparlament, die erste derartige Wahl in Süddeutschland, führte zu einem vernichtenden Ergebnis für die Befürworter des Anschlusses an den Norddeutschen Bund. In Württemberg wurden nur Gegner gewählt, von den 48 Abgeordneten, die Bayern in das Zollparlament entsenden sollte, gehörten 30 zur Opposition. Im Zusammenhang mit dieser Wahl steht auch die Bildung einer Partei in Bayern, die sich die Erhaltung der Unabhängigkeit des Königreichs zum Ziel gesetzt hatte, der Patriotenpartei unter der Führung des Abgeordneten und Archivars zu Landshut Dr. Edmund Jörg, des Herausgebers der ›Historisch-Politischen Blätter‹. Unter seiner Führung errang die Partei auch in den Landtagswahlen von 1868 einen eindrucksvollen Sieg; während bisher die konservative Richtung nie nennenswert vertreten gewesen war, gewann sie diesmal die Mehrheit. Den 78 Abgeordneten der liberalen Parteien standen 79 der Patriotenpartei gegenüber. Als Hohenlohe nach den ersten Schwierigkeiten mit der Landtagsmehrheit den Landtag auflöste, lautete das Verhältnis nach den Neuwahlen gar 80 zu 74. Seine Deutschlandpolitik wie seine Kirchenpolitik im Gefolge des Vatikanischen Konzils und der Definition der päpstlichen Unfehlbarkeit, die zu einer Verschärfung der staatlichen Kirchenhoheit führte, nicht sosehr die liberalen Reformen seiner Zeit, die Einführung der Gewerbefreiheit und der Ausbau der gemeindlichen Selbstverwaltung, führten im Februar 1870 zu seinem Sturz durch einen Mißtrauensantrag im Landtag, auch der Reichsrat stand ihm ablehnend gegenüber. Der König, der ihn noch 1868 gehalten hatte, nahm jetzt seinen Rücktritt an, auf Empfehlung Hohenlohes wählte er als seinen Nachfolger den bayerischen Gesandten zu Wien, Graf Bray-Steinburg, einen überzeugten Großdeutschen.

Jetzt zeigte sich, wie weit bisher der Bewegungsfreiraum Bayerns bereits zusammengeschmolzen war, es wurde deutlich, daß mit 1866 eine Phase des Übergangs eingesetzt hatte, die nur mehr ein Ergebnis haben konnte. Auch Graf Bray, der mit dem österreichischen Ministerpräsidenten Beust befreundet war, konnte den Gang der Dinge nicht mehr verhindern, kaum verzögern. Als es dann Bismarck gelang, unter Ausnützung der spanischen Thronkandidatur der Hohenzollern Napoleon III. zu jenem Krieg zu veranlassen, den er wegen seiner Funktion als wirksamstes Mittel zur nationalen Einigung schon längere Zeit in Erwägung gezogen hatte, war die Phase des Übergangs zu Ende. Die französische Ungeduld und Ungeschicklichkeit, die im Ultimatum vom 13. Juli gipfelten, ließen Preußen als Opfer eines Angriffskrieges erscheinen, das Schutz-und-Trutz-Bündnis mußte in Wirksamkeit treten; so wenig Graf Bray davon überzeugt war, daß Bismarck nicht absichtsvoll die Dinge gelenkt hatte, mußte er doch seinem König dazu raten, den casus foederis als gegeben anzusehen. Am 16. Juli, nachdem der Kriegsminister bereits vorgeprellt war, erklärte sich Bayern bereit, auf die Seite Preußens zu treten, am 19. Juli beantragte Bray in der Kammer die Bewilligung der erforderlichen Kriegskredite, die er nach einer leidenschaftlichen Debatte, in der die Patriotenpartei den Beschluß zur Neutralität Bayerns zu erreichen suchte, schließlich auch erhielt; unter dem Druck der öffentlichen Meinung war die Patriotenpartei schließlich auseinandergebrochen, nur 58 stimmten für die Neutralität, 47 verweigerten die Kredite, die eindrucksvolle Mehrheit von 101 Stimmen bot Rückhalt auch für die politischen Entscheidungen, die jetzt unabweisbar wurden.

Ungeachtet der Versicherungen des preußischen Königs und Bismarcks, daß keineswegs die Integrität und Souveränität der verbündeten Fürsten angetastet werden solle, setzte noch im August 1870, nach den ersten Siegen, jener Druck aus dem Hauptquartier ein, der die Verhandlungen zum Anschluß der süddeutschen Staaten an den Norddeutschen Bund in die Wege leiten sollte. Nach dem 1. September, der Gefangennahme Napoleons III. zu Sedan, vollzog das Großherzogtum Baden den Anschluß, in Württemberg wurde Varnbühler entlassen, die Verhandlungen wurden eröffnet. Am 9. September beschloß auch der bayerische Ministerrat, der die Isolierung Bayerns befürchtete, die Aufnahme von Verhandlungen; die Münchner Gespräche vom 22. September mit dem Minister des Norddeutschen Bundes Delbrück, zu denen auch Württemberg beigetreten war, brachten als Ergebnis die süddeutsche Bereitschaft zur Bildung eines weiteren Bundes, der mit dem Norddeutschen Bund in ein engeres Verhältnis treten sollte, noch aber war nicht an den direkten Anschluß gedacht. Man beschloß auch, die Verhandlungen mit Bismarck gemeinsam mit Württemberg zu führen. Das Bestreben des bayerischen Königs jedoch, sich gegen die Aufgabe seiner Souveränität besondere Bedingungen zu sichern, hatte die Aufnahme von Sonderverhandlungen zur Folge, das erlaubte es Bismarck, beide Staaten gegeneinander auszuspielen, der weitere Bund war damit bereits zu Fall gebracht. Nur diesem hatte auch Ludwig II. zugestimmt. Als aber Bismarck eine Reihe von Rechten, die er den norddeutschen Bundesgliedern nie zugestanden hatte, Bayern und seinem König einräumte, den Oberbefehl über die bayerische Armee in Friedenszeiten, die Beibehaltung der eigenen diplomatischen Vertreter bei den europäischen Mächten, schließlich den bayerischen Vorsitz in einem zu bildenden Bundesratsausschuß für auswärtige Angelegenheiten, als Bayern ferner die eigene Post- und Eisenbahnverwaltung und die Verfügung über die Bier- und Branntweinsteuer behalten durfte, stimmten die Vertreter Bayerns bei den Verhandlungen zu Versailles dem Eintritt in den Norddeutschen Bund am 23. November zu, ohne vom König dazu ermächtigt zu sein. Ludwig II. ratifizierte trotzdem am 7. Dezember, in der Erkenntnis, daß eine Alternative angesichts der Volksstimmung, angesichts der politischen und wirtschaftlichen Isolierung, in die Bayern sonst geraten wäre, überhaupt nicht existierte. Zu jenem Schritt jedoch, der die Krönung des Ganzen darstellen sollte, der königlichen Anregung zur Übernahme des Kaisertitels durch den König von Preußen, konnte er sich nur nach langem Zögern bereit finden. Graf Bray, aber auch undurchsichtige Machenschaften des Oberststallmeisters Graf Holnstein und des Kabinettssekretärs Eisenhart bestimmten den König schließlich, in einem Brief an Wilhelm I., den Bismarck entworfen hatte, die gewünschte Anregung auszusprechen. Der Kaiserkrönung zu Versailles selbst blieb er jedoch fern, seiner Bitterkeit über den Verlauf der Dinge gab er unverhohlen Ausdruck.

Die letzte Entscheidung lag beim Landtag; da es sich bei der Zustimmung zu den Versailler Verträgen um eine Verfassungsänderung handelte, war eine Zweidrittelmehrheit erforderlich. Nach dem Abstimmungsergebnis vom Sommer war eine Ablehnung nicht unwahrscheinlich. Nach einer zehntägigen Redeschlacht, bei der vor allem Edmund Jörg herausragte, der die Gefährdung des europäischen Friedens durch die Umwandlung ganz Deutschlands in eine Militärmonarchie und die Zerstörung der kulturellen Einheit Europas durch den Nationalitätenwahn als unmittelbares Ergebnis der Entwicklung vorhersagte, stimmte der Landtag schließlich mit der erforderlichen Mehrheit zu, drei Tage nach der Kaiserproklamation von Versailles.

Es ist keine Frage, daß der König recht hatte, daß eine Alternative nicht bestand; auch Jörg konnte für seine an sich allein zukunftsträchtige Idee einer großen mitteleuropäischen Konföderation keinen Weg zu einer politischen Verwirklichung angeben. Zuletzt wird man auch zugeben müssen, daß für den Augenblick auch seine schlimmsten Befürchtungen überhaupt nicht eingetreten waren, Bayerns eigene Staatlichkeit blieb auch im Bismarck-Reich erhalten. Dem Deutschen Reich, dem der König von Preußen als Deutscher Kaiser und Präsident des Bundesrats, des eigentlichen Trägers der staatlichen Souveränität, vorstand, waren als gemeinsame Angelegenheiten im wesentlichen vorbehalten die auswärtige Politik, die Entscheidung über Krieg und Frieden, die Heeresangelegenheiten – ausgenommen den Oberbefehl des bayerischen Königs über die bayerische Armee im Frieden –, schließlich gemeinsame Regelungen für Wirtschaft und Handel wie das Zollwesen. Es gab keine eigenen Steuereinnahmen für das Reich, sondern es wurden, wie im alten Reich, Matrikularbeiträge der einzelnen Länder vorgesehen, mit denen die gemeinsamen Angelegenheiten finanziert werden sollten.

Der einzige verantwortliche Reichsminister war der Reichskanzler, der gleichzeitig preußischer Ministerpräsident war. In allen anderen Angelegenheiten blieben die Glieder des Reiches selbständig, Bayern behielt sogar das Recht eigener Gesandtschaften, von dem es jedoch nur in Übereinstimmung mit dem Reich Gebrauch machte. Die Eigenstaatlichkeit Bayerns wurde vor allem unterstrichen durch die fortdauernde Gültigkeit der eigenen Verfassung.

BAYERN IM BISMARCK-REICH
(1871–1918)

Die Verfassung des Deutschen Reiches gewährleistete den Einzelstaaten ungeachtet der Preisgabe wesentlicher Souveränitätsrechte immer noch einen Bestand echter staatlicher Hoheitsrechte, selbst im Hinblick auf die Beziehungen zu außerdeutschen Staaten, so daß es durchaus möglich war, eigenes Gewicht im Reich und in Europa geltend zu machen. Vollends nach innen war die fürstliche Souveränität nur durch die Verfassung des eigenen Staates beschränkt. Was Bayerns Gewicht im Reich anging, hing es natürlich zunächst ab von den Stimmenverhältnissen im Bundesrat, welcher nach der Verfassung der eigentliche Träger der Souveränität war, hier führte der bayerische Vertreter von den insgesamt 58 Stimmen 6, Preußen 17, Bayern, Sachsen und Württemberg zusammen hatten 14 Stimmen, konnten also, wie auch Preußen, eine Verfassungsänderung verhindern. Angesichts der Bevölkerungszahlen war dieses Verhältnis sogar noch günstig. Das Reich hatte 1871 an die 41 Millionen Einwohner, Preußen 24; Bayern mit 4,9 Millionen, Sachsen mit 2,5, Württemberg mit 1,8, Baden mit 1,4 besaßen also zusammen noch nicht einmal die Hälfte der Bevölkerungszahl Preußens. Bis 1914 veränderte sich das Verhältnis noch einmal zu ihren Ungunsten. Von einer Gesamtbevölkerung im Reich von 65 Millionen hatte Preußen 40, Bayern 6,9, Sachsen 4,8, Württemberg 2,4, Baden 2,1 Millionen; das bedeutete ein Verhältnis von 40 Millionen zu 16,2. Daß angesichts dieser Gesamtstruktur auch im Reichstag das Gewicht Bayerns, das der kleineren Staaten insgesamt nicht oder kaum von Bedeutung war, liegt auf der Hand. Von insgesamt 382 Abgeordneten hatte Preußen 236, Bayern 48, Sachsen 23, Württemberg 17, Baden 14. Nur als durch die Herausforderung der katholischen Wähler im Kulturkampf auch in Preußen das Parteiengefüge sich grundlegend änderte und im Zentrum eine starke, bald die stärkste Reichstagsfraktion heranwuchs, zahlreiche preußische Abgeordnete also sich als konfessionell bestimmte Sondergruppe mit den Katholiken der bayerischen Patriotenpartei zusammenschlossen, mußte Bismarck plötzlich auch im Reichstag auf bayerische Einwirkungen Rücksicht nehmen. Zunächst war allerdings die Patriotenpartei gegenüber ihrem Wahlergebnis zum Zollparlament 1868 stark zurückgefallen; die Siegesstimmung von 1871 wurde offenbar auch in Bayern weithin geteilt, so daß nur 19 Abgeordnete der Patriotenpartei, aber 29 Liberale in den Reichstag einzogen. Schon bei der nächsten Wahl jedoch kehrte sich das Verhältnis um, 1874 errang sie 32 von 48 Mandaten, um zwei mehr noch als 1868. Dieses Verhältnis konnte sie in etwa bis 1884 behaupten, bis innerparteiliche Zerwürfnisse, die Unzufriedenheit vor allem der bäuerlichen Wähler, aber auch die steigende Industrialisierung den Anteil der Partei, die sich seit 1884 ebenfalls 'Zentrum' nannte, auf durchschnittlich 43 % herabdrückte. Aber auch so bildete sie im Zentrumsblock immer noch eine einflußreiche Gruppe, besonders dank der politischen Autorität ihrer führenden Persönlichkeit, des Freiherrn v. Franckenstein, der auch auf Bismarck Eindruck machte. Über ihn gelang dann seit 1879 der schrittweise Abbau des Kulturkampfes, allerdings infolge besonderer Umstände, die Bismarck zu einem allgemeinen innenpolitischen Kurswechsel nötigten.

Aus sich allein, das muß wohl gesagt werden, war der bayerischen Stimme im Reich keine Resonanz zu eigen, das hing weitgehend von den natürlichen Gegebenheiten ab, nicht weniger aber auch von der ganz persönlichen Konstellation in München. Nach wie vor war es, trotz der grundsätzlichen Verantwortlichkeit der Minister gegenüber dem Parlament, der König, von dem der gesamte Kurs der Regierung abhing; er allein ernannte und entließ die Minister, und da die Regierung nicht an das Vertrauen des Landtags gebunden war, bestimmte nicht das Wahlergebnis, sondern die persönliche Einstellung des Königs allein über die Zusammensetzung der Regierung. König war freilich Ludwig II., der sich bereits seit 1868 über die Geschäfte nicht mehr direkt vortragen ließ, sondern nur noch schriftlich über den Kabinettssekretär, ja, der zuletzt auch diesen nicht mehr vorließ. Es hing also allein vom Zusammenwirken zwischen

Kabinettssekretär und Ministerium ab, wie die Entscheidungen fallen würden; sie fielen ausnahmslos im Sinne des Kultus- und Justizministers Johannes v. Lutz, der nach dem Ausscheiden des Grafen Bray im Spätjahr 1871 der mächtigste Mann in der Regierung war. Diese Wendung von 1871 hing zusammen mit der krankhaften Furcht des Königs vor den Folgen des Vatikanischen Konzils und der Erklärung der päpstlichen Infallibilität für seine königliche Stellung, eine Furcht, die nicht nur der theologische Berater des Königs, Döllinger, sondern auch Lutz geflissentlich nährten. Da die religionspolitischen Maßnahmen des Kultusministers und sein Auftreten im Landtag die schärfste Opposition der Patriotenpartei weckten, schien es dem König unmöglich, Persönlichkeiten mit der Regierungsbildung zu beauftragen, die diesem Kreis nahestanden. Der in Preußen entbrennende Kulturkampf wieder zwang Bismarck, die Verhältnisse in Bayern, so gut es ging, in seinem Sinne zu lenken. So war es paradoxerweise das Bündnis des Königs mit Bismarck, das trotz der unablässigen Schwierigkeiten des Kultusministers Lutz mit der Landtagsopposition die Dauer der Regierung garantierte. Das Ergebnis war, daß der König, der an jeder Minderung seiner königlichen Würde empfindlich litt, der nur zu einem Kurs der formellen Treue zur Reichsverfassung mit kühler Distanz zu Berlin neigte, der sich weigerte, ein Mitglied des Kaiserhauses zu sehen, sich trotzdem von Berlin aus vorschreiben ließ, wer seinem Ministerium vorzustehen habe, und daß der Baron v. Werthern, der preußische Gesandte zu München, nach den Worten Bismarcks wie ein Prokonsul in München schaltete und waltete. Die bayerische Regierung wagte es nie, auch durch die Reichsverfassung verbriefte Rechte wie die Ausübung des Gesandtschaftsrechts ohne Konsultation in Berlin – das dort als Konsensrecht gedeutet wurde – wahrzunehmen, der Auswärtige Bundesratsausschuß, dem Bayern der Reichsverfassung gemäß vorstand, wurde erst nach der persönlichen Krise Wilhelms II. 1908 erstmals tätig. Selbst der Freiherr v. Franckenstein hielt es 1875 für inopportun, ohne Zustimmung Bismarcks in München ein Ministerium zu übernehmen, 1875 wie 1881 war es das persönliche Eingreifen Bismarcks, das eine bayerische Regierungskrise entschied, selbst gegen die Mehrheit der eigenen Kollegen konnte sich Lutz dank dieser Unterstützung behaupten. Der König ließ sich dabei natürlich nicht einfach unter Druck setzen – das wäre bei Ludwig II. nicht möglich gewesen –, aber er ließ sich von den Argumenten beeindrucken, die von Lutz und aus Berlin an ihn gelangten: Die Gefahr für die Prärogativen der Krone, wenn die Ultramontanen an die Regierung kämen, die Katastrophe des monarchischen Prinzips, wenn es der Parlamentsmehrheit gelänge, dem König ein Ministerium aufzudrängen.

In Wirklichkeit war es aber Lutz, der gerade dadurch eine ernsthafte Krise des monarchischen Gefühls im Volk heraufbeschwor, daß er jahrzehntelang jede Übereinstimmung zwischen der vom Volk gewählten Parlamentsmehrheit und der von der Krone eingesetzten Regierung unterband. Man fragt sich vergeblich, warum er dabei so hartnäckig war, denn gerade in jenen Fragen, die zunächst zum Konflikt geführt hatten und die die großen Fragen der Zeit waren, wich er schließlich doch zurück, und gerade jene Maßnahmen, die in Preußen den Konflikt so heillos verschärft haben, übernahm er für Bayern nicht. Die Aufrechterhaltung der Kirchenhoheit des Staates dagegen, um die es ihm allein ging, das Festhalten also am Religionsedikt von 1818, führte im Landtag zwar immer wieder zu Debatten von mehr oder weniger heftiger Form, aber selbst in der Patriotenpartei bzw. im Zentrum ereiferte man sich dabei meist mehr aus Prinzip, als um die Dinge wirklich zu ändern, und als dann 1912 ein Mann des Zentrums Ministerpräsident geworden war, blieb im Grundsätzlichen ebenfalls die Prärogative des Monarchen unangetastet. In der praktischen Ausübung der Kirchenhoheit des Staates dagegen hatte man sich sogar unter Lutz immer wieder zu Kompromissen verstanden, bei Konflikten über das königliche Ernennungsrecht der Bischöfe, bei Schulfragen und Besetzungen von Pfarreien, selbst bei der Ausübung des Placet.

In dieser Frage war der Kulturkampf in Bayern entbrannt. Im Angriff war dabei im Grunde nicht der Minister, sondern die Kirche, Lutz hatte sogar vergebens das Recht auf das königliche Placet für kirchliche Verlautbarungen verteidigt. Die bayerischen Bischöfe, der von Bamberg ausgenommen, hatten sich einfach geweigert, für die Publikation der Dekrete des Vaticanums das Placet einzuholen, wie Lutz es verlangt hatte, sondern sie einfach publiziert, und auch der Erzbischof von Bamberg, der sich vergebens um das Placet bemüht hatte, schloß sich ihnen an. Obwohl Lutz und der von Döllinger inspirierte König in der päpstlichen Infallibilität eine Gefahr für die politischen und sozialen Grundlagen des Staates sahen, wie es pathetisch hieß, wagte Lutz nicht einzuschreiten; aber er nahm den Kampf trotzdem auf, die Möglichkeit dazu gab ihm die Exkommunikation einer Reihe von Geistlichen, vor allem Professoren, allen voran Döllinger, die sich dem Dekret nicht unterwarfen und schließlich die Bildung einer neuen Kirche, der Altkatholischen, versuchten, beides warf eine ganze Reihe von rechtlichen Problemen auf, die das Verhältnis von Kirche und Staat betrafen. Hier ließ sich mit großem Erfolg Druck gegen die Bischöfe und den Klerus ausüben. Die daraufhin ausbrechende heftige Kritik, zum größten Teil von den Kanzeln herab, glaubte Lutz mit einem Verbot eindämmen zu können, das er durch den Reichstag aussprechen ließ, den sogenannten Kanzelparagraphen. Die liberale Reichstagsmehrheit stimmte dafür, daß für Mißbrauch der Kanzel zu politischen Angriffen Gefängnisstrafen angedroht wurden. In Bayern ließen sich die Pfarrer, obwohl sie in weit überwiegender Mehrheit auf königlichen Pfarreien saßen, nicht einschüchtern, die Richter interpretierten den Paragraphen auf ihre Weise, aber in Preußen setzte jetzt der Kulturkampf in voller Schärfe ein. Jetzt, nach dem Antrag des bayerischen Kultusministers im Reichstag, wußte Bismarck, daß er in seinem Kampf gegen das Zentrum, die Welfen und Polen vom katholischen Bayern keine Schwierigkeiten zu erwarten haben würde.

Der Kulturkampf in Bayern, weithin „ein schleichender Kulturkampf", weil er meist mit kleinlichen, unmerklichen Schikanen, mit Entscheidungen auf der persönlichen Ebene und dergleichen geführt wurde, unterschied sich von dem in Preußen vor allem dadurch, daß der Staat es gar nicht nötig hatte, sich noch mehr Rechte zuzueignen, als er bereits besaß, und daß die Mehrheit der Abgeordneten nicht, wie dort, hinter den Verfolgungsmaßnahmen stand, sondern in Opposition zur Regierung. Diese Tatsache vor allem bestimmte auch den Gang des Ganzen. Selbst in der Frage der Anerkennung der Altkatholiken als Kirchengemeinschaft wagte Lutz nicht, den Standpunkt des Jahres 1871 beizubehalten, ihre Zahl war ihm zu gering, als daß ihn ihr Bündniswert beeindruckt hätte. Im Grunde kämpfte er nach den ersten Fehlern nur noch um die Behauptung der eigenen Stellung, die nur möglich war, wenn er den König mit seiner Furcht vor Ultramontanen und Demokraten auf seiner Seite wußte, und wenn er alles tat, um nicht Bismarcks Mißfallen zu erregen.

Diese Immobilität von Lutz vor allem war es, die aus den bisherigen Konservativen in Bayern genau das machte, was der König am meisten fürchtete, nämlich Demokraten. Freilich waren die Abgeordneten der Patriotenpartei nicht radikal genug, wenn sie für wirkliche Ministerverantwortlichkeit, mit praktischen Konsequenzen, und für ein gerechtes Wahlsystem kämpften. Sie wagten es nicht – teils aus Verzagtheit, teils aus echter Verantwortung für die Aufrechterhaltung der staatlichen Ordnung wie Jörg –, aus dem Steuerbewilligungsrecht auch das Recht abzuleiten, die Steuern zu verweigern und so das Ministerium zu stürzen. Sie nahmen die Eingriffe Bismarcks hin, nicht ohne zu murren, und sie ließen sich schließlich in Flügelkämpfe verstricken, die jede durchschlagende Aktion von selbst verboten. 1893 spaltete sich schließlich der Bayerische Bauernbund von ihnen ab, damit sank ihre Mehrheit unter 50%, ohne daß freilich deshalb die Regierung ihrerseits eine Mehrheit erhalten hätte. Das war bereits die Zeit des Aufstiegs einer neuen Partei, der SPD.

Der Abbau des Kulturkampfes, an dem im Reichstag der bayerische Abgeordnete v. Franckenstein maßgeblich beteiligt gewesen war, indem er Bismarck durch die Zustimmung seiner Partei zum Übergang zur Schutzzollpolitik den Bruch mit den Liberalen ermöglicht hatte, und der durch den Münchner Nuntius, auf eine deutliche Geste Leos XIII. hin, in einem Gespräch mit Bismarck zu Bad Kissingen in die Form praktikabler Abmachungen gegossen worden war, hatte die Stellung des Zentrums nicht gestärkt, sondern eher geschwächt, auch in Bayern. Die Absetzung und das schreckliche Ende Ludwigs II. hatten ebenfalls die Stellung des allmächtigen Ministers Lutz nicht ins Wanken gebracht, sondern sogar gefestigt. Bewegung konnte in die bayerische Politik in der Tat nur noch durch das Auftreten einer neuen Kraft kommen.

Die unumschränkte Regierungstätigkeit des Ministers Lutz war nur möglich gewesen durch die völlige Indolenz Ludwigs II.; nur bei den Regierungskrisen 1875 und 1881 hatte er, mit einem Kabinettsschreiben, dessen Entstehungsgeschichte noch zu klären sein wird, eingegriffen, um das Ministerium Lutz zu halten, auch hatte er Lutz nobilitiert, doch größere Aktivität kann man ihm in staatspolitischen Dingen nicht nachsagen. Sicher war der König schon lange Zeit regierungsunfähig, d. h. unfähig zu kontinuierlicher, auf klarer Kenntnis der Umstände beruhender Entscheidungsvorbereitung und unfähig zu entscheidenden Maßnahmen. Aber das wurde offiziell erst festgestellt, als die Regierung Lutz in ernsthafte Gefahr geriet. Die königliche Bauleidenschaft hatte seit etwa 1880 in ein kritisches Stadium geführt, die erforderlichen Mittel hatten die Erschöpfung der Kabinettskasse nach sich gezogen, 1884 betrug das Defizit bereits 7,5 Millionen Reichsmark, bis 1885 kamen weitere 6 Millionen dazu, es drohte die Zwangsvollstreckung, wenn nicht der Landtag die erforderlichen Gelder zur Deckung der Schulden bewilligte. Bitten des Königs an Bismarck, unterstützend einzugreifen, nützten nichts mehr, Bismarck hatte schon Millionen aufgewandt, und sein Rat, sich an den Landtag zu wenden, leitete nur die Katastrophe ein. Wie zu erwarten, lehnten die Oppositionsfraktionen ab, der König vertagte den Landtag, doch am schließlichen Ende war nicht zu zweifeln, Lutz mußte gehen, wenn er dem König nicht das gewünschte Ergebnis vorweisen konnte. In dieser Situation handelte Lutz. Im Besitz des Versprechens des Prinzen Luitpold, des Onkels des Königs und des Nächsten am Thron, ihn im Amt zu belassen, ließ er innerhalb weniger Tage Gutachten der bekanntesten Irrenärzte einholen, am 7. Juni liefen sie ein, ausnahmslos erstellt auf Hörensagen hin, am 8. Juni wurde der König abgesetzt, am 9. Juni die Regentschaft des Prinzen Luitpold ausgerufen. Die Absetzung des Königs selbst, der auf Schloß Neuschwanstein weilte, erfolgte in der unwürdigsten Form, in höchst ungeschicktem Vorgehen zudem. Der Leichtsinn des leitenden Arztes Dr. v. Gudden, der seine eigene Diagnose mißachtete, die mit Selbstmordabsichten des Patienten durchaus rechnete, führte am 13. Juni zum Ende des Arztes, der sich dem unerhört kräftigen König entgegengestellt hatte, und zum Tode

Ludwigs II. im Starnberger See; allem Anschein nach hatte der König den erlösenden Tod selbst gesucht.

Schon im ersten Stadium der Krise hätte es der Anstand erfordert, daß die Regierung Lutz zurücktrat, wie das alle Welt erwartete, jetzt war es unerläßlich, zumal auch der neue Herrscher, Prinzregent Luitpold, aufs schlimmste kompromittiert war; noch Jahrzehnte sollte er an dieser Hypothek tragen. Lutz zog diese Konsequenz nicht, aber auch der Bayerische Landtag bescheinigte ihm korrektes Verfahren, ausgerechnet jetzt, wo es die höchste Staatsnotwendigkeit erfordert hätte, ihn von der Bühne zu entfernen. Ein formell eingereichtes Rücktrittsgesuch nahm der Prinzregent nicht an, die Ära Lutz nahm ihren Fortgang, das erbärmliche Niveau der Münchner Politik erstaunte selbst in Berlin. Erst nach dem Tode von Lutz 1890 begann der Prinzregent, eine der nobelsten Erscheinungen unter den Fürsten seiner Epoche, den niemand nach redlicher Prüfung all der Vorgänge mit den schrecklichen Ereignissen von 1886 in Verbindung bringen konnte, jenes Maß an Vertrauen im Volk zu gewinnen, das seine Epoche in der rückschauenden Betrachtung der Zeitgenossen, aber auch in der Analyse des Historikers als eine der glücklichsten in der gesamten Geschichte Bayerns erscheinen läßt. Das lag an der Persönlichkeit des Prinzregenten selbst, die jedermann, auch die Opposition, für absolut integer hielt, das lag aber auch an der Qualität der Beamten, die unter ihm die Geschäfte führten, das lag zuletzt und vor allem an der Gunst der Verhältnisse.

Die Übereinstimmung mit dem Volk, an der es bei seinem Vorgänger so sehr gefehlt hatte, war allerdings auch in den Jahrzehnten der Regierungszeit des Prinzregenten nicht zu erreichen gewesen, auch er hielt fest an der Bestallung liberaler Minister, auch unter ihm gab es die kleinlichen Konflikte mit der Kammer um Schulfragen und um Etatkosten, und im Grunde war die Kluft, die ihn vom wirklichen Volkswillen trennte, noch größer als zuvor, da die Liberalen, die Regierungspartei, in den Jahren seit 1887 immer mehr zusammenschmolzen. Damals zählten sie noch 69 Abgeordnete, 1893 bis 1899 gingen sie zurück bis auf 44, 1905 waren es noch 23. Das Zentrum, die Opposition also, zählte damals 102 Sitze, erstmals war aber jetzt auch eine neue Partei vertreten, mit 12 Sitzen, von der niemand sagen konnte, wie ihre Zukunft aussehen werde, die SPD. Beide Oppositionsparteien zusammen besaßen eine verfassungsändernde Mehrheit, und in der Tat nutzten sie schon 1906 diese Möglichkeit zur ersten großen Reform seit 1848. Sie setzten gemeinsam durch, daß eine neue, der Bevölkerungsverteilung entsprechende Wahlkreiseinteilung geschaffen wurde und daß auch in Bayern das Reichstagswahlrecht eingeführt wurde, mit gleicher, geheimer und direkter Wahl. Weitere Folgerungen zogen beide Parteien aus den Möglichkeiten jedoch nicht, die ihre Zusammenarbeit eröffnet hatte; ihre Grundlagen wie ihre Ziele waren doch zu verschieden, zu wenig ausgeprägt auch die demokratische Tendenz beim Zentrum, zu unsicher die SPD selbst noch in bezug auf ihre Funktion im Staatsganzen.

Mit dem Ende des Sozialistengesetzes, das – wieder unter Zustimmung der liberalen Mehrheit im Reichstag, gegen die Stimmen des Zentrums – die Sozialdemokraten unter Ausnahmerecht gestellt hatte, war auch in Bayern die Bildung der SPD in Gang gekommen, nicht zuletzt unter dem Einfluß der auch in den bayerischen Großstädten jetzt stark spürbaren Industrialisierung. Auf dem Land waren die Aussichten, Anhänger zu gewinnen, außerordentlich gering, daran zweifelte auch der unbestrittene Führer der bayerischen SPD, Georg v. Vollmar, nicht, lange Jahre hindurch Redakteur des ›Leipziger Volksblatts‹, ein entschiedener Anhänger August Bebels und lange Zeit auch mit ihm einer Meinung über die revolutionäre Aufgabe des Proletariats. In seinen Eldorado-Reden seit 1891 „über die nächsten Aufgaben der Sozialdemokratie im gegenwärtigen Staat" dagegen ignorierte er jene Teile der Marxschen Theorie, die erst auf dem Weg der totalen Verelendung der Arbeiterschaft den Antritt der Herrschaft des Proletariats prophezeiten, sondern trat ein für praktische Reformen in Staat und Gesellschaft der Gegenwart, notfalls durch Mitarbeit im Parlament und in den Gemeinden. Trotz schärfster ideologischer Auseinandersetzungen auf den Parteitagen der nächsten Jahre blieb er bei seiner Haltung, unterstützt darin durch die seit 1894 aufblühende Gewerkschaftsbewegung, die ebenfalls die augenblickliche Verbesserung des Loses der Arbeiterschaft zum Ziele hatte, und langsam folgte ihm, zumal er in Bayern mit seiner

Haltung Erfolg hatte und die SPD dort schon 1907 mit 20 Sitzen zur drittstärksten Fraktion aufstieg, auch die Gesamtpartei. Vor allem die süddeutschen Fraktionen der SPD scheuten sich nicht, auch einmal dem Staatshaushalt zuzustimmen, wenn ihren Vorschlägen und Einwendungen Rechnung getragen worden war. Noch vor dem Krieg war so in Bayern die SPD der Tendenz nach auf dem Weg zur Volkspartei.

Daß ihr dieser Weg sehr schwer wurde, hing vielleicht auch, wie Vollmar meinte, mit der altbayerischen Mentalität zusammen, die mit dem Bestehenden weitgehend zufrieden und auf Neuerungen wenig erpicht war, sicherlich aber mit den allgemeinen wirtschaftlichen Verhältnissen. Noch immer waren in Bayern, das 1852 zu 69 % seiner Fläche Agrarland war, 1894 46 % der Beschäftigten, 1907 40 % in der Landwirtschaft tätig, die außerdem durch staatliche Maßnahmen wie Kultivierung der Moore, vor allem durch Ausbau von Winterschulen und umsichtige Regelung des landwirtschaftlichen Kreditwesens zielstrebig gefördert wurde. Ein großer Teil der außerhalb der Landwirtschaft Tätigen war auch um 1880 immer noch auf dem Gewerbesektor beschäftigt, insgesamt an die 600 000; erstmals nach 1890 überstieg die Zahl der in der Industrie und auf dem Verkehrssektor Beschäftigten eine Million, 27 % der Beschäftigten gehörten 1907 in diesen Bereich. Die Einkommensverhältnisse waren dementsprechend, gemessen am Reichsdurchschnitt, unterdurchschnittlich, im Reich betrug 1913 das jährliche Einkommen pro Kopf 748 Reichsmark, in Bayern 625, in Ostpreußen allerdings, das noch weniger industrialisiert war, nur 478. Ausschlaggebend aber für die relative Zufriedenheit weiter Teile der Bevölkerung in Bayern war die Tatsache, daß die Einkommensstruktur sehr ausgeglichen war, es gab wenig sehr hohe Einkommen, wenige lagen beim Existenzminimum. Daran war zweifellos die gesunde Gewerbestruktur beteiligt; das Gewerbe, vor allem das ländliche Gewerbe, war am lokalen Markt orientiert, konnte also in der Regel mit ausreichendem Einkommen rechnen. Nicht anders stand es mit der Agrarstruktur, die sich trotz der Bauernbefreiung von 1848 im wesentlichen seit Jahrhunderten nicht geändert hatte. Großgrundbesitz spielte fast keine Rolle, Besitzungen über 100 Hektar gab es nicht mehr als 1 %, beherrschend war der mittelgroße bäuerliche Familienbetrieb, der bei Fleiß und Genügsamkeit – bei heute kaum glaublicher Genügsamkeit, wie aus den Erzählungen unserer Eltern hervorgeht – genügend abwarf, um die Steuern zu tragen und die Aussteuer für die Töchter, die Ausheirat der nachgeborenen Söhne zu ermöglichen. In Altbayern gab es daneben noch zahlreiche Sölden, Gütler, ländliche Handwerker, auch Häusler und Tagwerker. In Franken und in der Pfalz herrschten Betriebe mit nicht mehr als fünf Hektar vor, bedingt durch die hohen Erträge der Wein- und Gartenwirtschaft.

Im allgemeinen war, besonders seit der Verbesserung der Bodenbewirtschaftung durch die von Liebig eingeführten Methoden, die wirtschaftliche Lage der ländlichen Bevölkerung relativ krisenfest; ein Gewerbezweig, der von der Landwirtschaft aufs engste abhing, das Brauereigewerbe, blühte sogar in außerordentlichem Umfang auf, von 1879 bis 1900 stieg die Zahl der Aktienbrauereien von 15 auf 74, Bayern erzeugte 27,6 % des deutschen Bierausstoßes, fast 10 % der Welterzeugung.

Nach der Jahrhundertmitte, als die Heiratsbeschränkungen weggefallen waren, war allerdings ein Krisenmoment nicht zu übersehen, die Übervölkerung der ländlichen Gemeinden, die nur abgefangen werden konnte durch Auswanderung, vor allem aber durch die auch in Bayern mit den 70er Jahren kräftig einsetzende Industrialisierung. Die Wachstumsraten der Großstädte sprechen für sich: München wuchs von 1876 bis 1912 von 200 000 Einwohnern auf etwa 600 000, Nürnberg überschritt 1880 die ersten 100 000, 1912 wies es 330 000 Einwohner auf, 1908 war auch Augsburg Großstadt. Das Wachstum dieser Städte steht in engem Zusammenhang mit der Ansiedlung von Industrieunternehmungen. Die bayerische Maschinenbauindustrie stand 1882 noch bei 6500 Beschäftigten, 1907 hatte sie über 35 000. Zentren waren München, Augsburg und Nürnberg. München, nach wie vor Zentrum der optisch-feinmechanischen Industrie in Bayern, erhielt mit Krauss-Maffei auch ein führendes Werk zur Herstellung von Lokomotiven, Augsburg besaß um 1900 die zweit- und die drittgrößte Baumwollspinnerei des Reiches mit mehr als 3000 Beschäftigten; Linde entwickelte hier seine Kühlmaschinen, Rudolf Diesel baute 1893 bis 1897 seinen berühmten Motor. 1898 wurden die Maschinenfabriken zu Augsburg und zu Nürnberg zur 'MAN' zusammengelegt, bis 1913 erreichten sie 12 000 Beschäftigte. Nürnberg war darüber hinaus ein Zentrum der Elektroindustrie und hatte mit den Werken von Siegmund Schuckert das kapitalkräftigste Unternehmen Bayerns, mit 25 Vertretungen in aller Welt; 1903 wurde es mit dem Berliner Siemens-Konzern zusammengelegt und beherrschte seither den Markt fast völlig, so wie die Fichtel-&-Sachs-Werke zu Schweinfurt die Fertigung von Kugellagern. Besonders in der Pfalz wurde die Industrialisierung erfolgreich vorangetrieben, mit der chemischen Industrie zu Ludwigshafen, den Tuchfabriken in St. Lambrecht, den Schuhfabriken in Pirmasens, das auf diesem Gebiet in Deutschland führend war. Chemische Werke größeren Umfanges gab es sonst nur noch bei Trostberg und Burghausen, in der Oberpfalz Glasindustrie, Aschaffenburg, Fürth und Hof versuchten mit der Augsburger Tuchindustrie zu konkurrieren. Überall im Land wurden auch die heimischen Bodenschätze aktiviert, zum Teil auf uralten Grundlagen. Kaolin und Flußspat aus der Oberpfalz, Solnhofer Platten gingen in alle Welt; die Graphiterzeugung im unteren Bayerischen Wald blühte erneut auf. Nach der Jahrhundertmitte, als es schon schien, man müsse Erzförderung und Eisenverhüttung im Amberger Becken wegen mangelnder Rentabilität für immer einstellen, begannen 1863 mit der Maximilians-Hütte bei Sulzbach-Rosenberg, 20 Jahre später mit der Luitpolds-Hütte wieder Erzabbau und Eisenverhüttung in großem Maßstab. Auch die oberbayerische Kohle wurde wieder wichtig, und dort, wo Kohle und Erz zusammen vorkommen, um St. Ingbert in der Pfalz, entstanden Hüttenwerke mit mehr als 2000 Beschäftigten. Insgesamt betrug 1913 die bayerische Gesamtproduktion an Stahl etwa 200 000 t im Jahr. Mit dieser Zahl sind freilich auch die Grenzen deutlich gemacht, die bayerische Förderung stellte noch nicht einmal 1 % der Gesamtproduktion im damaligen Deutschen Reich. Die wirtschaftliche Potenz Bayerns entsprach also noch nicht einmal der politischen, so gering diese auch anzusetzen war.

München konkurrierte jedoch mit Berlin um den ersten Rang als

Heimstätte von Kunst und Wissenschaft. Auf dem Gebiet der Naturwissenschaften und der Medizin führte die Epoche Ludwigs II. und des Prinzregenten bruchlos die Tradition weiter, die Maximilian II. gelegt hatte; neben dem großen Mediziner Nußbaum wirkten in München, um nur die bedeutendsten Namen zu nennen, Arnold Sommerfeld, mit seinem Buch von 1919, ›Atombau und Spektrallinien‹, einer der Bahnbrecher der Quantentheorie, der 1909 das Institut für theoretische Physik gründete und einen großen Kreis hervorragender Schüler heranzog, und der Chemiker Adolf v. Baeyer, dem, seit 1875 Nachfolger Liebigs, eine Fülle von bahnbrechenden Entdeckungen gelang; am bekanntesten ist seine Synthese des Indigo, 50 seiner Schüler verbreiteten seine Methode der strengen empirischen Forschung an den deutschen und europäischen Hochschulen der nächsten Generation. Carl v. Linde, der Begründer der neueren Thermodynamik, erreichte 1902 die Errichtung eines Lehrstuhls und eines Laboratoriums für technische Physik an der Technischen Hochschule. 1900 folgte auch Röntgen, der bedeutendste bayerische Physiker dieser Epoche, einem Ruf nach München; seine Entdeckung der Röntgenstrahlen gehört zu den folgenreichsten Entdeckungen aller Zeiten. Mit diesen großen Namen können sich die Vertreter der Geisteswissenschaften zweifellos nicht messen, nicht Döllinger, dessen politische Bedeutung seit dem Vatikanischen Konzil seinen vordem wissenschaftlich begründeten Ruhm weit überstrahlte, nicht Max v. Seydel, der große Systematiker des Bayerischen Staatsrechts, auch nicht die Historiker, so gewichtig Leben und Werk des aus München hervorgegangenen Moriz Ritter, die Quelleneditionen und seine Darstellung der Epoche um 1600 auch waren, oder Karl Theodor v. Heigel, der als geistvoller Essayist vielen bedeutenden Themen der allgemeinen und bayerischen Geschichte zum Teil bis heute gültige Gestaltungen geschenkt hat. Bestenfalls Sigmund v. Riezler, den Autor einer achtbändigen ›Geschichte Baierns‹, der bis heute umfassendsten, quellenmäßig am besten begründeten Geschichte eines deutschen Landes, könnte man unter die Großen seiner Zeit rechnen, auch wenn er nicht mit Ranke an Kraft der Darstellung, mit Giesebrecht an Schärfe der historischen Kritik wetteifern kann; seine universale Zusammenschau aller geschichtlichen Erscheinungen im Dasein eines Volkes durch mehr als ein Jahrtausend hin, lange vor der Propagierung des Ideals der 'histoire intégrale', läßt ihn heute als einen der großen historiographischen Bahnbrecher seiner Zeit erscheinen.

Im Bewußtsein der Zeitgenossen stand aber sicher das literarische München im Mittelpunkt, der ›Simplizissimus‹ mit seiner geistvollen Kritik an dem hohlen Pomp der Wilhelminischen Zeit, unter seinen Mitarbeitern Ludwig Thoma, der freilich auch mehr zu bieten hatte als Satiren, dem unvergeßliche Charakterstudien seiner bäuerlichen Landsleute gelangen, der aber lange unverdient im Schatten des betriebsamen Max Halbe, des wichtigsten Autors der Zeitschrift ›Die Jugend‹ stand. In München schrieben damals, vor der Jahrhundertwende, auch Henrik Ibsen und Frank Wedekind, Stefan George, der Dichtung zur sakralen Kunst erhob, nahm 1891 Wohnung in München, wenig später bezog Thomas Mann sein Haus in Schwabing, immer wieder zog es auch Rilke nach München. Bayerische Themen gestalteten aber neben Thoma nur Josef Ruederer, dessen Romane voll düsterer Schicksale und schwergehämmerter Charaktere heute noch faszinieren, und der bissige, gescheite Georg Queri. Ludwig Ganghofer schließlich war wohl der mit seiner Zeit am tiefsten übereinstimmende Schriftsteller, pathetisch und rührselig, aber auch voller Optimismus und deshalb am liebsten gelesen. Eine Zeitschrift von hohem geistesgeschichtlichen Rang waren schließlich auch die von Paul Nikolaus Cossmann und Josef Hofmiller herausgegebenen ›Süddeutschen Monatshefte‹. 1903 begründete Carl Muth als Sprachrohr des katholischen Literatur- und Geschichtsverständnisses seine Zeitschrift ›Hochland‹, die am längsten von allen Bestand hatte.

Mit dem literarischen München mochte Berlin immerhin noch versuchen zu konkurrieren, unbestrittene Hauptstadt Deutschlands war München auf dem Feld der Malerei. Es ist kaum möglich, die Namen zu nennen, die einander ablösenden, ergänzenden, bekämpfenden Richtungen zu charakterisieren. Noch ragt mit Piloty und seinen Schülern das Genre der Historienmalerei in die Epoche herein, die beherrscht wird von Franz v. Lenbach, dem Meister des fein stilisierten, die Persönlichkeit tief auslotenden Porträts, in seinem

Rang bestenfalls bedroht von Leo Samberger, und dann von Wilhelm Leibl und seinem Kreis, dem strengen Realisten, dem es aber bei aller Bindung an die Natur der Erscheinungen doch auch gelingt, das Bleibende in ihnen zu fassen, fern bloßer Reproduktion der Form. Abgelöst, verdrängt, aber nicht überwunden werden die Älteren, zu denen auch die letzten Vertreter der Münchner Landschaftsmalerei wie August Seidel gehören, durch die Malerei des Jugendstils, Franz Stuck, Arnold Böcklin, die auf Makart und Marées weiterbauen, oder die Künstlergruppe, der die Zukunft gehört, die Vertreter des Impressionismus Lovis Corinth, Slevogt, Fritz v. Uhde, dann die Symbolisten Wassily Kandinsky, Albert Weisgerber und Franz Marc. Große Plastik schuf nur noch Adolf v. Hildebrand mit seinem Wittelsbacher Brunnen von 1890/95 oder seinem Denkmal des Prinzregenten.

Die geistige Aufbruchsstimmung dieser Jahre war geradezu bestürzend, selbst aus den frühen Tagebüchern des doch so sehr nach innen horchenden Hans Carossa wird ein Drängen spürbar, das kein Ziel kennt, das nur Unruhe ist, Bereitschaft zur stürmischen Wanderung ins Unbekannte, wo das Große gesucht wurde im Rausch der Hingabe wie im Rausch der Zertrümmerung alles Alten, Bestehenden, des Dauernden. Die Extremform dieser Haltung finden wir bei den Anarchisten, die in München aber nicht zu Wort kamen, noch nicht. Im einfachen Volk, das doch genug mit der Sorge um das tägliche Leben beschäftigt schien, war die Stimmung kaum anders. Die lange Friedenszeit empfand vor allem die Jugend als beengend, als hinderlich für große Taten. Die Bereitschaft zum Abenteuer war fast allgemein, allgemein wohl in ganz Europa.

Es gibt viele Ursachen, die sich für den Ausbruch des Ersten Weltkrieges ermitteln lassen, die wichtigste scheint mir aber dieses allgemeine Ungenügen an den friedlichen – um mit Schelling zu sprechen, zu nichts Großem herausfordernden – Zuständen der Jahre vor 1914. Auch in Bayern, wo der Militarismus nie zu einer beherrschenden Denkweise geworden war, wo Imperialismus und Nationalismus nur als Importware angesehen werden können, war doch schon vor dem Kriegsausbruch die Bereitschaft selbstverständlich, 'seine Pflicht zu tun'; selbst die Abgeordneten des bayerischen

Zentrums, die noch gegen die Septennatsvorlage gestimmt hatten, als bereits das übrige Zentrum dafür gewesen war, gaben sich schon lange Zeit 'national', nicht erst, seit einer der ihren Ministerpräsident geworden war. Um so weniger wird man es Ludwig III. verargen dürfen, dem Sohn und Nachfolger des Prinzregenten, seit 1913 auf Antrag seines Ministeriums König, nicht nur Prinzregent – der Nächste am Thron, Otto, der Bruder Ludwigs II., lebte noch, wie sein Bruder in geistiger Umnachtung –, daß er im August 1914 wie auch die anderen deutschen Fürsten seine vorbehaltlose Zustimmung zur Kriegserklärung gab, ohne auch nur die Forderung nach genauer Untersuchung über Vorgänge, Zwecke, Notwendigkeiten und Ziele zu stellen. Einst, 1896, hatte er als Gast des Zaren protestiert, als Wilhelm II. zu Petersburg in seinem Trinkspruch die deutschen Fürsten seine Vasallen genannt hatte, und wie sein Vater, der Prinzregent, war er eigentlich großdeutsch gesinnt, aber die Treue zum Reich stand längst nicht mehr zur Diskussion, sie war selbstverständlich bis ins letzte Dorf. Auch von seinem leitenden Minister, dem Grafen Hertling, war kein Zögern zu erwarten. 1912, noch durch den Prinzregenten, war er, Ordinarius für Philosophie an der Münchner Universität, Vorsitzender des Zentrums im Reich, Ministerpräsident geworden, ohne aber seine Parteifreunde in die Regierung zu nehmen, da er ein entschiedener Gegner des Parlamentarismus war. Er bildete eine Beamtenregierung, wie seine Vorgänger auch, und an nationaler Gesinnung, das war die Parole der Zeit, wollte er sich als Katholik, als Präsident der Görres-Gesellschaft und Zentrumsmann von niemandem übertreffen lassen.

Bayern trat in den Krieg ein, ohne anders als militärisch darauf vorbereitet zu sein; sehr bald wurde aber auch die bayerische Regierung in die bereits im September 1914 ausbrechende Kriegszieldiskussion hineingezogen, die bis fast zum Kriegsende immer wieder aufflackern sollte und die absurdesten Formen annahm. Der bayerische Standpunkt dabei, den der König selbst entschieden vertrat, bis 1916 auch der Kronprinz, und den Graf Hertling im Auswärtigen Bundestagsausschuß wie gegenüber dem Kaiser und der Obersten Heeresleitung durchsetzen sollte – was er nur sehr zurückhaltend versuchte –, war trotz des ganz Europa beherrschenden Annexionsfiebers nicht einfach annektionistisch. Auch wenn Ludwig III. aus Begeisterung für sein Lieblingsprojekt, eine europäische Wasserstraße von der Donau bis zur Nordsee, für die Annexion Belgiens durchaus zu haben war, so zielten die bayerischen Forderungen auf das Elsaß vielmehr auf die Aufrechterhaltung des innerdeutschen Gleichgewichts und sollten ein noch größeres Übergewicht Preußens verhindern. Besonders der Kronprinz war nur unter solchen Gedankengängen auch für eine Beteiligung Bayerns an der möglichen Kriegsbeute. Daß er spätestens seit der verlustreichen Schlacht um Verdun auch davon abrückte, hatte auf die Einstellung seines Vaters allerdings keinen Einfluß; immerhin distanzierte sich Ludwig III., darin bestimmt von Hertling, von der sogenannten Kanzlersturzbewegung ganz entschieden, die 1916/17 in München besonders eifrig agitierte und im 'Volksausschuß für die rasche Niederwerfung Englands' ein Organ besaß, das selbst im Zentrum seine Anhänger hatte. Bis Mitte 1916, bis die Agitation für den uneingeschränkten U-Boot-Krieg und gegen den immer stärker von den Kriegszielen des September 1914 abrückenden Kanzler Bethmann Hollweg in der Öffentlichkeit ohne jeden Rückhalt vorgetragen werden konnte, hatten sich auch die Angehörigen der SPD an den 1914 proklamierten innerpolitischen Burgfrieden gehalten; wenn auch einzelne Mitglieder auch dieser Partei sich einmal für Annexionen ausgesprochen hatten, so war doch die SPD insgesamt, die wie alle Parteien für die Kriegskredite gestimmt hatte, für einen Frieden ohne Eroberungen. Der innerpolitische Kampf war damit unvermeidlich geworden. Seinen Höhepunkt erreichte er nach dem Sturz Bethmann Hollwegs.

Lange Zeit hatte es Hertling vermocht, durch sein Eintreten für die maßvolle Haltung Bethmann Hollwegs den Sturz des Kanzlers zu verhindern, auch an der Vorbereitung der Friedensaktion der Mittelmächte Ende 1916 war er beteiligt, auch andere Möglichkeiten, zum Frieden zu gelangen, hatte er wiederholt zu nutzen versucht. Er war aber nie wirklich in der Lage, sich durchzusetzen, auch Bethmann Hollweg vermochte er nicht zu retten, im Sommer 1917 war sein Sturz nicht mehr zu vermeiden. Als seinen Nachfolger schlug der scheidende Kanzler Hertling vor, doch dieser lehnte ab, im sicheren Bewußtsein, der Obersten Heeresleitung im Kampf um die Macht nicht gewachsen zu sein. Nach dem Zwischenspiel von Michaelis, der außenpolitisch wie innenpolitisch als Kanzler völlig versagte, ließ sich Hertling gegen bessere Einsicht von seinem König dazu bewegen, das Amt des Kanzlers zu übernehmen, doch er war nicht weniger hilflos als sein Vorgänger. Trotz der Friedensresolution des Reichstags, trotz des erklärten Verzichts auf Annexionen wagte er es nicht, der Obersten Heeresleitung die Verhandlungen um den Frieden von Brest-Litowsk mit Rußland aus der Hand zu nehmen, er opferte sogar seinen Staatssekretär des Auswärtigen, v. Kühlmann, der Ludendorff nicht willfährig genug war. Die Schwäche des Kanzlers begünstigte aber auch das Anschwellen der innerpolitischen Auseinandersetzungen; auf der einen Seite bildete sich die Vaterlandspartei und überhitzte die Atmosphäre heillos durch hemmungslose Forderungen an die Regierung, auf der anderen trennte sich von der SPD eine starke Gruppe ab, die Unabhängige Sozialdemokratie, die USPD, die nicht nur Annexionen ablehnte, sondern jetzt auch die Verlängerung der Kriegskredite. Als die Kriegslage immer hoffnungsloser wurde, als die erträumten entscheidenden Siege im Westen ausblieben, dafür die blutigen Verluste ins Ungemessene stiegen, die Lebensmittelversorgung dagegen nahezu zusammenbrach, der Hunger in den Städten, der völlige Mangel an Arbeitskräften auf dem Land alle Energien lähmten, regte der neue bayerische Ministerpräsident von Dandl ein gemeinsames Vorgehen der Bundesregierungen an, um zum Frieden zu kommen, doch mehr als auf die Feststellung, daß die Lage hoffnungslos sei, konnte sich der Auswärtige Bundesratsausschuß nicht einigen, die Initiative zum Frieden ging nicht von Bayern aus und nicht von den Ländern.

In letzter Minute, nachdem seit Januar 1918 bereits, nach dem großen, reichsweiten Streik, immer wieder einzelne Krawalle die Unzufriedenheit der Bevölkerung mit dem Gang der Entwicklung, da und dort bereits auch mit König und Regierung gezeigt hatten, nachdem das Waffenstillstandsangebot der Obersten Heeresleitung jedermann klargemacht hatte, daß der Krieg verloren war, entschloß sich die Regierung unter Dandl zur Einleitung von Reformen, die das grundsätzliche Verhältnis des Bürgers zum Staat betrafen und die als Voraussetzung gedacht waren zur Entschärfung jener Gegensätze, die, seit langem bestehend, besonders in den Krisenjahren seit 1915 störend in Erscheinung getreten waren. Träger der Reformforderung war vor allem die SPD, die vor dem Krieg geradezu als staatsfeindlich betrachtet worden war, durch ihre Bereitschaft aber, ihren vollen Anteil an den Lasten und Leiden des Krieges zu tragen, aus der Diskriminierung gefunden und im Sinn des 1914 geschlossenen Burgfriedens lange Zeit Zurückhaltung geübt hatte. Seitdem aber im Reichstag, nicht zuletzt durch die Erfolge des Interfraktionellen Ausschusses von 1917, die Diskussion um die Parlamentarisierung der Reichsverfassung wie um andere Reformen in Gang gekommen war, griff auch die bayerische SPD alte Anliegen wieder auf, darunter auch solche, die einst selbst das Zentrum betont hatte. Doch da der Antrag Auer-Süßheim vom September 1917, der die Bindung der Minister an das Vertrauen des Landtags, die Einführung des Verhältniswahlrechts und des Frauenwahlrechts sowie die Beseitigung des Reichsrats forderte – Fragen, über die man diskutieren konnte –, auch die Abschaffung des Adels und der Privilegien des Königs und seines Hauses wie die Trennung von Kirche und Staat einschloß, war sein Mißerfolg unvermeidlich, die SPD isolierte sich außerdem in gefährlicher Weise von den übrigen Parteien, auch schockierte sie die immer noch monarchische Volksmehrheit. Immerhin stieß die Forderung nach Reformen auch bei konservativen Politikern angesichts der im Krieg besonders in Erscheinung tretenden zahlreichen Unzuträglichkeiten auf allen Verwaltungsebenen auf Verständnis, und so kam es am 2. November 1918 zum Abkommen zwischen der Regierung und den Landtagsparteien, welches die Einführung des Verhältniswahlrechts auf allen Ebenen und seine Ausdehnung auf alle erwachsenen bayerischen Staatsbürger, die Zusammensetzung der Kammer der Reichsräte auf berufsständischer Basis und die Bindung der Regierung an das Vertrauen der Kammer zum Inhalt hatte. Damit waren sicher nicht alle Streitpunkte aus der Welt geschafft, auch einer ganzen Reihe von Gegebenheiten, welche das Verhältnis von Staat und Gesellschaft, insbesondere von Kapital und Arbeit betrafen, war nicht Rechnung getragen, doch mochte die geplante Verfassungsreform wenigstens einen Anfang darstellen. Der verlorene Krieg jedoch, die Unfähigkeit der Behörden, mit den Alltagsproblemen des Krieges fertig zu werden, aber auch das jahrelange untätige Zuwarten der Regierung hatten bereits zu einem solchen Autoritätsverlust geführt, daß die Öffentlichkeit das, was Landtag und Regierung planten, überhaupt nicht zur Kenntnis nahm. Nur eine Sehnsucht beherrschte um diese Zeit die Allgemeinheit, die Sehnsucht nach raschem Frieden. Daß mit dem Ende des Krieges auch das Ende der Monarchie kommen mußte, wenigstens in Bayern, war trotz des Wilsonschen Aufrufs nicht notwendigerweise mit diesen allgemeinen Gegebenheiten verbunden, aber es gab auch keinen Widerstand, als am 7. November 1918 der Journalist und Kandidat für den Bayerischen Landtag Kurt Eisner die Republik ausrief und die fast 800 Jahre alte Herrschaft des Hauses Wittelsbach beendete.

DER FREISTAAT BAYERN
UND DIE WEIMARER REPUBLIK

Die Revolution von 1918, die den 'Volksstaat' Bayern oder, wie es in einer Verlautbarung Eisners auch hieß, den 'Freistaat' Bayern begründete – beides meint als Übersetzung von 'res publica' dasselbe –, war erbärmlich in ihrem Verlauf und unheilvoll in ihren Folgen; zu allem Überfluß war sie auch in jeder Hinsicht unnötig. Nach innen änderte sich – schon durch die ersten konsolidierenden Maßnahmen unter Eisner und Auer war das festgelegt – nichts Wesentliches, abgesehen davon, daß die am 2. November beschlossenen Reformen jetzt auch durchgeführt wurden. Im übrigen blieb es bei dem bisherigen Beamtenregiment, von der Regierung bis zu den Kommunen, auch notwendige Reformen auf dem Gebiet der Wirtschaft und der Sozialverfassung konnten nur zum geringsten Teil verwirklicht werden, da die Kriegsfolgen kaum Bewegungsfreiheit ließen, und der Lebensstandard der Bevölkerung stieg nicht, er sank unaufhörlich. Daran hätte freilich auch eine königliche Regierung nichts ändern können, aber sie hätte vielleicht an der Staatsspitze größere Stabilität und damit wohl auch eine gewisse Beruhigung der seit 1918 in ständiger Erregung befindlichen Massen bewirkt. Das Königtum als Institution, die der Wahl und damit dem Parteienstreit entzogen war, hätte auch bei völliger Demokratisierung der Verfassung seine sinnvolle Berechtigung gehabt.

Besonders wichtig für das bayerische Selbstverständnis wäre jedoch die Tatsache gewesen, daß das Verhältnis zum Reich einen grundlegend anderen Charakter besessen hätte, als es nun ohne den König der Fall war. Die bayerischen Staatsrechtslehrer, die in Berlin und Weimar mit den Verträgen von 1870 und der Reichsverfassung von 1871 argumentierten, als es darum ging, das Verhältnis Bayerns zum Reich neu zu definieren, beriefen sich zu Unrecht auf die Tatsache, daß das Reich durch einen Vertrag der Fürsten miteinander entstanden sei und daß jetzt ein neuer Boden gelegt werden müsse, der diesen Grundgegebenheiten Rechnung trage. Die Grundgegebenheit des November 1918 war jedoch die erfolgreiche Erhebung, sie, und nicht das Recht der Fürsten, bestimmte auch den Charakter des Deutschen Reiches von 1919. Insofern stand in der Reichsverfassung zutreffenderweise der Satz, daß die Staatsgewalt vom Volk ausgehe, alle altbegründete Legitimität war zerschlagen. Nur ein König von Bayern hätte – staatsrechtlich schlüssig – das fordern können, was die bayerischen Patrioten in den Monaten vom Dezember 1918 bis August 1919 forderten, den Eintritt Bayerns in das neue Reich unter denselben Bedingungen wie 1870.

Für den König haben aber auch diese Patrioten nicht gekämpft. Es ist viel darüber gerätselt worden, wie es einem Demagogen wie Eisner gelingen konnte, sich mit einer Handvoll Anhänger in wenigen Stunden der Stadt München und damit des gesamten bayerischen Staates zu bemächtigen, und man wird auch hier die alte Antwort Montesquieus nicht ignorieren dürfen, daß nur dann eine einzige Schlacht – hier ein kühner Handstreich – imstande ist, ein Staatswesen zu zerstören, wenn es längst dafür reif ist. Man wird in erster Linie sicher die Kriegsmüdigkeit der Soldaten wie des ganzen Volkes in Rechnung stellen müssen, die besondere Situation in München, wo Zehntausende von Soldaten zusammengedrängt waren und davor Angst hatten, wieder ins Feld zu müssen, wo Zehntausende von Arbeitern mit ihren Familien hungerten. Man hätte sich nicht zu wundern brauchen, wenn die SPD, die vor allem die Arbeiter hinter sich wußte, die Fahne der Revolution entrollt hätte, aber gerade sie tat es nicht, jedenfalls nicht, soweit es das bayerische Königshaus betraf; die Abdankung des Kaisers und des preußischen Kronprinzen forderte aber nicht nur die SPD, sondern nach der Aufforderung Wilsons vom 23. Oktober sogar der bayerische Ministerpräsident. Die Revolution war in der Tat nicht ein Werk der Massen; die 50 000 Teilnehmer der Demonstration für den Frieden am 7. November auf der Theresienwiese, die von SPD, Gewerkschaften und USPD gemeinsam veranstaltet worden war, marschierten unter Führung des SPD-Vorsitzenden Auer zum Friedensengel, nur Eisner mit wenigen hundert Anhängern eilte zu den Kasernen und rief zu den

Waffen. Um so mehr zu denken gibt die Tatsache, daß er Erfolg hatte.

Was vorausging, war die Kapitulation der Regierung. Der Ministerpräsident Dandl forderte in der Bundesratssitzung vom 25. Oktober zusammen mit Württemberg offiziell den Rücktritt des Kaisers. Eisner, der wegen seiner aktiven Teilnahme am Januarstreik im Gefängnis saß, wurde freigelassen, damit er den Wahlkampf für seinen Einzug in den Landtag führen könne; am 3. November bewirkte eine verbotene Demonstration die Freilassung der politischen Gefangenen, die für den 7. November angekündigte Demonstration auf der Theresienwiese – unter freiem Himmel also, was bisher während des Krieges immer verboten gewesen war –, wurde jetzt erlaubt, obwohl Eisner außerdem noch für diesen Tag die Revolution angekündigt hatte. Die Regierung wagte ihre Autorität nicht mehr geltend zu machen, sie besaß aber auch längst keine Autorität mehr, sie hatte, schuldhaft oder nicht, nichts von alldem verhindern können, was seit 1915/16 das Volk bedrängt und gequält hatte, und schließlich hatte sie zusammen mit Berlin den Krieg auch noch verloren. Aber das hätte nicht den Sturz des Königs nach sich ziehen müssen, denn daß er mitgemacht hatte, war 1914 noch durchaus im Sinn auch der großen Mehrheit des bayerischen Volkes gewesen, und die wenigen Verlautbarungen zur Kriegszielpolitik hatte die Masse des Volkes überhaupt nicht zur Kenntnis genommen. Fallengelassen hat den König ja nicht das Volk, nicht einmal die SPD, sondern seine eigene Regierung, seine eigenen Beamten. Der Münchner Polizeipräsident stellte sich bereits Eisner zur Verfügung, als Auer von der SPD noch bereit war, an der Niederwerfung des Putsches mitzuwirken. Das Kabinett versammelte sich auf die ersten Nachrichten von den Ereignissen hin, um sich nach kurzer Beratung ohne Beschlußfassung wieder zu vertagen, und es war der Ministerpräsident Dandl, der dem König nahelegte, auf den Thron zu verzichten. Es waren sicher grundlegende Strukturmängel, die den Sturz des Königtums zur Folge hatten oder die zur Folge hatten, daß sich für den König keine Hand rührte. Der entscheidende Mangel war, daß die bayerischen Könige seit spätestens 1864 fast durchgehend keine Verbindung mehr hatten zum Volk, daß sie ihre verfassungsmäßigen

Möglichkeiten nicht mehr auszunützen wagten, sondern die Ministerialbürokratie fast uneingeschränkt regieren ließen, ohne zu bedenken, daß sie fast ausnahmslos der liberalen Richtung zugehörten, jener Richtung also, die seit Beginn der Verfassungskämpfe in Bayern gegen das monarchische Prinzip, gegen die Prärogativen der Krone, zum Teil gegen das Königtum an sich gekämpft hatten. Die Vertreter der Mehrheit des Volkes dagegen, die Abgeordneten der Patriotenpartei, schloß Ludwig II., schloß der Prinzregent grundsätzlich von der Regierungsbeteiligung aus. Wer also hätte für den König kämpfen sollen? Die regierende Schicht der liberalen Beamten, die im Innersten keinerlei Neigung zur Monarchie besaß, die immer wieder zurückgestoßenen Vertreter der königstreuen Volksmehrheit, die Soldaten, die nur noch eines wollten, das Ende des mörderischen Krieges? Auf dem Weg zum Volkskönigtum war erst wieder Ludwig III., aber ihm fehlten Nachdruck und Kraft der Persönlichkeit, und vollends der Krieg verhinderte jede Entwicklung einer eigenen, vom König selbst getragenen inneren Politik. Alles, was man sonst in das Ursachenfeld der Revolution einfügt, trifft nicht zu: Gerade an der allgemeinen, gesellschaftlichen und wirtschaftlichen Struktur hat die Revolution, wie schon betont, nichts geändert.

Als sich noch am Abend des 7. November zeigte, daß die Regierung weder willens noch in der Lage war, die Macht zu behaupten, sah sich auch Auer, der Führer der Mehrheitssozialisten, gezwungen, in die Bewegung einzugreifen, obgleich er bisher immer eine Revolution abgelehnt hatte und, wie sein Vorgänger Vollmar, die Erringung der politischen Macht auf verfassungsmäßigem Wege angestrebt hatte. Ihm ging es vor allem um die Aufrechterhaltung der Ordnung, um die Lebensmittelversorgung der Bevölkerung, den Fortgang der Arbeitsverhältnisse, nach dem Waffenstillstand um die reibungslose Eingliederung der Soldaten in die Wirtschaft, keinesfalls verfolgte er den Umsturz von Staat und Gesellschaft.

In dieser Hinsicht stimmte er mit Eisner weit mehr überein, als damals wohl beide wußten. Eisner hatte zwar noch am 7. November die Bildung von Arbeiter- und Soldatenräten veranlaßt, aber sonst hielt er sich nicht an das sowjetische Beispiel, sondern bildete noch am 8. November, obgleich er als Vorsitzender des Arbeiter- und Soldatenrates bereits faktisch die Macht in Händen hatte, eine provisorische Regierung, zusammen mit Vertretern der SPD. Seinem bisherigen politischen Gegner Auer bot er dabei das wichtige Innenministerium an. Er schien in jeder Hinsicht bereit, zu geordneten Verhältnissen hinzulenken, sogar in der Frage der Sozialisierung hielt er sich äußerst zurück. In der Proklamation vom 8. November, also noch einen Tag vor der ähnlichen Berliner Verlautbarung, stellte er die Bildung einer konstituierenden Nationalversammlung in Aussicht, gleichzeitig gab er dem Arbeiter- und Soldatenrat als Ersatz für den Landtag einen provisorischen Nationalrat zur Seite.

Allerdings trat dieses Gremium nie in Funktion, und die Voraussetzungen zur Wahl eines neuen Landtags mußten Eisner Schritt für Schritt abgerungen werden. Seine politische Vergangenheit in der SPD legte ihn auf das Ideal des demokratischen Sozialismus fest, das seit dem Sieg der Reformisten in der SPD die parlamentarische Form für unverzichtbar hielt. Gleichzeitig hatte er aber die Macht durch die Stoßkraft der Räteidee errungen, die Münchner Arbeiter- und Soldatenräte, wenn man so will, waren deshalb die eigentlichen Träger der Souveränität, auf jeden Fall waren die Soldaten, so wenig organisiert sie auch in Erscheinung traten, die einzige Gruppe mit verfügbaren Machtmitteln. Schon aus taktischen Gründen mußte also Eisner mit den Räten zusammenarbeiten, aus ideologischen Gründen sah er in ihnen aber auch die „elementaren Triebkräfte der Revolution", die Träger der Zukunft des Sozialismus, hielt er den Parlamentarismus für „leer und unfruchtbar" und zog auch praktisch neue Kraft immer aus der unmittelbaren Berührung mit den Massen – er war Redner, Demagoge, war kein Staatsmann. Erfolge hatte er dort, wo es ihm gelang, rhetorisch auf die Massen einzuwirken, doch das war kein Ersatz für eine klare, tragfähige Konzeption des zukünftigen Staates, zumal er sich von der augenblicklichen Stimmung unter seinen Zuhörern zu den gegensätzlichsten Bekundungen hinreißen ließ. So konnte er sich bis zuletzt nicht entscheiden zwischen dem Vorrang des Parlaments und dem der Räte, denen er, mit widerwilliger Zustimmung der SPD, offiziell nur das Recht zur Kontrolle von Regierung und Parlament zugestehen wollte, mit einem völlig unverbindlichen Vorschlagsrecht, die er aber in der politischen Wirklichkeit auf diese Aufgabe weder beschränken konnte noch vielleicht auch wollte. Auf jeden Fall entglitten die Münchner Arbeiterräte noch im Dezember völlig seiner Hand. Der geplante Ausbau der Räteorganisation von unten nach oben, durch ordentliche Wahlen, bis zum Zentralrat in München, wurde sabotiert durch den Münchner Revolutionären Arbeiterrat, der ungeachtet der Wahlen im Amt blieb. Ohne echte revolutionäre Bedeutung, im Grunde nur eine bayerische Rarität, war die Beteiligung des Bayerischen Bauernbundes unter der Führung Ludwig Gandorfers am Rätesystem; die Delegierten des Bauernbundes fungierten gleichzeitig als Bauernräte. Die Gefahr, die von den bewußt über ihre Aufgaben in Unklarheit gehaltenen, permanent tagenden Räten ausging, wurde von Eisner unterschätzt, von den SPD-Ministern nicht zielstrebig bekämpft; weder Eisner noch die SPD, die bereits Anfang Dezember die Zusicherung der baldigen Einberufung der Nationalversammlung erreicht hatte, konnten sich zur Bildung einer ausreichenden Schutztruppe für Aufrechterhaltung von Frieden und Ordnung entschließen; das Ergebnis war bereits im Dezember ständig steigender Druck von seiten der Elemente der Bewegung, der wahrhaft revolutionären Kräfte also. Das waren die Anarchisten, die noch am 6. Dezember unter Führung von Erich Mühsam die Münchner bürgerlichen Zeitungshäuser besetzten und die – von Eisner wieder rückgängig gemachte – Absetzung Auers erzwangen, und das war die am 11. Dezember auch in München nach Berliner Vorbild formierte Spartakus-Gruppe unter der Führung von Max Levien, der auf Massenversammlungen die Errichtung von Revolutionstribunalen und die Bildung einer Roten Armee verlangte. Noch gelang es Eisner, der sich in den Kreisen der bayerischen Patrioten Sympathien erwarb durch seine scharfe Opposition gegen die Reichsregierung unter Führung der Mehrheitssozialisten Ebert und Scheidemann, und dessen Sozialismus humanitär, von Kant und dem deutschen Idealismus beeinflußt, also nicht am Machtwillen Lenins orientiert war, die immer wieder aufflackernden Unruhen zu dämpfen. Es gelang sogar, die für den 12. Januar festgesetzten Wahlen zum verfassunggebenden Landtag ordnungsgemäß abzuhalten.

Diese Wahl aber allein schon bedeutete den Zwang zur Entscheidung.

Ihr Ergebnis war für die revolutionären Kräfte vernichtend. Die USPD erhielt 3 Sitze von insgesamt 180, der mit ihr liierte Bayerische Bauernbund 16, jene Parteien jedoch, die eindeutig für die parlamentarische Demokratie eintraten, erhielten zusammen 82 % der Stimmen, die Deutsche Demokratische Partei, welche die liberalen Traditionen weiterführte, 25 Sitze, die SPD 61, die stärkste Fraktion wurde wieder, wie schon vor 1918, die Partei der katholischen Konservativen, das ehemalige Zentrum, das sich jetzt Bayerische Volkspartei nannte. Das bayerische Ergebnis unterschied sich nur in dieser Hinsicht vom Ergebnis der Wahlen vom 19. Januar im Reich zur Nationalversammlung, deren Aufgabe die Festlegung der Reichsverfassung war. Hier dominierte die SPD mit 165 Sitzen, das waren 38,7 %, das Zentrum war mit 21,2 % zweitstärkste Fraktion, dann folgte die Deutsche Demokratische Partei mit 17,8 %; hier hatten also die eindeutig demokratischen Partien ebenfalls an die 68 %, die Deutschnationale Volkspartei mit 10 % und die Deutsche Volkspartei mit 5 % standen ihnen immerhin nahe, als Fortsetzung der alten preußischen Konservativen bzw. Nationalliberalen; eindeutig revolutionär war nur die USPD, sie endete auch im Reich mit 5,2 % abgeschlagen als absolute Verliererin. In Berlin führte aber gerade der Verlust jeder Hoffnung, auf legalem Weg in den Besitz der Macht zu kommen, bereits nach der radikalen Niederlage der Räteidee auf dem Rätekongreß vom 18. Dezember zum ersten Aufflackern der Unruhen, um Weihnachten dann zu blutigen Kämpfen; auch in München war durch die Wahlen die Entscheidung noch längst nicht gefallen. Der Widerstand der Anarchisten und Spartakisten, oder Kommunisten, wie sie sich jetzt nannten, vertiefte sich; die Bierkeller, in denen die radikalen Versammlungen in der Regel stattfanden, füllten sich mit Arbeitslosen und Soldaten – an die 50000 lungerten in München herum und warteten auf ihre Entlassung, die Zahl der Arbeitslosen stieg vom Dezember 1918 mit etwa 8000 bis Mitte Februar auf ca. 40000. Die große Demonstration gegen die Einberufung des Landtags am 16. Februar, zu der Levien aufgerufen hatte, offenbarte gleichzeitig eine völlige Desorientierung der führenden

Kräfte. Eisner selbst setzte sich an die Spitze des Zuges, die SPD beteiligte sich ebenfalls offiziell – das kommende Chaos zeichnete sich bereits ab. Es wurde unwiderruflich durch die Ermordung Eisners am 21. Februar, als er auf dem Weg zur Eröffnung des Landtags war; die Rücktrittserklärung hatte er, wie sein Sekretär versichert, bereits in der Tasche. Selten war ein politischer Mord gleichzeitig politisch so sinnlos wie verhängnisvoll in seinen Folgen. In unmittelbarem Anschluß an die ruchlose Mordtat brach ein fanatischer Anhänger Eisners in den Landtag ein und schoß wild um sich; Erhard Auer, den er für den Anstifter des Mordes an Eisner ansah, verletzte er so schwer, daß Auer in Zukunft aus der Politik weitgehend ausschied, zwei andere Mitglieder des Landtags wurden tödlich getroffen, weitere Schüsse fielen. Der Landtag wurde gesprengt, ein noch am gleichen Tag gebildeter Aktionsausschuß der Arbeiter-, Bauern- und Soldatenräte unter dem Vorsitz von Ernst Niekisch übernahm als 'Zentralrat der Bayerischen Republik' die vollziehende Gewalt und verhängte den Belagerungszustand, die Bewaffnung der Massen setzte ein.

Der Zentralrat erkannte nicht nur den Landtag als rechtmäßig an, sondern stellte auch seine Einberufung in Aussicht – sowie es die Verhältnisse gestatten würden –, doch war es fraglich, ob er die Autorität besaß, diese Absicht auch durchzusetzen. Der am 25. Februar von Niekisch wieder einberufene Kongreß bayerischer Räte stimmte zwar in diesem Punkt zu und lehnte mit 234 gegen 70 Stimmen den Antrag Erich Mühsams auf Errichtung einer Bayerischen Räterepublik ab, griff aber dem Landtag bereits in einem Punkt vor, er setzte eine eigene Regierung ein. Dadurch, daß die Parteien diesem Schritt nicht beitraten und Niekisch wie die Mehrheit auf dem Rätekongreß grundsätzlich für ein geordnetes Verfahren war, kam es am 18. März noch einmal zum Zusammentritt des Landtags, der dem neugebildeten Kabinett unter dem Vorsitz des Mehrheitssozialisten Johannes Hoffmann umfassende Vollmachten erteilte und sich dann vertagte. An sich hätte die Revolution jetzt zu Ende sein müssen, denn Hoffmann war berechtigt, ohne Landtag Gesetze und Verordnungen zu erlassen, er war theoretisch in der Lage, sich unumschränkte Machtmittel zu verschaffen, aber machte von keiner seiner

Vollmachten Gebrauch. Auch er konnte sich, vor allem da immer mehr SPD-Mitglieder mit den radikalen Räten zusammenarbeiteten, nicht dazu entschließen, eindeutige Machtverhältnisse zu schaffen. Vor der Bildung einer bewaffneten Macht, die Eisner bereits, aber aus humanitären Gründen, abgelehnt hatte, schreckte er aus Furcht, dadurch die bürgerlichen Kräfte zu stärken, zurück; das Ergebnis war, daß jetzt die Radikalen in das Machtvakuum einströmten und in wenigen Zügen die Macht an sich rissen. Am 1. April forderte eine Versammlung im Löwenbräu die Bildung einer Roten Armee, am 3. April erhob eine Rätetagung in Augsburg erneut die Forderung nach Bildung einer Räterepublik, Massenversammlungen in München stimmten zu, auch starke Gruppen der Münchner SPD traten bei, so daß am 7. April in München durch den Zentralrat und den immer noch nicht zurückgetretenen Revolutionären Arbeiterrat die Räterepublik ausgerufen werden konnte. Zur gleichen Zeit weilte Ministerpräsident Hoffmann in Berlin, sein Kollege Schneppenhorst beteiligte sich nicht nur an diesem Staatsstreich, sondern lud auch noch die Kommunisten zur Mitarbeit ein, allerdings vergebens, da sie die Führung allein beanspruchten. Die vollziehende Gewalt lag bei acht Volksbeauftragten und dem Provisorischen Revolutionären Zentralrat, dem Ernst Niekisch, dann Ernst Toller vorstand. Die Regierung Hoffmann wich nach Bamberg aus, ohne eigene Machtmittel und außerstande, in die Ereignisse einzugreifen. In München ging die Entwicklung infolgedessen ungestört weiter, in einer Gesetzmäßigkeit, die als typisch bezeichnet werden muß für den durch und durch chaotisch-anarchischen Kern der Räteidee. Die KPD, jetzt unter Leviné, bildete einen neuen Revolutionsrat und forderte die Räte zum Rücktritt auf, gleichzeitig formierten sich die Kader für die Rote Armee. Am 13. April setzte sich die Rote Armee schließlich durch, nach einem mehrstündigen Gefecht um den Hauptbahnhof; in einer Massenversammlung im Hofbräuhaus wurde die vollziehende Gewalt einem fünfzehnköpfigen Aktionsausschuß übertragen, in dem die KPD dominierte, aber auch die SPD, die noch immer die legale Regierung in Bamberg stellte, neun Mitglieder hatte. Ein Revolutionstribunal wird gebildet, Verhaftungen setzen ein. Gleichzeitig bricht unter dem Druck des permanenten Generalstreiks, aber auch infolge der absoluten Lähmung jeder geordneten Verwaltungstätigkeit die Versorgung Münchens völlig zusammen, auch die letzten Sympathien für die Revolution gehen verloren.

Jetzt endlich ergreift Hoffmann, nicht ohne äußersten Druck von seiten der Reichsregierung, die Maßnahmen, die zur Wiederherstellung der rechtmäßigen, d. h. durch den Landtagsbeschluß vom 18. März legitimierten Regierungsgewalt führen. Er nimmt, da er selbst über keine andere bewaffnete Macht als ein schwaches Freikorps verfügt, die Hilfsangebote aus Berlin und Württemberg an; am 23. April ergeht der Befehl an die Reichswehr, die gesetzmäßige Gewalt in Bayern wiederherzustellen. In München toben inzwischen innere Kämpfe. Toller zwingt die Kommunisten zum Rücktritt, will Verhandlungen mit Bamberg, die Forderung nach Kapitulation wird aber von der Roten Armee abgelehnt, der vom Oberkommandierenden, dem Matrosen Eglhofer, befohlene Geiselmord macht das Verhängnis unwiderruflich. Die Befreiung Münchens wurde blutig erkämpft, mehr als 700 Menschen fanden den Tod, darunter Hunderte nach ihrer Gefangennahme, spontan oder nach Standrecht – wobei nicht vergessen werden darf, daß es der Reichswehrminister Noske war, der den Befehl ausgab, daß jeder, der mit der Waffe in der Hand angetroffen werde, standrechtlich zu erschießen sei.

Die Münchner Ereignisse vom Februar bis zum April 1919 sind von allgemeiner Bedeutung insofern, als sie gezeigt haben, daß die Idee der unmittelbaren Volksherrschaft, verwirklicht durch die Institution der Räte, ihrem Wesen nach zum Chaos führen muß; die ständige Infragestellung der Entscheidungen in Verwaltung und Regierung von unten her, von der 'Basis' her lähmt jede kontinuierliche Führung der Geschäfte, jede geordnete Regierungstätigkeit, und für die künftige Stellung Bayerns im Reich war die Unfähigkeit der sozialdemokratischen Regierung Hoffmann, mit dem Chaos fertig zu werden, die denkbar schwerste Hypothek. Nachdem sich Eisner durch seine eigenwillige Rolle im Zusammenhang mit den Friedensverhandlungen – er glaubte, von Bayern aus die Versöhnung der Völker bewirken zu müssen und setzte dabei die Reichsregierung durch dokumentarisch unterbaute Kriegsschuldbekenntnisse in schwerste Verlegenheit – im Kreis der übrigen Länder völlig isoliert hatte, hatte sich auch die Regierung Hoffmann jeden moralischen Anspruchs auf Respektierung der besonderen Bedeutung und der natürlichen Rechte Bayerns begeben. Die Folgen waren von Dauer.

Während Bayern so gut wie völlig ohne staatliche Gewalt war, hatte das Reich seine neue Gestalt gefunden, eine Gestalt, die von Bayern aus nur noch unwesentlich mitbestimmt werden konnte, die aber nichtsdestoweniger Form und Verlauf auch der bayerischen Geschichte aufs stärkste bestimmte. Die Bayerische Verfassung vom 14. August 1919 war aus diesem Grund in jeder Hinsicht beeinflußt von den Artikeln der Weimarer Reichsverfassung vom 11. August, oft bis in den Wortlaut hinein. Auf den Konferenzen der Länder, die neben den Weimarer Verhandlungen einherliefen, hatte Bayern nur insofern Erfolg bei seinen Bestrebungen, die Reichsverfassung von 1871 zur Basis der neuen Verfassung zu machen, als Ebert schließlich zustimmte, daß ein Staatenausschuß als Vertretung der Länder zu den Beratungen der Nationalversammlung zugezogen werden sollte, so daß die Länder wenigstens zu Wort kamen. Viel wurde dabei allerdings nicht erreicht, zumal Bayern durch den Zusammenbruch der staatlichen Ordnung seit Februar als Land keine Autorität mehr geltend machen konnte, während im Reichstag die bayerischen Vertreter der SPD uneingeschränkt hinter der Reichspartei standen, die Bayerische Volkspartei aber, damals noch in enger Verbindung mit dem Zentrum und wie dieses Mitglied der Weimarer Koalition der demokratischen Parteien, in hoffnungsloser Minderheit war. Es wurde schließlich durchgesetzt, daß neben dem Reichstag auch ein Reichsrat, aus Vertretern der Länderregierungen, gebildet und an der Gesetzgebung mit beratender Stimme beteiligt wurde, das war aber im Grunde alles. Die Reichsverfassung, zum großen Teil die Schöpfung des überzeugten Zentralisten Hugo Preuß, der sich aber nur durchsetzen konnte, weil alle Parteien, ausgenommen die Bayerische Volkspartei, von einem nationaldemokratischen Doktrinarismus ohnegleichen besessen waren, war bewußt unitarisch und zentralistisch. Viel hätte nicht gefehlt, und die Länder wären zu reinen Provinzen degradiert worden.

Den Ländern blieb weder das Verfügungsrecht über das Staatsgebiet – in der Reichsverfassung wurde eine mögliche Neugliederung der Länder vorgesehen – noch über die Staatsverfassung, die republikanisch zu sein hatte. So war also das Recht auf eine eigene Staatsverfassung doch sehr eingeschränkt; daß sie in allem, mit dem Landtag als Träger der Staatsgewalt und mit voller Ministerverantwortlichkeit, weithin ein Abbild der Reichsverfassung war, hing mit dieser Ausgangslage direkt zusammen. Immerhin war mit dieser Abhängigkeit auch das Ende der staatlichen Kirchenhoheit in Bayern verbunden; wie in der Reichsverfassung war auch in Bayern in Zukunft jeder Religionsgesellschaft die selbständige Ordnung und Verwaltung der eigenen Angelegenheiten verfassungsrechtlich zugestanden.

Generell hatten die Länder trotzdem noch nicht einmal ihre eigene Kulturhoheit, der Artikel 13 der Weimarer Verfassung ("Reichsrecht bricht Landesrecht") konnte auch in diesem Bereich geltend gemacht werden, seit 1933 ist das auch geschehen. Immerhin beließ man es bis dahin bei der Möglichkeit, auf anderen Gebieten wurden dagegen die einschneidendsten Verfügungen getroffen; am bittersten empfand man in den Ländern den Anspruch des Reiches auf die generelle Finanzhoheit, aus welcher in Kürze auch die Übernahme der Finanzverwaltung in den Ländern durch das Reich gefolgert wurde. Da mit der Finanzhoheit auch das Recht zur Festsetzung der Steuern und zu ihrer Zuteilung an die Länder verbunden war, ohne grundsätzliche Vorbehalte für die Länder, rissen die Unstimmigkeiten in Zukunft nicht mehr ab. Nichts hat das Verhältnis des Reiches zu den Ländern angesichts der allgemeinen wirtschaftlichen und finanziellen Schwierigkeiten der nächsten Jahrzehnte mehr belastet als dieser Rechtszustand. Daß jetzt auch Post und Eisenbahn in die Verwaltung des Reiches übergingen, wurde zwar auch ungut empfunden, doch traten die Beschwerden darüber hinter anderen Streitpunkten zurück. Bis zur krisenhaften Zuspitzung jedoch wirkte sich der Anspruch des Reiches auf generelle Gerichtshoheit und das davon abgeleitete Recht aus, von Reichs wegen Ausnahmegerichte einzusetzen.

Wie man auch die Notwendigkeiten dieser Zeit des Umbruchs be-

urteilen mag, die vor allem von den ungeheuren Zahlungsverpflich-
tungen des Reiches im Rahmen der Reparationen, der Ersatzleistun-
gen für die Kriegsschäden in Frankreich, belastet war, so ist doch
unstreitig, daß die besondere Reichsverdrossenheit, die man in Bayern feststellen kann, in erster Linie mit dem Grundverhältnis von
Reich und Land in der Weimarer Verfassung und den daraus immer
wieder gezogenen Folgerungen zusammenhängt. Die Enttäuschung
über Weimar betraf in Bayern nicht nur, wie sonst im Reich, die
Radikalen der Linken wie die Rechtsradikalen, die sich weder mit
der Revolution noch mit der Niederlage abfinden konnten, sondern
hier auch die konservative Mitte. Nicht zuletzt daraus erklärt sich
der politisch so labile Zustand Bayerns in den nächsten Jahren. Es
hätte nicht viel gefehlt und dieses Bayern, das sich im Ringen um die
Gestaltung der Reichsverfassung so schlecht behandelt sah, hätte
schon damals das Schicksal der Weimarer Republik besiegelt.

Die stärkste Partei bei den Wahlen dieser Jahre war in Bayern die
Bayerische Volkspartei, die im November 1918 nicht nur ihren
Namen geändert, sondern sich auch formal wie im politischen Programm vom Zentrum getrennt hatte. Die Bestrebungen dazu reich-
ten sehr weit zurück, die ungeklärten Verhältnisse des Umsturzes
von 1918 machten es aber Dr. Heim, dem Sprecher der Bauern innerhalb der Partei, möglich, seine alten Pläne auch durchzusetzen.

Zwar hatte er als einziger gegen die Reichsverfassung gestimmt,
die übrigen Abgeordneten der Bayerischen Volkspartei hatten sich
trotz ihrer schweren Bedenken, die vor allem der Abgeordnete Konrad Beyerle, ein führender Rechtshistoriker, vorgetragen hatte, im
Interesse der demokratischen Einheitsfront und des Zusammenhalts
der Koalition zwischen SPD, Zentrum, Deutscher Volkspartei und
Bayerischer Volkspartei, der sogenannten Weimarer Koalition, zur
Zustimmung entschlossen, zufrieden waren sie aber keineswegs.
Nachdem der Zentrumsabgeordnete Erzberger als Reichsfinanz-
minister durch die Steuergesetzgebung der Jahre 1919 und 1920 die
Reichssteuerverwaltung und die Zuweisung der wichtigsten Steuer-
arten an das Reich durchgesetzt hatte, gelang es Heim sogar, seine
Parteifreunde zur Auflösung der Fraktionsgemeinschaft mit dem
Zentrum zu bewegen. In München war die Ablehnung der Zen-

trumspolitik noch schroffer. Zunächst wirkte sich das jedoch nicht weiter aus.

An sich hätte die Bayerische Volkspartei als stärkste Fraktion schon im März 1919 die Regierungsverantwortung übernehmen müssen, doch die Schockwirkung von Niederlage und Revolution hatten ihr alles Selbstvertrauen geraubt, auch konnte die Bayerische Volkspartei auf keine ausreichende Mehrheit für eine Koalitionsregierung rechnen. Erst als Hoffmann im Mai 1919, um nicht die Liquidierung der Rätezeit allein der SPD aufzubürden, eine Koalitionsregierung bildete, gehörten zwei seiner Minister auch der Bayerischen Volkspartei an, zwei der Deutschen Volkspartei. Diese sogenannte Bamberger Koalition, da sie noch im Exil zu Bamberg geschlossen worden war, konnte nicht von Bestand sein, seitdem in der Bayerischen Volkspartei die Opposition gegen die Reichsregierung und damit vor allem gegen die in Berlin herrschende Sozialdemokratie immer heftigere Formen annahm. Schließlich versäumte es Hoffmann auch jetzt wieder, der Regierung ein Instrument zu verschaffen, mit dem es möglich gewesen wäre, Erpressungen sowohl von rechts wie von links entgegenzutreten. Zwar regten die beiden seiner Partei angehörenden Minister Roßhaupter und Endres noch im Mai 1919 zur Aufrechterhaltung der öffentlichen Ordnung die Bildung von lokalen Einwohnerwehren an, die parteipolitisch unabhängig und auch der Reichswehr nicht unterstellt sein sollten, doch im Einflußbereich des Regierungspräsidenten von Oberbayern, Gustav v. Kahr, setzte sich, geduldet von der Regierung, der Gedanke durch, diese Wehren in einer landesweiten Organisation zusammenzufassen und militärisch zu gliedern, die Führung hatten meist aktive oder Reserveoffiziere. Es gelang vor allem dem Forstrat Escherich, die Mitgliederzahlen gewaltig zu steigern, von 200000 Ende 1919 bis etwa 360000 1921. Hinter diesen Zahlen verbargen sich mobile Korps, in Divisionsstärke und mit schweren Waffen ausgestattet, die direkt der Landesleitung unterstanden.

Ein solches Machtinstrument, dem die Regierung nichts entgegenzustellen hatte, da die bayerische Reichswehrdivision Berlin direkt unterstand, mußte das Gleichgewicht im Staat entscheidend verändern. Tatsächlich war es bereits die bloße Existenz der Einwohnerwehren, die den nächsten politischen Umsturz bewirkte. Obwohl der Kapp-Putsch im März 1920 in Bayern kein direktes Echo auslöste, da der Befehlshaber im Wehrkreis VII, in Bayern, Generalleutnant v. Möhl, die Teilnahme ablehnte, ließ sich der Ministerrat von einer Delegation der Einwohnerwehren und Freikorpsführer zwingen, die vollziehende Gewalt in Bayern an Möhl zu übertragen und zurückzutreten. Möhl selbst, der ebenfalls seine Hände in diesem Spiel hatte, übertrug noch am gleichen Tag die Macht wieder an v. Kahr, der sich zwei Tage später, vorgeschoben von der Bayerischen Volkspartei, vom Landtag zum Ministerpräsidenten wählen ließ und eine Koalition ohne die SPD bildete. Daß die Regierung Hoffmann überhaupt keinen Widerstand leistete, lag nicht an der gewaltsamen Seite des Vorganges, sondern daran, daß Hoffmann längst die Orientierung verloren hatte, in ständigem Streit mit den Koalitionspartnern, aber auch bedrängt vom linken Flügel seiner Partei, die sich von der USPD um die Gunst der Massen gebracht sah. Nichts kennzeichnet überhaupt besser die Konzeptionslosigkeit der Regierung Hoffmann, als daß sie zwar die Einwohnerwehren ins Leben gerufen hatte, sie sich aber aus der Hand nehmen ließ, daß sie zwar den Ausnahmezustand ausgerufen und aufrechterhalten hatte, sich aber nie der damit verbundenen Möglichkeiten zur Aufrechterhaltung der Ordnung bediente, gelähmt von den Streitigkeiten vor allem innerhalb der eigenen Reihen.

Die neue Regierung Kahr behielt den Ausnahmezustand als willkommenes Mittel zu ungestörter Herrschaftsausübung bei, voller Selbstsicherheit auch in dem Bewußtsein, mit den Einwohnerwehren über ein gewaltiges Machtpotential zu verfügen. In Wirklichkeit geriet diese paramilitärische Organisation, wie nicht anders zu erwarten, mehr und mehr in die Hände jener Offiziersclique, die die Führungsstellung innehatte; der Oberstleutnant Kriebel aus dem Stabe Ludendorffs und der Hauptmann i. G. Röhm waren die entscheidenden Figuren hinter den Kulissen. Kahr duldete auch, in vieler Hinsicht dabei freilich hintergangen vom Münchner Polizeipräsidenten Pöhner, in München die Existenz einer reinen Mordorganisation, der Organisation 'Konsul', geführt von Kapitän Ehrhardt, der nach dem Scheitern des Kapp-Putsches in München Asyl fand. Aus den Reihen dieser Organisation kamen unter anderem auch die Mörder der Minister Erzberger und Rathenau. Der gescheiterte Kapp-Putsch wurde dadurch, daß Bayern jetzt die Männer wie die Ideen aufnahm und ihre Aktionen duldete oder sogar förderte, nachträglich wenigstens zu einem Teilerfolg; auf lange Sicht wirkten die Ergebnisse dieser Toleranz verhängnisvoll aufs Reich zurück.

Die Bayerische Volkspartei stemmte sich diesem Treiben zunächst in keiner Weise entgegen, sowohl aus Ressentiments gegenüber Berlin als auch infolge der immer noch nicht überwundenen Unsicherheit bezüglich des eigenen Standpunkts. Ein Teil bejahte bereits entschieden die Republik, stellte sich also betont 'auf den Boden der Tatsachen', das war vor allem die Gruppe um Heim, ein Teil war unentschieden, die stärkste Gruppe war beherrscht von Bestrebungen, die Monarchie wiederherzustellen, sie wußte nur noch nicht, wie das möglich sein sollte. Unter diesen Umständen tolerierte die Partei erst die Regierung Hoffmann, dann die Regierung Kahr und drängte sich auch dann nicht zur Übernahme der Regierungsverantwortung, als ihr die Landtagswahl vom Juni 1920 erneut die Stellung der stärksten Fraktion brachte, mit einem Gewinn von 3 %, während die SPD 36 Sitze, mehr als die Hälfte, verlor. Sie nahm auch hin, daß mit dem Eintritt der Bayerischen Mittelpartei, den einstigen Nationalliberalen, die 20 Sitze errungen hatten, in die Regierung Kahr ein Element bestimmend wurde, das sich in seiner nationalistischen und revisionistischen Zielsetzung deutlich aus den anderen liberalen Gruppen heraushob und das in seiner Ablehnung der Friedensbedingungen von Versailles und der parlamentarischen Demokratie gerade jene Kräfte als Verbündete umwarb, die jetzt vor allem im Rahmen der von Kahr in bewußter Konfrontation mit Berlin ausgetragenen Konflikte für die wachsende Radikalisierung in München verantwortlich waren, die auf der äußersten Rechten stehenden Gruppen, die sogenannten 'Völkischen'. Es handelt sich dabei, um nur die wichtigsten zu nennen, um den 'Bund Bayern und Reich' des Sanitätsrats Dr. Pittinger, den Bund 'Oberland', die Nachfolgeorganisation des Freikorps Oberland, um den Bund 'Reichskriegsflagge' mit dem Sitz in Nürnberg, dessen Münchner Ortsgruppe Hauptmann Röhm leitete, unter dessen Initiative auch

Ende 1922 eine Art Dachverband für alle diese Gruppen entstand. Röhm fungierte auch als Vermittler zur Reichswehr, die sich nicht scheute, an diese Traditions- und Wehrverbände mit oft sehr eindeutigen Absichten auch Gelder zu vermitteln.

Diese Gruppen kamen hoch in einem Zusammenhang, der Bayern ganz unverdient den Ruf einer 'Ordnungszelle' im Reich eintrug, im Anschluß an den ersten großen Konflikt Kahrs mit dem Reich, der ausbrach, als Berlin auf eine Auflösung der Einwohnerwehren drängen mußte, Kahr aber, der ja durch die Einwohnerwehren hochgekommen war, höhnisch die Forderung der Alliierten fast ein volles Jahr ignorierte, bis er schließlich 1921 dem Ultimatum der Entente nachgab. Außenpolitisch war damit die Situation zwar entspannt, innenpolitisch waren die Folgen jedoch verhängnisvoll. Die Organisation, auch die offiziellen Ziele der Einwohnerwehren waren jederzeit der Öffentlichkeit einsichtig, die Nachfolgeorganisationen jedoch trugen teilweise den Charakter von Geheimbünden; die Ziele der Einwohnerwehren waren weithin konservativ, die 'Völkischen' steuerten den Umsturz an, unzufrieden nach der Kapitulation in der Frage der Einwohnerwehren auch mit Kahr, für den Augenblick ungefährlich nur durch ihre Uneinigkeit.

Die Regierungszeit Kahrs endete mit dem Ausgang des zweiten Konflikts mit dem Reich, den er auf Druck der Mittelpartei hin vom Zaun gebrochen hatte. Er lehnte den Vollzug des ersten Republikschutzgesetzes ab, das nach der Ermordung Erzbergers im August 1921 erlassen worden war; doch der von der Bayerischen Volkspartei mit Berlin ausgehandelte Kompromiß, der die Länderrechte wenigstens formal respektierte, veranlaßte ihn dann im September 1921 zum Rücktritt. Die Massendemonstrationen, die daraufhin die Wiederberufung Kahrs forderten, bestärkten ihn auch noch in seiner Auffassung, richtig gehandelt zu haben, gleichzeitig schüchterten sie die Führung der Bayerischen Volkspartei ein, die jetzt wieder nicht selbst die Verantwortung zu übernehmen wagte, sondern Graf Lerchenfeld vorschob, einen der Partei nahestehenden Diplomaten, dessen Sachkenntnis und Gewandtheit Hoffnung weckte, den Schwierigkeiten mit dem Reich wie mit den radikalen Kräften in Bayern selbst gewachsen zu sein. Lerchenfeld lehnte die Völkischen ab und bildete sein erstes Kabinett ohne die Mittelpartei, doch als nach der Ermordnung Rathenaus im August 1922 erneut ein Republikschutzgesetz erlassen wurde, das eine Reichskriminalstelle und einen Staatsgerichtshof zur Aburteilung von Angriffen gegen die Republik vorsah, verlangte auch die Bayerische Volkspartei die Ablehnung dieses Gesetzes und regte den Erlaß einer eigenen bayerischen Verordnung mit dem gleichen Inhalt, allerdings nur mit bayerischen Instanzen an. Die Tragweite dieser Entscheidung überblickte damals wohl niemand. Mit dem Reich, das verhandelte, statt der Verfassung entsprechend zur Exekution zu schreiten, mußte zwar über kurz oder lang doch erneut ein Kompromiß gesucht werden, für die innere Entwicklung Bayerns war aber das Ausscheiden der liberalen Deutschen Demokratischen Partei, die eine solche illegale Aktion nicht mittragen wollte, geradezu verhängnisvoll. Die erneute Bildung einer Koalition mit den Deutschnationalen stellte die entscheidende Wende der bayerischen Innenpolitik dar, der Justizminister Gürtner, Justizminister auch noch unter Hitler, bestimmte von jetzt an weithin den Kurs der Gesamtregierung, der immer weiter nach rechts abwich. Als im November 1922 Lerchenfeld nach dem Friedensschluß mit dem Reich, der im Grunde mit einem bayerischen Sieg geendet hatte, um seinen Rücktritt einkam, war es das Hauptanliegen der Bayerischen Volkspartei, einen Ministerpräsidenten zu finden, der auch der Rechten zusagte. Sie schlug wieder, bereits geübt im „System der bequem auswechselbaren Ministerpräsidenten" (Schwend), das der Partei jeweils rechtzeitig einen Rückzug erlaubte, den ehemaligen Kultusminister v. Knilling vor, einen farblosen Mann, der aber vorzüglich die seit Jahrzehnten in Bayern bestimmende Tradition der Beamtenregierungen fortzusetzen wußte.

Die jetzt anstehenden Probleme hätte aber auch eine stärkere Persönlichkeit nicht gemeistert. Die mit der Kriegsfinanzierung, den Kriegsfolgen und den Reparationsforderungen unvermeidlich verbundene Inflation nahm ein beängstigendes Tempo an, Millionen verflüchtigten sich innerhalb von 24 Stunden, Tausende von Existenzen brachen zusammen. Der Ruhrkampf, der mit dem Einmarsch der Franzosen im Januar 1923 ausbrach und der die Reichsregierung, die daraufhin an der Ruhr zum Generalstreik aufgerufen hatte, verpflichtete, die Arbeiter finanziell zu unterstützen, beschleunigte diese Entwicklung zusätzlich. Die Folge war unabsehbares Elend, gleichzeitig steigerte der französische Übergriff den Haß gegen den äußeren Feind, doch belud ein Teil des Volkes, vor allem in Bayern, mit der Verantwortung für die trostlose Lage auch die Parteien und Staatsmänner, die man für die Niederlage und den Friedensschluß verantwortlich glaubte, vor allem die SPD-Führung in Berlin. Die Presse stand völlig unter dem Einfluß dieser Hetze, alle Hoffnung auf Rettung verband sich mit den Versprechungen der Verbände, deren Treiben immer lauter, immer zügelloser wurde. Anfang 1923 schlossen sie sich zur 'Arbeitsgemeinschaft der vaterländischen Verbände' zusammen, unter dem Einfluß von Röhm und Oberstleutnant Kriebel nahmen sie bereits wieder die Form militärischer Organisationen an. Auch die NSDAP, an sich eine politische Partei mit dem Ziel der Erringung der politischen Macht, von Hitler seit 1921 mit diktatorischen Vollmachten geführt, legte sich jetzt paramilitärische Sturmabteilungen (SA) zu; in den Massenversammlungen, die durch Hitler geradezu zum System entwickelt wurden, kam es zu richtiggehenden Saalschlachten. Knilling wagte es nicht, dagegen einzuschreiten; als sich am 1. Mai 1923 in der Absicht, den geplanten Maidemonstrationen der SPD und der Gewerkschaften gewaltsam entgegenzutreten, an die 3000 'Völkische' bewaffnet auf dem Oberwiesenfeld versammelt hatten und auf Befehl des Innenministers Schweyer entwaffnet und festgenommen wurden, unterband der Justizminister Gürtner jede Strafverfolgung. Die Autorität der Regierung sank zusehends; in Bayern wie im Reich, wo am 13. Juni Reichskanzler Cuno vor den Schwierigkeiten kapituliert hatte und zurückgetreten war und wo sein Nachfolger Stresemann den hoffnungslosen Ruhrkampf abgebrochen hatte, forderten weite Kreise in aller Öffentlichkeit die Diktatur. In Bayern galt als der starke Mann Kahr, der Berlin so mannhaft, wie es schien, entgegengetreten war, doch dachten einige Gruppen in der Bayerischen Volkspartei wie außerhalb auch an die Wiedererrichtung der Monarchie; doch Kronprinz Rupprecht schätzte die Lage wie die Möglichkeiten, ohne Bürgerkrieg an dieses Ziel zu gelangen, nüchterner ein und versagte sich, statt dessen schlug, wie es scheint, auch er die Betrauung Kahrs mit der vollziehenden Gewalt vor, als letztes Mittel, dem drohenden Chaos zu steuern.

Am 26. September 1923 wurde Kahr nach Artikel 64 der Bayerischen Verfassung zum Generalstaatskommissar ernannt, am Tag darauf bereits verlor er schon wieder seine Handlungsfreiheit, Gefangener seines eigenen Sendungsbewußtseins, das genährt war von der allgemeinen Zustimmung zu seinem Auftreten gegenüber Berlin 1920/21, Gefangener aber auch seiner eigenen Taktik, die in erster Linie mit den Verbänden rechnete, um sich ihrer nach innen wie gegenüber der Reichsregierung nach Bedarf bedienen zu können. Bereits die ersten Verhandlungen mit Hitler, der 1923 zum politischen Leiter der zum 'Deutschen Kampfbund' umbenannten 'Arbeitsgemeinschaft der vaterländischen Verbände' aufgestiegen war, hätten ihn warnen müssen; Hitler verlangte schon im ersten Gespräch die volle Teilhabe an der Macht. Trotzdem ließ sich Kahr auf den bisher schärfsten Konflikt mit dem Reich ein. Er setzte nicht nur erneut, wie schon Lerchenfeld, das Republikschutzgesetz außer Kraft, sondern verbot jedes Vorgehen gegen den ›Völkischen Beobachter‹, das Organ der NSDAP, in dem Reichspräsident und Reichsregierung aufs gröblichste beleidigt worden waren. Dabei war die Beschlagnahmung dieses Blattes von Reichswehrminister Geßler persönlich angeordnet, der auf Grund des Ausnahmezustands im Reich die vollziehende Gewalt ausübte. Der Konflikt spitzte sich zu, als Generalleutnant v. Lossow, der Befehlshaber im Wehrkreis VII, der den direkten Befehl des Chefs der Heeresleitung, Seeckt, zum Einschreiten abgelehnt hatte, abgesetzt wurde, Kahr aber jetzt die bayerische Division auf Bayern vereidigte und gleichzeitig den Rücktritt Geßlers verlangte. Das war bereits mehr als ein aktueller Konflikt mit dem Reich wie bisher, das war das Vorstadium einer prinzipiellen Entscheidung, die auf eine Loslösung vom Reich zielen konnte oder, wie das tatsächlich der Fall war, auf die eigene Machtübernahme in Berlin. Das Vorbild war in der Tat Mussolinis Marsch auf Rom vom Jahr zuvor. Am 24. Oktober forderte Lossow die Unterstellung der Wehrverbände unter sein Kommando, während Seeckt seinerseits versprach, nicht gegen Bayern vorgehen zu wollen, eigene Pläne aber im dunkeln ließ. Als Lossow jetzt zögerte, übernahmen die Verbände selbst die Initiative, Hitler, darin bestärkt durch das Vertrauen Ludendorffs auf die Mitwirkung der Reichswehr, bestimmte als Leiter des Kampfbundes den 8. November als Termin zum Losschlagen und benützte dazu die denkbar günstigste Gelegenheit, als fast die gesamte Staatsspitze zu einer Kundgebung für Kahr im Bürgerbräukeller versammelt war. Hitler ließ, während andere Gruppen bereits in der Stadt operierten, das gesamte Gelände durch bewaffnete SA-Männer abriegeln, er selbst drang mit gezogener Pistole in die Kundgebung ein, erklärte die gesamte Staatsführung in Bayern und im Reich für abgesetzt, Kahr rief er zum Landesverweser in Bayern aus, für sich selbst nahm er das Amt des Reichskanzlers in Anspruch, Ludendorff wurde zum Oberkommandierenden der neuzubildenden Nationalarmee ernannt. Lossow, Kahr und der Befehlshaber der Landespolizei, Oberst Seisser, versprachen angesichts der bewaffneten Anhänger Hitlers ihre Mitwirkung und wurden daraufhin entlassen, um die entsprechenden Maßnahmen zum Marsch auf Berlin einzuleiten, die übrige Staatsregierung blieb in Gewahrsam.

Hitler hatte ohne Zweifel mit der Mitwirkung Kahrs und der Spitzen der bewaffneten Macht gerechnet, weil er sie durch die vorausgegangenen Verhandlungen und Aktionen so heillos kompromittiert glaubte, daß sie der Erpressung nachgeben mußten. In der Tat griffen alle drei zunächst nicht ernsthaft ein, allerdings hatten untergeordnete Beamte auf die ersten Nachrichten hin bereits Reichswehr und Landespolizei alarmiert und die Stadt bereits militärisch hinreichend gesichert. Hitler selbst glaubte sich bereits geschlagen, ließ sich aber von Julius Streicher überzeugen, daß ein Propagandamarsch durch die Stadt die Bevölkerung mitreißen werde; Ludendorff versicherte ihm, daß die Reichswehr nicht auf sie schießen werde, wenn er an der Spitze mitmarschieren würde, und so begann der Marsch, der an der Feldherrnhalle unter den Schüssen der Landespolizei blutig endete – zwei ganze Hundertschaften waren es, die sich den Tausenden entgegenstellten und sie in die Flucht schlugen.

Im gleichen Zwielicht, in welchem der ganze Putsch begonnen hatte, wurde er auch liquidiert. Kahr bedauerte nicht den Tod der vier Polizisten, die ebenfalls an der Feldherrnhalle gefallen waren, sondern jenen der sechzehn Anhänger Hitlers, er trat auch nicht zurück, trotz der Forderung der Bayerischen Volkspartei. Als Justizminister Gürtner mit dem Bruch der Koalition drohte, gab Ministerpräsident Knilling nach, da er andernfalls die SPD hätte in die Regierung hereinnehmen müssen; lieber nahm er die nun folgende Farce eines Prozesses vor dem Volksgericht in Kauf.

Unter ständigem Druck von seiten des Justizministers auf Staatsanwälte und Richter genossen die Angeklagten jede denkbare Freiheit, Hitler benützte den Gerichtssaal als Bühne für stundenlange Propagandareden an die Nation, die Strafen, die schließlich ausgesprochen werden mußten, da der Tatbestand eindeutig war, waren die Mindeststrafen, und auch sie sollten alsbald zur Bewährung ausgesetzt werden. Im Frühjahr 1924 beantragte Knilling dann schließlich doch die Ausweisung Hitlers, setzte sie aber nicht durch, sondern mußte selbst seinen Rücktritt nehmen, allerdings zusammen mit Lossow und Kahr, die beide für ihren Hochverratsversuch ohne Strafe blieben.

Daß jetzt, im Frühjahr 1924, die ganze Affäre ohne neuerliche Unruhen zu Ende geführt werden konnte, wobei es die Bayerische Volkspartei, ohne selbst darin verwickelt zu sein, zweifellos an Nachdruck und Konsequenz aus Furcht vor der nationalistischen Propaganda fehlen ließ, lag weniger an der Einsicht der Behörden oder der Bevölkerung als an der allgemeinen Beruhigung der wirtschaftlichen Lage durch das Ende der Inflation. Dieser Beruhigung der Verhältnisse glaubte man auch am besten dadurch Rechnung zu tragen, daß man möglichst schnell über das Geschehene zur Tagesordnung überging, dabei hätten die Landtagswahlen vom Mai 1924 durchaus die Bildung einer stabilen demokratischen und damit gegenüber den Radikalen handlungsfähigen Regierung erlaubt, wenn sich die Bayerische Volkspartei nur hätte entschließen können, endlich wieder zur Bamberger Koalition zurückzukehren. Allerdings hatten sich, und nicht erst seit März 1920, die beiden führenden Parteien so sehr auseinandergelebt, daß es schwer gehalten hätte, eine einigende Basis zu finden. Die SPD hatte sich in der Kirchenpolitik auf einen Kurs festgelegt, der seit Jahren den so notwendigen Abschluß eines neuen Konkordats mit Rom verhinderte; auch stand die SPD jetzt, nachdem sie schon in den Juniwahlen 1920 20 Sitze an die USPD verloren hatte, und nachdem sie jetzt 1924, bei reduzierter Zahl der Sitze insgesamt, mit 23 Sitzen wieder nur die Hälfte der Mandate der Bayerischen Volkspartei erreicht hatte, um vieles weiter links als damals, aus Furcht, noch mehr Stimmen an die KPD zu verlieren, die es im ersten Ansatz schon auf 9 Sitze gebracht hatte. Schließlich wäre die Mehrheit bei einer Koalition der Bayerischen Volkspartei mit SPD und Deutscher Demokratischer Partei, die nur noch 3 Mandate erhalten hatte, sehr knapp gewesen, außer der Bayerische Bauernbund wäre in die Koalition mit der SPD einzubeziehen gewesen, was fraglich war.

Entscheidend für die Überlegungen des Fraktionsvorsitzenden der Bayerischen Volkspartei, Heinrich Held, der jetzt selbst die Regierung bilden mußte, da sich niemand mehr fand, der als Bankrottverwalter die Liquidation der bisherigen Katastrophenpolitik wagen wollte, war aber offenbar die Notwendigkeit einer Rücksichtnahme auf die geradezu lawinenartig angewachsene Stärke der radikalen Rechten, die insgesamt 44 Sitze errungen hatte, fast so viele wie die Bayerische Volkspartei. Die Annahme lag nahe, daß nicht nur die Verluste der SPD, sondern auch die der Bayerischen Volkspartei, etwa 6,5%, dem Propagandaerfolg der Völkischen zu danken waren. So glaubte auch Held, obwohl er mit markigen Worten seine Entschlossenheit bekundete, mit den Folgen des 9. November gründlich aufzuräumen, die Koalition mit den Deutschnationalen fortsetzen zu müssen, obwohl ihn das eigene Parteiblatt dringend davor warnte. Er behielt dabei nicht nur Gürtner als Justizminister, sondern opferte – das war der Preis für die Koalition – auch den eigenen Parteifreund Schweyer als Innenminister, den einzigen, der es bisher gewagt hatte, gegen die nationale Rechte mit Polizeigewalt einzuschreiten. Auch Held beseitigte also den Eiterherd nicht, im Gegenteil, schon nach elf Monaten wurde Hitler aus der Haft entlassen, das Verbot der NSDAP wie der KPD wurde aufgehoben. Nur der Tatsache, daß Hitler wieder alle seine Versprechungen brach, ein zweijähriges Rede- und Versammlungsverbot in Bayern erhielt und deshalb den Schwerpunkt seiner Agitation aus Bayern hinaus verlegte, ist es zu danken, daß sich in Zukunft das politische Klima in Bayern wieder beruhigte.

Allerdings sorgte auch die allgemeine Entwicklung dafür, daß radikale Parolen für die nächsten Jahre wenig Echo fanden. Der Dawes-Plan mit seiner deutschen Anerkennung der alliierten Reparationsforderungen brachte einerseits ein ausgeklügeltes System gestufter Ratenzahlungen, andererseits flossen vor allem amerikanische Darlehen ins Land und regten die Wirtschaft an, die Räumung des Ruhrgebiets, dann der Locarno-Vertrag mit dem anschließenden Beginn der Rheinlandräumung und die Aufnahme Deutschlands in den Völkerbund 1926 brachten auch außenpolitisch eine Zeit der Entspannung. Die Koalition der Bayerischen Volkspartei mit dem Bauernbund und der Deutschnationalen Volkspartei war deshalb auch keinen größeren Belastungen ausgesetzt, große Unternehmungen in Angriff zu nehmen war jedoch die Zeit auch noch nicht gekommen. Der Wiederaufbau der Wirtschaft, vor allem durch Erschließung der Wasserkräfte des Landes, die Neubelebung der kulturellen Initiativen in Theater und Kunst, der stufenweise Ausbau des höheren Schulwesens, das alles vollzog sich in Ruhe und ohne öffentliches Aufsehen. Spektakulär war im Grunde auch der Abschluß des bayerischen Konkordats nicht, das am 29. März 1924, noch unter Knilling, unterzeichnet und im Januar 1925 gegen die Stimmen der SPD, KPD und des völkischen Blocks im Landtag bestätigt wurde. Der entscheidende Einbruch in die Kirchenhoheit des Staates war ja auch in Bayern bereits durch die Reichsverfassung erfolgt. Das Konkordat, das mit dem Ende der Monarchie notwendig geworden war, besiegelte so nur den endgültigen Verzicht des Staates auf die alten Hoheitsrechte gegenüber der Kirche, erkannte aber gleichzeitig die alten staatlichen Verpflichtungen bezüglich des Unterhalts der Kirche und der Geistlichkeit an. Das zukünftige friedliche Verhältnis von Staat und Kirche förderte vor allem die Ausräumung der alten Streitpunkte, der Wegfall des Placet für kirchliche Verlautbarungen, des staatlichen Ernennungsrechts für Bischöfe, des Präsentationsrechts für Pfarrer. Neue künftige Spannungen entstanden allerdings durch die Festlegung der Konfessionsschule als der Regelschule und die damit verbundene konfessionelle Lehrerbildung. Verträge mit den evangelischen Kirchen Bayerns und in der Pfalz, die gleichzeitig abgeschlossen wurden, regelten auch hier die Verhältnisse neu.

Das Verhältnis zum Reich ebenfalls neu zu regeln lag nicht allein in der Macht Bayerns, die Reibungsflächen sachlicher Art, die nicht nur in der Reichsverfassung, sondern auch in den innen- und außenpolitischen Gegebenheiten begründet waren, ließen sich so leicht nicht beseitigen. An den natürlichen Spannungen änderte auch die Tatsache nichts, daß der neue Reichspräsident, dessen Wahl durch den Tod Eberts 1925 notwendig wurde, vor allem der Entscheidung in Bayern seine Stellung verdankte. Die Entscheidung der Bayerischen Volkspartei gegen den Kandidaten des Zentrums, den Reichskanzler Wilhelm Marx, brachte Hindenburg in der Stichwahl den Großteil jener 900 000 Stimmen Vorsprung gegenüber Marx, die ihm den Sieg sicherten – ein kaum verständlicher Vorgang, der den Höhepunkt der Entfremdung zwischen dem Zentrum und seiner ehemaligen bayerischen Schwesterpartei markiert. Das Zentrum hatte eine geplante Einigung der bürgerlichen Parteien aus berechtigtem Mißtrauen gegenüber den rechtsradikalen Gruppierungen abgelehnt und hatte sich mit der SPD zusammengeschlossen, also die alte Weimarer Koalition erneuert, in der Überzeugung, damit die demokratische Entwicklung am besten zu sichern. Die Bayerische Volkspartei, verärgert über eine ganze Reihe von taktischen Einzelmaßnahmen des Zentrums, u. a. die Aufstellung von Zentrumskandidaten auch in Bayern, aber auch verstimmt über den nach wie vor unitarischen Gesamtkurs der Partei, dabei festgelegt auf die Koalition mit der Deutschnationalen Volkspartei und unheilbar mit der bayerischen SPD zerstritten, hat sich nun freilich nicht bewußt und absichtlich gegen die Demokratie entschieden, als sie die Wahl Hindenburgs vorschlug, sondern, im Gegenteil, für den Augenblick sogar die Versöhnung der Konservativen mit der Republik gefördert. Die verhängnisvolle Wendung von 1933 war damals keinesfalls abzusehen. Der Vorgang zeigt aber doch, daß die Bindung an die sogenannten nationalen Kräfte von seiten der Bayerischen Volkspartei doch weit über bloße koalitionspolitische Taktik hinausging und grundsätzliche Züge aufwies. Erst unter den neuen Erfahrungen mit

Hitler und den Nationalsozialisten seit 1929 änderte sich diese Haltung.

Trotz mancher Sympathien für Kahr und dessen Experimente hat Held als Ministerpräsident nie daran gedacht, einen ähnlichen Anlauf zu versuchen und von Bayern aus das Reich zu erneuern. Er hat sich mit der bescheidenen Rolle des Ministerpräsidenten des zweitgrößten deutschen Bundeslandes begnügt. Von jetzt an steht also Bayern an der ihm zugedachten Stelle im Reich. Es gibt keine ernsthaften Konflikte mehr, auch wenn sich Außenminister Stresemann ab und zu über außenpolitische Vorstellungen Helds ungnädig ausgesprochen hat. Umgekehrt hat auch die Reichsregierung die unitarischen Tendenzen aus den Gründungsjahren der Republik lange Zeit nicht mehr aufgenommen. Die traditionellen Konflikte zwischen Bayern und dem Reich ließen sich nicht beliebig lange fortsetzen, ohne daß schließlich doch das Ganze zu Schaden gekommen wäre. Dieses Abebben der unitarischen Tendenzen ermutigte freilich die Gegenpartei jetzt dazu, ihrerseits zum Angriff vorzugehen. Die Versuche, eine Reichsreform im föderalistischen Sinn herbeizuführen, stellen den wesentlichsten Inhalt einer Geschichte des Verhältnisses zwischen Bayern und dem Reich von 1925 bis 1933 dar. Die Bestrebungen der Unitarier wie der Föderalisten hielten in diesem langen Ringen einander die Waage. Das zeigte sich vor allem auf der Berliner Länderkonferenz 1928, das zeigte sich bei dem Versuch des Kabinetts Hermann Müller, des letzten SPD-Kabinetts der Weimarer Republik, nach den Maiwahlen 1928, die der SPD noch einmal ein beträchtliches Übergewicht gebracht hatten, eine völlige Neugliederung des Reiches durchzusetzen. Um diese Zeit war Bayern dank der Regensburger Verständigung zwischen Zentrum und Bayerischer Volkspartei vom November 1927 nicht mehr so hoffnungslos isoliert im Reich wie in den Jahren zuvor. Diese Verständigung hatte die Wiederherstellung der politischen Einheit gebracht, ohne aber die alte Fraktionsgemeinschaft wiederaufleben zu lassen. Eine solche Verständigung war möglich geworden, weil das Zentrum nicht mehr die Partei Erzbergers und Wirths war und weil sich vor allem im preußischen Rheinland eine heftige Gegenbewegung gegen die SPD-Regierung in Preußen gebildet hatte. Die Versöhnung der Weimarer Republik mit Bayern ging sogar so weit, daß sich die Bayerische Volkspartei zusammen mit dem Zentrum 1928 an dem Kabinett Müller beteiligte, also an der Koalition mit der SPD. Doch diese späte Einsicht, daß die demokratischen Parteien zusammenarbeiten müßten, um die Demokratie zu retten, hielt bei allen demokratischen Parteien nicht sehr lange an. Gerade in der im Winter 1928 erstmals wieder einsetzenden wirtschaftlichen Rezession mit 2,5 Millionen Arbeitslosen, gerade in der Bedrängnis des Jahres 1929 mit der hemmungslosen Agitation der nationalen Rechten gegenüber der Zustimmung Stresemanns zum Young-Plan, vor allem angesichts der bedenklich anwachsenden finanzpolitischen Schwierigkeiten in bezug auf die Arbeitslosenversicherung hätte vorbehaltlose Zusammenarbeit allein die Rettung gebracht. Doch wegen der Meinungsverschiedenheiten um die Erhöhung der Arbeitslosenbeiträge bzw. die Senkung der Zuschüsse kam es zum Bruch der Großen Koalition, damit aber, was nicht vorauszusehen gewesen war, zum Ende der parlamentarischen Regierungsweise.

Von jetzt an war es nicht mehr möglich, im Reichstag eine Mehrheit für eine Koalition zu finden. In den Reichstagwahlen vom Sommer 1932 hatten die Kommunisten und die Nationalsozialisten zusammen 51,6 % aller Wählerstimmen gewonnen. Damit war mehr als die Hälfte des deutschen Volkes für die eine oder andere Form der Diktatur. Die Weltwirtschaftskrise und die damit verbundene ständig ansteigende Zahl der Arbeitslosen in Deutschland, von 3 Millionen im Winter 1929/30 bis zu 6 Millionen 1932 haben diese Entwicklung gefördert. In Bayern vollzog sich die Radikalisierung allerdings ungleich gedämpfter als im Reich. Der stabile Block der Bayerischen Volkspartei hielt bis zuletzt stand, bis zu den Wahlen 1932 lagen die Prozentzahlen der Stimmen stets um 32 %. Allerdings verstärkte sich auch in Bayern in stets wachsendem Maße die nationale Rechte wie die radikale Linke. Seit 1930 war es auch in Bayern nicht mehr möglich, eine parlamentarische Mehrheit für die Regierungsbildung zugrunde zu legen, da der Bayerische Bauernbund infolge der Wirtschaftskrise wieder radikaler geworden war und aus der Regierung ausschied, um ungestört agitieren zu können. Die Bayerische Volkspartei dagegen entwickelte eine immer schärfer ausgeprägte Gegnerschaft gegenüber dem Nationalsozialismus, ihr Vorsitzender Schäffer warnte 1932 die Zentrumsführung sogar dringend davor, Hindenburg noch einmal zum Reichspräsidenten vorzuschlagen. Das war jetzt allerdings zu spät, 1925 wäre der richtige Zeitpunkt gewesen. Ergebnislos blieb auch der bayerische Widerstand gegen die zwei verhängnisvollsten Gewaltaktionen der Regierung Papen, die Aufhebung des Verbotes der SA und SS und die gewaltsame Beseitigung der preußischen Regierung. In beiden Fällen leistete die bayerische Regierung Widerstand. Bezüglich der Aufhebung des SA- und SS-Verbots erließ die Regierung Held für Bayern die Erklärung, daß davon das bereits länger bestehende Verbot für politische Organisationen, Uniformen zu tragen und Versammlungen unter freiem Himmel abzuhalten, nicht berührt werde. Daraufhin erging eine Notverordnung des Reichspräsidenten, welche die Rechtsauffassung Papens durchsetzte. Zu einem Konflikt Bayerns mit dem Reich kam es in diese Frage jedoch nicht, obwohl er jetzt in weit höherem Maße berechtigt gewesen wäre als 1920 bis 1922. Auch in der Frage des Staatsstreiches Papens gegen Preußen ist die bayerische Regierung nicht bis zum Letzten gegangen. Mit der Begründung, daß die preußische Polizei nicht in der Lage sei, Ruhe und Ordnung aufrechtzuerhalten und das Volk vor den Ausschreitungen der radikalen Linken zu schützen, hatte Papen, gedeckt durch eine Notverordnung des Reichspräsidenten vom 16. Juli, am 20. Juli 1932 in Preußen den militärischen Ausnahmezustand verhängt und die preußische Regierung verhaften lassen. Natürlich war die preußische Regierung nicht mehr in der Lage, die Ruhe auf den Straßen zu garantieren, wenn die Reichsregierung Aufmärsche, bewaffnete Demonstrationen und dergleichen generell erlaubte. Doch darum ging es nicht, sondern lediglich um die Eroberung des preußischen Machtapparats; über die Polizei verfügte ja nicht das Reich, sondern nur die Länder. Im Hintergrund stand Hitler, der Papen versichert hatte, er werde ihn politisch unterstützen, wenn dieser der SA im Kampf gegen die Kommunisten die preußische Polizei vom Halse halten könne. Bei seinem Regierungsantritt hatte Papen noch feierlich erklärt, er werde die Eigenart der Länder nicht antasten, sehr bald erkannte er aber, wie leicht es war, die Länder gegeneinander auszuspielen, besonders Preußen als das größte zu isolieren und dadurch die Reichsreform zu Ende zu führen, daß man die Länder verschwinden ließ. Aber nicht nur die preußische Regierung gehorchte ohne Widerstand, auch das Volk ließ sich überrennen. 1920 hatte bei einem ähnlichen Putschversuch die Arbeiterschaft rasch und entschieden reagiert und durch ihren Generalstreik Kapp und Lüttwitz die Grenzen ihrer Macht deutlich werden lassen, doch 1932 waren die Gewerkschaften durch die Krise völlig zermürbt. Es ist sinnlos, Arbeitslose zum Streik aufzurufen. So waren nur juristische Maßnahmen gegen diesen Verfassungsbruch der Regierung Papen und des Reichspräsidenten möglich. Dabei spielten neben der preußischen Regierung, die sofort Klage erhob, die bayerische Rechtsverwahrung vom 20. Juli 1932 vor dem Staatsgerichtshof und der bayerische Protest im Reichsrat gegen die Wahrnehmung der Rechte Preußens durch das Reich die ausschlaggebende Rolle. Württemberg schloß sich an. Das Reichsgericht kam zu einer salomonischen Entscheidung, ein Vierteljahr nach dem Staatsstreich. Es erklärte, daß die Begründung der Reichsregierung nicht stichhaltig und die Absetzung unstatthaft sei, daß auch die Rechte des Reichspräsidenten ihre Grenzen hätten im bundesstaatlichen Aufbau des Reiches, daß also die Grenzen der Verfassung überschritten seien, doch seien die Ausnahmeregelungen des Artikels 48 nach pflichtgemäßem Ermessen vorübergehend für solche und ähnliche Maßnahmen wohl in Anspruch zu nehmen. Diese moralische Verurteilung Papens, die Held noch in einer öffentlichen Rede unterstrich, in welcher er Papen als Rechtsbrecher und Menschen charakterisierte, der kein Versprechen halte, hat den Reichskanzler nicht gehindert, auf dem einmal beschrittenen Weg fortzuschreiten und Preußen durch Staatskommissare völlig in die Reichsregierung zu integrieren. Auf bayerische Initiative hin traten im November 1932 die Länderregierungen zu Würzburg zusammen und legten dagegen Protest ein, ebenfalls im November regte Held im Reichsrat eine Entschließung an, welche die Maßnahmen gegen Preußen verurteilte, doch das war noch weniger von Belang als das Urteil des Reichsgerichts. Das Ende der Länder zeichnete sich bereits deutlich ab. Nach dem 30. Januar 1933 schließlich war es nicht mehr aufzuhalten.

Die Ernennung Hitlers zum Reichskanzler an diesem Tag war nicht die verfassungskonforme Folgerung des Reichspräsidenten Hindenburg, wie H. Diwald meint, aber sie war angesichts der Wahlergebnisse der letzten Monate verständlich. Seit der Reichstagswahl vom 31. Juli 1932, die für die rechtsradikalen Parteien 43,1 % der Stimmen erbracht hatte, für die Linksradikalen 14,3 %, insgesamt für die eine oder andere Form der Diktatur 57,4 %, war die Demokratie schwerlich mehr zu retten. Die Reichstagswahl vom 6. November 1932 ergab zwar einen Rückgang der Stimmen für die NSDAP von 37,2 % auf 33,1 %, wies dafür aber einen Anstieg der Deutschnationalen von 5,9 % auf 8,3 %, der KPD auf 16,9 % auf, so daß jetzt 58,3 % der Bürger die Weimarer Republik ablehnten. Das Schicksal, das Deutschland 1933 traf, war also durchaus verdient.

Bayern sollte von diesem Urteil jedoch ausgenommen werden. Im jetzigen Bayern erhielt die NSDAP im Juli 1932 31,2 %, im November 28,6 %, die DNVP 3,4 % bzw. 4,9 %; die weitaus überwiegende Mehrheit der Bevölkerung, 57,6 %, stimmte damals immer noch für die demokratisch-parlamentarischen Parteien. Allerdings war trotzdem eine parlamentarische Mehrheit für eine Regierungskoalition auch in Bayern nicht mehr zustande zu bringen, da SPD und BVP nicht an einen Tisch zu bringen waren und der Bauernbund seit 1928 die Mitarbeit verweigerte. Das bedeutete ohne Frage eine empfindliche Schwächung der Regierung Held, die in ihrem verzweifelten Kampf gegen eine Machtergreifung der Nationalsozialisten auch in Bayern schließlich unterlag. Das Wahlergebnis vom 5. März 1933 im Reich von 52 % für die Koalition zwischen der NSDAP und den Deutschnationalen wurde in Bayern zwar nicht wiederholt, hier blieb es mit 47,2 % deutlich darunter, doch die Stimmen für die NSDAP kamen mit 43,1 % dem Reichsdurchschnitt mit 43,9 % fast gleich. Gegen sie zu regieren war schlechterdings nicht mehr möglich, auch in Bayern war jetzt der Machtwechsel vom Volk selbst weithin legalisiert.

Der Wandel vom November 1932 zum März 1933 hängt auch hier, wie im gesamten Reich, mit den Auswirkungen der Wirtschaftskrise zusammen. Daß jetzt auch in Niederbayern und in

Schwaben die Stimmenzahlen für die NSDAP von 19 % und 29,7 % auf 44 % bzw. 45 % stiegen, ist nur aus der Katastrophenstimmung zu erklären, die seit 1930 in steigendem Maße auch die Landwirtschaft ergriffen hatte. Die Zwangsversteigerungen landwirtschaftlicher Betriebe stiegen von 1930 bis Ende 1932 auf das Dreifache, ebenso die hypothekarische Belastung, bei ständigem Sinken des Einkommens der Bauernschaft. 1932 hatte das alles noch nicht dazu geführt, daß man den Versprechungen Hitlers allgemein geglaubt hätte, zumal in Bayern gerade der noch weithin agrarische Charakter des Landes den Anstieg der Arbeitslosenzahlen um 2,5 % unter dem Reichsdurchschnitt gehalten hatte. Nach dem 30. Januar aber wurde auch für viele bayerische Bauern der neue Reichskanzler zum Garanten einer besseren Zukunft. Immerhin blieben Oberbayern mit 38,8 %, Unterfranken und die Oberpfalz mit 34 % trotzdem weit unter dem Reichsdurchschnitt, die Pfalz, Mittel- und Oberfranken lagen allerdings weit darüber, vom Gesamtergebnis her gesehen kommt nun auch Bayern keine Ausnahmestellung mehr zu.

So hat am 9. März auf Grund des Notverordnungsrechts des Reichspräsidenten General v. Epp in Bayern als Reichskommissar die vollziehende Gewalt übernommen, Bayern wurde 'gleichgeschaltet', wurde Provinz. Abgeschlossen wurde diese Entwicklung durch die Reichsgesetze vom 31. März und 7. April 1933 zur 'Gleichschaltung der Länder'. Die Länder wurden aber nicht nur zu Provinzen degradiert, die immerhin in einem größeren Ganzen ebenfalls ihr Lebensrecht hätten behaupten können, ihr Zusammenhang wurde auch im Innern zerrissen; die Gaue, wie die größeren Verwaltungseinheiten innerhalb der Parteiorganisation hießen, wurden geradezu zu Privatkolonien machtbesessener Satrapen, der Gauleiter. Die Pfalz wurde auf diese Weise noch lange vor ihrer staatsrechtlichen Trennung durch den Gauleiter Bürckel praktisch von Bayern abgetrennt. Der Reichsstatthalter und die neuernannte Regierung unterlagen im Machtkampf mit den Exponenten der Partei völlig, deren bedeutendste, die Gauleiter Wagner und Schemm, selbst in der Regierung saßen. Die Entwicklung in Bayern wurde dabei in zweifacher Hinsicht schicksalhaft für das ganze Reich.

Unter der Duldung der Gauleiter, gefördert vom SA-'Stabschef'

Ernst Röhm, begann in München auch der Aufstieg des Reichsführers SS Heinrich Himmler. Die ihm übertragene Leitung der Politischen Polizei in München bildete die Ausgangsbasis für die 1934 abgeschlossene Beherrschung des ganzen Reiches durch seine Geheimpolizei, das von ihm eingerichtete Konzentrationslager zu Dachau, wo schon im März 1933 Tausende von Gefangenen ohne Gerichtsurteil eingeliefert und einem Sonderrecht unterstellt wurden, wo bis Kriegsende Tausende von Deutschen, mehr als 50 000 Angehörige aller europäischen Nationen festgehalten wurden, an die 30 000 ums Leben kamen, wurde zum Vorbild für die bald in ganz Deutschland entstehenden Lager gleicher Art, sein Name verrufen in der ganzen Welt.

Am erschütterndsten war auch in Bayern das Schicksal der Juden, von denen es starke Gemeinden vor allem in München, Nürnberg-Fürth, Regensburg, aber auch in mittelschwäbischen und fränkischen Landgemeinden gab. Ihre systematische Verfolgung, zunächst vor allem in Form des Boykotts jüdischer Geschäfte, jüdischer Ärzte und Rechtsanwälte, der Entlassung von Professoren und Künstlern, begann schon 1933. Der Großteil emigrierte noch vor 1939. Nach dem 9. November 1938, der sog. 'Kristallnacht', brannten die Synagogen im ganzen Land, jüdische Geschäfte wurden zerstört, Hunderte wurden verhaftet, in Dachau starben allein in den letzten beiden Monaten des Jahres 1938 noch 300. Mitte 1942 setzten dann die Deportationen in die Todeslager ein. 1945 lebten von den 10 000 Juden, die 1933 in München gewohnt hatten, noch 84. 1933 gab es in Bayern 41 939 Juden, 1941 waren es noch 9885, davon wurden 8376 deportiert, ohne je wiederzukehren, sie starben in Auschwitz, Buchenwald oder Theresienstadt.

In Bayern lag auch der Schwerpunkt jener Aktion vom 30. Juni 1934, durch die sich Hitler die Zustimmung der Reichswehr zur Übernahme auch des Amtes des Reichspräsidenten verschaffte, die Ausschaltung der SA als Konkurrenten der Reichswehr. Die Ermordung Röhms wie einer Reihe von höheren SA-Führern und zahlreicher Gegner des Regimes führte freilich nicht zu einem gesteigerten Einfluß der Reichswehr, sondern stabilisierte nur die Position Himmlers und der SS, mit Röhm fiel auch der einzige, den

Hitler als Konkurrenten fürchtete, seine Alleinherrschaft wurde also, wie auch sein Aufstieg, in Bayern besiegelt.

Bayern hatte mit seiner Eigenstaatlichkeit zwar die Bestimmung über sein Schicksal im großen verloren, nicht aber alle Möglichkeiten, der eigenen Einstellung zu dem Geschehen dieser Zeit Ausdruck zu geben. Der Widerstand gegen das nationalsozialistische Gewaltregime ist sicher kein spezifisch bayerisches Phänomen, man wird auch nicht sagen können, der Widerstand in Bayern sei besonders erfolgreich gewesen – obgleich die Berichte des Sicherheitsdienstes für Bayern sehr bald schon weitgehende Ablehnung des Regimes konstatieren –, doch war der bayerische Anteil, an der Leistung wie an den Opfern, schwer und gewichtig, in zentralen Ereignissen wie dem Opfertod der Geschwister Scholl, Professor Hubers und ihrer Freunde außerordentlich. Eigentliche Widerstandskreise, die sich nach den ersten Verhaftungen des Jahres 1933 unter Sozialdemokraten und Kommunisten bildeten, wurden bald zerschlagen, 1939 brach auch die Organisation der Monarchisten zusammen. Persönlichkeiten aus Bayern waren aber auch beteiligt an den großen Widerstandskreisen, am Kreisauer Kreis, dem die Jesuiten Delp und Rösch zugehörten – P. Delp wurde hingerichtet –, ebenso Dr. Josef Müller und Fürst Fugger; dem Kreis um Oberst Graf Stauffenberg, der ja auch aus Bayern stammte, gehörten einige Offiziere an, die ebenfalls ihr Leben verloren. In den letzten Apriltagen 1945 versuchte die 'Freiheitsaktion Bayern' des Hauptmanns Gerngroß, die NS-Machthaber in München festzusetzen und die Kämpfe in eigener Machtvollkommenheit zu beenden. All diesen Versuchen war kein Erfolg beschieden.

Nicht eigentlich politischen Widerstand leisteten die Kirchen, doch das war auch nicht ihr Auftrag. Dadurch aber, daß sich der Großteil der Pfarrer, etwa 95 %, dem Druck nicht beugte, der vom Regime ausging, um den Beitritt der evangelischen Kirche Bayerns zu den 'Deutschen Christen' zu erreichen, ebenso durch die Haltung der katholischen Bischöfe und Geistlichen scheiterte die Absicht Hitlers, auch die Gewissen der sog. nationalsozialistischen Weltanschauung zu unterwerfen. Besonders hervorzuheben sind die Adventspredigten und die Silvesterpredigt Kardinal Faulhabers von

1933, in denen er den Antisemitismus aufs schärfste geißelte, und trotz seiner Auffassung, daß die Machtergreifung durch Hitler legal gewesen sei, warnte er unablässig in Predigten, Denkschriften und Protesten, aber auch in der ganzen Welt zugänglichen Hirtenbriefen vor den Maßnahmen des Regimes gegen die Kirche, vor der Mißachtung des Sittengesetzes und der Verletzung der menschlichen Würde. Seine Mitarbeit an der Enzyklika Pius' XI. ›Mit brennender Sorge‹, dem schärfsten Angriff auf den Nationalsozialismus als Weltanschauung, war nicht weniger von Bedeutung als sein Hirtenbrief ›Flammenzeichen‹, mit dem er die Verhaftung des Jesuitenpaters Rupert Mayer, eines Kanzelredners von unbestechlicher Offenheit und außerordentlicher Popularität, mit Nachdruck verurteilte. Das Regime schlug freilich jetzt nur noch härter zu, Hunderte katholischer Geistlicher wurden ins Gefängnis geworfen oder ins Konzentrationslager gebracht, die Ordensschwestern wurden aus den Volksschulen verdrängt, die klösterlichen Privatschulen, schließlich die Klöster selbst wurden aufgehoben, das katholische Vereinsleben wurde so gut wie ganz unterbunden. Die katholische Kirche – das geht besonders aus den Berichten des Sicherheits-Dienstes hervor – galt als der weltanschauliche Gegner Nr. 1, sie war es in der Tat.

Alle Zeugnisse über politischen und weltanschaulichen Widerstand gegen den Nationalsozialismus in Bayern können selbstverständlich – wie sollte es in Bayern anders sein als im übrigen Reich – die Tatsache nicht aus der Welt schaffen, daß es nicht möglich war, das Regime aus eigener Kraft zu beseitigen. Die Truppen der Alliierten, die 3. US-Armee im Norden, die 7., zusammen mit der französischen 1. Armee von Westen her, beendeten bis zum 28./29. April 1945 die Herrschaft Hitlers auch in Bayern. Heftige Kämpfe gab es noch um Nürnberg und an der Donau, nach dem 20. April brach der Widerstand allenthalben zusammen. Auch in Bayern, ungeachtet der verheerenden Wirkung der Bombenangriffe auch hier, wurden die Amerikaner als Befreier begrüßt. Die Zeit des Wiederaufbaus begann.

AUSBLICK UND ERGEBNISSE

Der Alltag in diesen Jahren war gezeichnet von den Folgelasten des Krieges, dem Währungsverfall, der Fortdauer der Schwierigkeiten bei der Versorgung mit Lebensmitteln und Rohstoffen für die Industrie, dem Wiederaufbau einer wettbewerbsfähigen Industrie, deren Werke zum Teil im Krieg zerstört, zum Teil nach dem Krieg von den Siegern ihrer Maschinenausrüstung beraubt wurden, die als Wiedergutmachung der Kriegsschäden gedacht war. Am stärksten ins Gewicht fielen aber die Wiederherstellung des zerstörten Wohnraums und die Unterbringung der in Bayern 1,9 Millionen zählenden Flüchtlinge aus Schlesien, dem Sudetenland, Südmähren und den ehemals deutschen Siedlungen in den Balkanländern. Trotz der hohen Kriegsverluste zählte Bayern jetzt 9 Millionen Einwohner; 1939 waren es noch 7 Millionen gewesen. Die bayerischen Großstädte waren zum Teil geradezu unbewohnbar geworden. Würzburg wurde zu etwa 75 % zerstört, Nürnberg zu 50 %, Aschaffenburg, Bayreuth, Schweinfurt und München zu mehr als einem Drittel. Wohnungsbau, aber auch wirtschaftliche Eingliederung der Flüchtlinge bildeten deshalb den Gegenstand besonderer Bemühungen auch der bayerischen Regierungen der nächsten Jahre. Das Lastenausgleichsgesetz schuf auch hier die nötigen Voraussetzungen, besonderen Anteil hatten aber daneben die besonderen staatlichen Förderungsmaßnahmen Bayerns selbst, vor allem die zusätzliche Kreditgewährung für die Anlage von Flüchtlingsbetrieben, deren Ergebnis bisweilen die Entstehung neuer Städte war, wie Neu-Gablonz bei Kaufbeuren oder Neu-Traubling bei Regensburg.

Der Regierungsalltag in Bayern stand bis zur Verkündung der Bayerischen Verfassung am 2. Dezember 1946 ebenfalls unter direkter Einwirkung der Kriegsfolgen; über die Zusammensetzung der Regierung wie über die Regierungsmaßnahmen bestimmte die amerikanische Besatzungsmacht. Ihr Hauptinteresse galt, neben der

Wiederherstellung geordneter Verhältnisse überhaupt, der Bestrafung und Ausschaltung der NS-Verbrecher und aller NS-Funktionäre, der sogenannten Entnazifizierung, dann der 'reeducation', der Erziehung der Deutschen zu Demokraten. Der erste von den Siegern ernannte Ministerpräsident, Fritz Schäffer, der letzte Vorsitzende der Bayerischen Volkspartei, schien diese Aufgabe zu vernachlässigen; er wurde deshalb am 28. September 1945 bereits wieder abgesetzt, zu seinem Nachfolger wurde der Sozialdemokrat Dr. Wilhelm Hoegner ernannt, der bereits in seiner Regierungserklärung auch die Bildung eines 'Beratenden Landesausschusses' ankündigte. Hoegner, der die zwölf Jahre seit 1933 in der Emigration verbracht hatte, war dort zu einem überzeugten Föderalisten geworden; seiner Initiative waren wichtige Grundzüge der späteren Bundesverfassung, vor allem der Bayerischen Verfassung zu verdanken. Das Kabinett Hoegner bestand, da die Parteien noch nicht konstituiert waren, aus Fachleuten aller politischen Richtungen, einschließlich Kommunisten.

Zur gleichen Zeit wurde in der amerikanischen Besatzungszone auch die Neubildung der Länder festgelegt. Die Pfalz kam, da sie in der französischen Zone lag, nicht zu Bayern; sondern von der französischen Militärregierung wurde im August 1946 das Land Rheinland-Pfalz gebildet, ein Volksbegehren zur Rückkehr nach Bayern scheiterte 1956. Mit den übrigen Ländern der amerikanischen Zone war ein loser Zusammenhalt durch den am 17. Oktober zu Stuttgart gegründeten Rat der Ministerpräsidenten von Bayern, Großhessen und Württemberg-Baden gegeben. Zur gleichen Zeit begann die stufenweise Übertragung der eigenständigen Verantwortung für Regierungstätigkeit und Verwaltung wie Rechtspflege an die deutschen Behörden. Zuerst auf lokaler Ebene, mit Beginn 1946 auf Landesebene wurden auch die politischen Parteien wieder zugelassen, als erste die KPD. Auf Schwierigkeiten stieß die Bildung eines eigenen Landesverbandes der SPD, doch setzte sich Hoegner, der erste Landesvorsitzende, Mitte des Jahres gegen den Widerstand Kurt Schumachers durch, des SPD-Vorsitzenden in der englischen Besatzungszone. Den Versuch einer Wiederbegründung der Bayerischen Volkspartei, den Fritz Schäffer anstrebte, durchkreuzten

Adam Stegerwald, ehemals Vorsitzender der Christlichen Gewerkschaften und wiederholt Reichsarbeitsminister, und Dr. Josef Müller, der erste Vorsitzende der als christlich-interkonfessionelle Sammlungsbewegung gedachten Neugründung, der Christlich-Sozialen Union (CSU). Die verschiedenen liberalen Gruppierungen, die nach 1945 spontan entstanden waren, wurden im Frühsommer 1946 zur Freien Demokratischen Partei (FDP) zusammengefaßt; auf eine eigenständige Position gegenüber der späteren Bundespartei verzichtete sie von Anfang an. Die von dem Münchener Rechtsanwalt Alfred Loritz gegründete Wirtschaftliche Aufbau-Vereinigung (WAV) war nach kurzer Zeit, nicht zuletzt wegen der Person ihres Vorsitzenden, ohne Bedeutung. Der Gründung einer von Ludwig Lallinger geplanten Bayernpartei versagte die Militärregierung 1946 noch die Lizenz.

Neben der Lösung der Probleme, die sich für Lebensmittelversorgung, Wiederaufbau der Wirtschaft und Eingliederung der Flüchtlinge stellten, betrachtete Ministerpräsident Hoegner als seine wichtigste Aufgabe die Schaffung einer neuen Bayerischen Verfassung. In Zusammenarbeit mit dem ehemaligen Münchener Ordinarius für Staatsrecht Hans Nawiasky legte Hoegner einen Entwurf vor, der in mehreren Stufen von den dazu bestimmten Gremien beraten und am 1. Dezember 1946 dem Volk zur Abstimmung vorgelegt wurde. Mit mehr als 70% wurde die neue Bayerische Verfassung angenommen. Sie baute auf der Verfassung von 1919 auf, mit nicht unwichtigen Änderungen, die größere Stabilität gewährleisten sollten. Die Sperrklausel von 10% war darunter am wichtigsten; sie schloß Parteien vom Landtag aus, die nicht wenigstens 10% der Stimmen in einem Regierungsbezirk erlangt hatten. Die Einführung einer vollberechtigten Zweiten Kammer wurde von Hoegner verhindert, der neu geschaffene Bayerische Senat wurde im wesentlichen auf ein Einspruchsrecht ohne Veto-Charakter beschränkt; die von Hoegner und großen Teilen der CSU betriebene Schaffung des Amtes eines Staatspräsidenten, der den Staatscharakter des Landes besonders betont hätte, scheiterte. Besonders wichtig für den inneren Frieden war die konkordatskonforme Regelung der Schulfrage, für die Hoegner nach langem Ringen auch seine Partei gewinnen konnte. Die breite Zustimmung der Parteien und des Volkes sicherte dieser Verfassung bis heute ihre unbestrittene stabilisierende Wirkung.

Gleichzeitig mit der Annahme der Verfassung erfolgte auch die Wahl des ersten Landtags. Die stärkste Partei wurde erwartungsgemäß die CSU mit 52,3 %, die SPD erhielt 28,6 %, die WAV 7,4 %, die KPD 6,1 %, die FDP 5,6 % der abgegebenen gültigen Stimmen. Die Wahl des neuen Ministerpräsidenten fiel infolge schwerer innerer Spannungen in der CSU auf den Kompromißkandidaten Hans Ehard, der eine Koalitionsregierung aus Vertretern der CSU, der SPD und der WAV bildete. Auf Druck des SPD-Vorstandes zog aber bereits im September 1947 die bayerische SPD ihre Minister wieder aus der Regierung zurück.

Ehards größte Verdienste sind begründet in den Wirkungen seiner Initiativen von 1947/48, an deren Ende die Errichtung der Bundesrepublik stand. Es war schon Hoegner gewesen, der die US-Militärregierung von seinem Verfassungsideal eines freiwillig eingegangenen Bundes freier deutscher Staaten hatte überzeugen können. Ehard war, nachdem in der Münchner Ministerpräsidentenkonferenz vom Juni 1947 das erste gesamtdeutsche Gespräch gescheitert war, die praktische Ausformung dieses Ideals, mit einigen Abstrichen, im Bonner Grundgesetz zu verdanken. Nach dem Zusammenschluß der westdeutschen Länder zu einem vereinigten Wirtschaftsgebiet und der Konstituierung des Länderrats im Februar 1948, vor allem nach der Währungsreform vom 20. Juni 1948, war deutlich geworden, daß die russische Besatzungszone einen eigenen Kurs steuern würde. Es war also Zeit, an einen festen politischen Zusammenschluß im Westen zu denken. Der Verfassungskonvent auf Herrenchiemsee vom 10. bis 23. August 1948, zu dem Ehard eingeladen hatte, erarbeitete den Entwurf einer Verfassung zu einem Bundesstaat, in dem wesentlichen bayerischen Forderungen Rechnung getragen wurde, nämlich der Konstituierung des Bundes auf Grund der Zustimmung der Länder, der Schaffung eines Bundesrats, der scharfen Begrenzung der Bundeskompetenzen, einschließlich der Zuteilung der Finanzquellen. Das waren die Forderungen, die von Bayern aus seit 1919 unablässig erhoben worden waren. Ganz wurde

244

ihnen im endgültigen Grundgesetz allerdings nicht entsprochen. Der Parlamentarische Rat aus Abgeordneten der Länder, dem die endgültige Ausarbeitung der Verfassung übertragen worden war, folgte zwar dem Wunsch seines Präsidenten Konrad Adenauer nicht, die Zweite Kammer als bloßen Senat zu errichten, sondern legte den Charakter des Bundesrats als Vertretung der Länder fest, gab ihm aber nicht die von Bayern gewünschte volle Gleichberechtigung mit dem Bundestag, die 1871 bis 1918 zwischen Bundesrat und Reichstag bestanden hatte. Hinsichtlich der Teilung der Finanzhoheit zwischen Bund und Ländern war Bayern ebenfalls mit dem gefundenen Kompromiß nicht einverstanden. Das führte zur Ablehnung des Grundgesetzes durch die Mehrzahl der bayerischen Abgeordneten in Bonn wie dann später im bayerischen Landtag; der Landtag stimmte jedoch der Maßgabe zu, daß Bayern sich dem Bund ebenfalls anschließen würde, wenn die Mehrheit der Länder das Grundgesetz annehmen würde. Da das der Fall war, stimmte am 23. Mai 1949 auch Bayern der Verkündung des Grundgesetzes zu. Daß weite Teil des Volkes damit allerdings nicht einverstanden waren, zeigte die Wahl zum Ersten Deutschen Bundestag am 14. August 1949, bei dem die 1948 genehmigte Bayernpartei 20,9 % der Stimmen erhielt, nur 9 % weniger als die CSU; auch die SPD, die sich schon im Landtag für die Annahme der Verfassung ausgesprochen hatte, verlor mit 22,8 % einen beträchtlichen Teil ihrer Wähler. Es gelang allerdings der Politik des ersten Bundeskanzlers Konrad Adenauer und seines Kabinetts, in dem fünf Minister aus Bayern standen, darunter der Wirtschaftsminister Ludwig Erhard und der Finanzminister Fritz Schäffer, auch Bayern mit dem Bund zu versöhnen. Die Bundestagswahl vom 6. September 1953 brachte einen Rückgang der Stimmen der Bayernpartei bis auf 9,2 %, während die CSU 47,9 % erhielt, die SPD 23,3 %.

Auch in der Landespolitik hatte die Gründung der Bayernpartei erhebliche Folgen. In der Landtagswahl vom 26. November 1950 wurde die SPD mit 28 % erstmals die stärkste Partei, die CSU erhielt 27,4 %, allerdings infolge des Wahlrechts einen Sitz im Landtag mehr. Die Bayernpartei folgte mit 17,9 %, dann kam der neu gegründete Bund der Heimatvertriebenen und Entrechteten (BHE) mit 12,3 %, schließlich die FDP mit 7,1 %. Die aufgrund des Wahlergebnisses aus Vertretern der CSU, SPD und BHE gebildete Koalitionsregierung unter Hans Ehard führte die Aufbauarbeit erfolgreich weiter, das Wahlergebnis der Landtagswahl vom 28. November 1954 bestätigte aber vor allem die CSU mit einem Zuwachs von 10,6 %. Die CSU lehnte jetzt, vor allem aus bundespolitischen Gründen, eine Erneuerung der Koalition mit der SPD ab, der es daraufhin gelang, Bayernpartei, FDP und BHE zur Bildung der sogenannten Viererkoalition unter Wilhelm Hoegner als Ministerpräsident zu gewinnen. Nach dem Ausgang der Bundestagswahl vom 15. September 1957 allerdings, in der die CSU erstmals wieder die absolute Mehrheit zurückgewann, mit 57,2 %, zogen BHE und Bayernpartei ihre Koalitionszusage zurück, so daß Hoegner am 8. Oktober zum Rücktritt gezwungen war. Die Neuwahl des Ministerpräsidenten ergab eine Mehrheit für den CSU-Vorsitzenden Hanns Seidel, der einer Koalitionsregierung aus CSU, BHE und FDP vorstand. Die Landtagswahlen vom 23. November 1958 bestätigten dann diese Wende. 1960, nach dem Rücktritt von Hanns Seidel († 1961) übernahm noch einmal Hans Ehard bis 1962 das Amt des Ministerpräsidenten; in diesen zwei Jahren zeigte sich, daß Bayern endlich mit dem Bund versöhnt war; die Bayernpartei, die schon bisher in den Wahlen zum Bundestag ihre einstige Rolle als Zünglein an der Waage verloren hatte, schied jetzt als politischer Faktor aus, bis zur Gegenwart.

Ist damit der den Bayern nachgesagte Zug zum 'Partikularismus' preisgegeben, gibt es das bayerische Problem in der deutschen Geschichte nicht mehr? Es wäre schade, wenn es so wäre! Zum Föderalismus als jener Staatsform, die von der historischen Entwicklung Deutschlands allein gerechtfertigt wird, muß ein nicht unbeträchtlicher Teil der Deutschen immer noch erst bekehrt oder vom Wähler gezwungen werden. Das Recht der Einzelstaaten auf eigene Entfaltung in den Bereichen, die noch Eigenart und eigene kulturelle Ausprägung ermöglichen, ist deshalb nie ungefährdet. Historische Argumente dagegen gibt es nicht. Wenn sogar für das hohe 19. Jahrhundert von Historikern immer noch das Wort 'Partikularismus' für die politische Haltung bayerischer Regierungen und Parteien benutzt wird, ist das ein Anachronismus. Bayern wollte die Erhaltung des Deutschen Bundes; das war die größere Einheit, ein Teil davon war Klein-Deutschland, Partikularisten waren also die Klein-Deutschen. Das Reich, zu dem man 1871 wieder zurückkehrte, stand überhaupt nicht am Anfang der deutschen Geschichte, am Anfang standen die Stammesstaaten. Ihre Verbindung zu einem Regnum war ein Ergebnis überlegener Gewalt, unter den Franken, oder der freiwilligen Übereinkunft der Stammesfürsten, wie 912 zu Forchheim, bestätigt 921 zu Regensburg. Sicher war die Entwicklung seither stets spannungsreich und nie ohne Gefährdung, für den Stamm wie für die neu gewonnene höhere Einheit, aber daß diese Einheit Dauer erhielt, war vor allem ihrer ausgewogenen Machtverteilung zwischen dem Ganzen und seinen Teilen zu danken. Garantiert war damit auch ein hohes Maß an innerem Frieden und an außenpolitischer Zurückhaltung. Erst als dieses Gleichgewicht unheilbar zerstört war, war auch der Friede als Normalzustand des Reiches in Frage gestellt, sei es nach außen, aufgrund der Machtlosigkeit des innerlich zerrissenen Reiches, wie durch das Reich selbst, aufgrund der Machtzusammenballung an der Spitze. Nach heftigen Schwankungen bereits im ausgehenden Mittelalter und in der frühen Neuzeit, die vor allem mit dem politischen Ergebnis der Reformation und ihrer Fixierung im Westfälischen Frieden zusammenhingen, wird die Störung des Gleichgewichts seit 1648 zum Dauerzustand. Auch Bayern ist an diesem Prozeß beteiligt, nachdem es durch die Wiedervereinigung der Teilherzogtümer seit 1506 mit der staatlichen Konsolidierung auch neues Selbstbewußtsein gewonnen hat. Der Übermacht Karls V. begegnete es mit der Anlehnung an die protestantische Opposition im Reich und mit dem ersten Bündnis mit Frankreich. Kurfürst Maximilian I., der dem modernen Fürstenstaat in Deutschland den Weg zum Absolutismus gewiesen hat, schwankte noch ständig zwischen den zwei ihm gestellten Aufgaben, der Erhaltung des Katholizismus im Reich und der Bewahrung der staatlichen Selbständigkeit seines Fürstentums; auch er war beteiligt am Prozeß der Zurückdrängung der kaiserlichen Hoheitsrechte im Reich bis auf spärliche Reste. Vollends die dynastisch, aber auch von den Interessen der Einzelstaaten selbst bestimmten

Kämpfe um die Hegemonie im Reich, die erst den habsburgisch-wittelsbachischen Dualismus mit seinem Ende 1745, dann den österreichisch-preußischen sahen, waren nur möglich, weil das Gleichgewicht nicht wiederzufinden war. Den Kämpfen im Inneren folgte die Überwältigung von außen, Napoleon gab Deutschland wie Europa seine neue Form. Da er bewußt verzichtet hat, ein System des Gleichgewichts östlich des Rheins zu errichten, sondern seine Interessen am besten bei einer Dreiteilung der Kräfte für gewahrt hielt, ließ er die Großmächte Österreich und Preußen bestehen und schuf daneben die Mittelstaaten oder erweiterte ihren Umfang; im Rheinbund schloß er sie zu einem Dritten Deutschland zusammen, zu stark, um sich den beiden Großmächten freiwillig unterordnen zu wollen, zu schwach, um sich ohne Hilfe Frankreichs gegen beide behaupten zu können. Seine künstliche Schöpfung, der Weitblick nicht abgesprochen werden kann, wurde im Deutschen Bund nicht übernommen; die Idee eines Zusammenschlusses des Dritten Deutschland, das die beiden Großmächte hindern sollte, das Gleichgewicht zu stören, fand trotz wiederholter publizistischer und politischer Wiederaufnahme von seiten Bayerns und Sachsens nicht zur politischen Verwirklichung. Durch den von Ludwig I. von Bayern geförderten Zusammenschluß der deutschen Mittelstaaten mit Preußen zu einem Zollverein wurde schließlich die 1848 von der revolutionären Frankfurter Nationalversammlung geforderte politische Verdrängung Österreichs aus dem Bund auch auf wirtschaftlichem Gebiet vorbereitet. Durch den Krieg von 1866 wurde die Zerstörung des Deutschen Bundes als Friedensinstrument von europäischen Dimensionen besiegelt, nicht ohne Versagen Bayerns und der Mittelmächte selbst, die der nationalistischen Propaganda keine zugkräftige Idee mehr entgegensetzen konnten oder nicht wagten, die Ideen eines Konstantin Frantz und des Bayern Edmund Jörg von einer mitteleuropäischen Konföderation politisch aufzugreifen. Daß mit der Hegemonie Preußens, das als Militärmonarchie seinen Aufstieg begonnen hatte, auch Bayern vom militaristischen Denken überwältigt würde, hat schon Edmund Jörg gefürchtet. In der Tat wurde auch die Monarchie der Wittelsbacher in den Sturz der preußischen Militärmonarchie mit hineingerissen, die nach dem Gesetz, nach dem sie angetreten war, auch auf ihr Ende zusteuerte, mit dem großen Anteil an Schuld beim Ausbruch des Ersten Weltkrieges. Bayern hat damals keinen Versuch gemacht, das 1871 verbriefte Mitspracherecht in der Außenpolitik auch durchzusetzen, es hatte allerdings auch einem übermächtigen Preußen kein eigenes Machtpotential entgegenzustellen. Auch die Industrielle Revolution hatte Bayern weithin ausgespart; sein Anteil an der Schwerindustrieproduktion des Reiches betrug gerade 1 %.

Nach der Novemberrevolution von 1918 gelang es den bayerischen Vertretern in Weimar nicht, die Reichsverfassung nach den föderalistischen Grundzügen von 1871 zu gestalten, nicht zuletzt, weil die bayerische Regierung bis Frühjahr 1919 nicht Herrin im eigenen Haus war. Die zentralistisch-unitarischen Tendenzen setzten sich durch; sie waren es auch, die übermächtige Stellung des Reichspräsidenten, die Unterwerfung der Stellung der Länder unter die ausschließliche Gesetzgebungskompetenz des Reichstags, damit die Reduzierung des Reichsrats praktisch zu einem bloß beratenden Organ, die auch die Machtübernahme durch eine radikale Partei und damit die Zerstörung der eben begründeten Demokratie ermöglichten. Reformvorschläge, die seit 1919 von Bayern ausgegangen waren, hatte man noch 1931 ignoriert; Demokraten waren es, die für die 'Gleichschaltung' der Länder, die entscheidende Voraussetzung für die praktische Machtübernahme Hitlers durch die Übernahme der Polizeigewalt, die Voraussetzungen geschaffen hatten. Föderalismus als Grundprinzip der staatlichen Gliederung großer Räume kann sicher nicht alle negativen Entwicklungen aufhalten, aber seinem Wesen widerspricht, darauf weist Golo Mann einmal hin, gerade die imperialistisch-expansive Großmachtpolitik, die dem deutschen Volk sicher unendlich mehr geschadet hat als alle bescheidenen Wünsche des bayerischen 'Partikularismus'.

Der Blick auf die deutsche Geschichte vom Gesichtsfeld eines Landes aus – ohne daß deshalb der Anspruch erhoben werden muß, gerade die Geschichte dieses Landes habe Modellcharakter – wird den Historiker nicht nur dazu bestimmen, manche Akzente anders zu setzen, er erlaubt auch eine ungleich tiefere Erfassung der historischen Wirklichkeit, als es etwa die Reichsgeschichte allein leisten könnte oder die Geschichte der großen europäischen Bewegungen politischer, religiöser, geistesgeschichtlicher Art. Es rückt auch der Alltag schärfer ins Bild, Siedlung, Bodenkultur, Wirtschaft, Landesausbau, Aufstieg und Entfaltung der Stadtkultur, kleinräumige Herrschaftsordnung – d. h. jene, die den Menschen voll und ganz erfaßte –, aber auch der Wandel im staatlichen Denken bis zum Ausbau des modernen Staates mit seinen bis ins letzte durchgreifenden Verwaltungsformen. Und neben der großen europäischen Bewegung in Wissenschaft und Kunst erleben wir hier die regionale und lokale Ausprägung. Daß gerade auf diesem Feld in Deutschland das Land, die Provinz, die Region so unerschöpflich reich sind, daß hier die kulturschöpferischen Mittelpunkte weithin über das Land verstreut sind, war ebenfalls ein Geschenk unserer Geschichte. Nirgends bestätigt sich die Bedeutung dieses Grundgesetzes der deutschen Geschichte, Dezentralisation und Föderation, vollkommener als im Bereich der geistigen Kultur.

LITERATUR IN AUSWAHL

Allgemeine Darstellungen

Auf die Handbücher und sonstigen Grundwerke zur deutschen und europäischen Geschichte einschließlich der Handbücher und Standardwerke zur Rechts- und Verfassungsgeschichte, Sozial- und Wirtschaftsgeschichte, Kunstgeschichte sowie Kirchengeschichte kann hier nicht im einzelnen verwiesen werden. Für die bayerische Geschichte seien hervorgehoben:

Spindler, M. (Hrsg.), Handbuch der bayerischen Geschichte, 4 Bde., 1967–1975; I ²1981 (hier S. 673–711 ein umfassendes Verzeichnis der Hilfsmittel, Quellen und Darstellungen).

Riezler, S. v., Geschichte Baierns, 8 Bde., 1878–1914; I ²1927; Registerband von J. Widemann, 1932.

Doeberl, M., Entwicklungsgeschichte Bayerns, 3 Bde., 1906–1931; I ²1908; ³1916; II ²1928.

Hubensteiner, B., Bayerische Geschichte, ⁶1977.

Kraus, A., Geschichte Bayerns, 1983.

Reindel, K., Bayern im Mittelalter, 1970.

Bauerreiss, R., Kirchengeschichte Bayerns, 7 Bde., 1949–1977; I ³1974; VI ²1974.

Simon, M., Evangelische Kirchengeschichte Bayerns, 1952.

Schindler, H., Große bayerische Kunstgeschichte, 2 Bde., ²1967.

Schremmer, E., Die Wirtschaft Bayerns, 1970.

Zorn, W., Kleine Wirtschafts- und Sozialgeschichte Bayerns 1806–1933, 1962.

Spindler, M. (Hrsg.), Bayerischer Geschichtsatlas, 1969.

Zentrale Reihen

Monumenta Boica, hrsg. von der Bayerischen Akademie der Wissenschaften, fortgeführt von der Kommission für bayerische Landesgeschichte, 1763 ff.

Quellen und Erörterungen zur bayerischen (und deutschen) Geschichte, hrsg. von der Historischen Kommission, fortgeführt von der Kommission für bayerische Landesgeschichte, 1856 ff.

Die Kunstdenkmäler des Königreichs Bayern, 1895 ff.

Historischer Atlas von Bayern, hrsg. von der Kommission für bayerische Landesgeschichte, 1950 ff.

Historisches Ortsnamenbuch von Bayern, hrsg. von der Kommission für bayerische Landesgeschichte, 1951 ff.

Dokumente zur Geschichte von Staat und Gesellschaft in Bayern, hrsg. von der Kommission für bayerische Landesgeschichte, 1974 ff.

Hubensteiner, B., u. H. Pörnbacher, Bayerische Bibliothek. Texte aus zwölf Jahrhunderten, bisher 3 Bde., 1978 ff.

Zeitschrift für bayerische Landesgeschichte, hrsg. von der Kommission für bayerische Landesgeschichte, 1928 ff. (im folgenden abgekürzt ZBLG).

Bayerische Bibliographie, 1927 ff. (von 1927–1958 Teil der ZBLG; 1959 bis 1970 Beihefte der ZBLG; seit 1971 als selbständige Monographien hrsg. von der Generaldirektion der Staatlichen Bibliotheken Bayerns).

Deutsche Reichstagsakten, hrsg. von der Historischen Kommission bei der Bayerischen Akademie der Wissenschaften, 1867 ff.

Einzeluntersuchungen / Spezielle Darstellungen

Die Literaturangaben sind im folgenden in epochenbezogenen Abschnitten zusammengestellt. Titel, die inhaltlich in den bzw. die nächsten Abschnitte hineinreichen, werden nicht wiederholt. Darstellungen und Studien, deren Ergebnisse bereits im Handbuch der bayerischen Geschichte Max Spindlers übernommen wurden, werden im folgenden nur erwähnt, soweit sie grundlegenden Charakter haben.

Vor- und Frühgeschichte – Römerzeit

Dannheimer, H., Lauterhofen im frühen Mittelalter, 1968.

Dietz, K., u. a., Regensburg zur Römerzeit, 1979.

Eberl, B., Die bayerischen Ortsnamen als Grundlage der Siedlungsgeschichte, 1925–1926.

Egger, R., Der Alpenraum im Zeitalter des Überganges von der Antike zum Mittelalter, in: Die Alpen in der europäischen Geschichte des Mittelalters, hrsg. vom Konstanzer Arbeitskreis für mittelalterliche Geschichte, 1965, 15–28.

Foerste, W., Die germanischen Stammesnamen auf -varii, Frühmittelalterliche Studien 3 (1969), 60–70.

Keller, E., Die spätrömischen Grabfunde in Südbayern, 1971.

Kellner, H. J., Die Römer in Bayern, ⁴1978.

Kraus, A., Die Herkunft der Bayern, in: Augsburger Beiträge zur Landesgeschichte Bayerisch-Schwabens 1, hrsg. von P. Fried, 1979, 27–46.

Lotter, F., Severinus von Noricum. Legende und historische Wirklichkeit, 1976.

Pauli, L., Die Alpen in Frühzeit und Mittelalter, ²1981.

Prinz, F., Bayern, Salzburg und die Frage der Kontinuität zwischen Antike und Mittelalter, Mitteilungen der Gesellschaft für Salzburger Landeskunde 115 (1975), 19–50.

Reindel, K., Die Herkunft der Bayern, Deutsches Archiv 37 (1981), 451–473.

Reitzenstein, W.-A. v., Ortsnamenforschung in Bayern, 1968.

Schwarz, E., Sprache und Siedlung in Nordostbayern, 1960.

Werner, J., Die Herkunft der Bajuwaren und der „Östlich-Merowingische" Reihengräberkreis, in: Aus Bayerns Frühzeit. Friedrich Wagner zum 75. Geburtstag, hrsg. von J. Werner, 1962, 229–250; wieder in: Zur Geschichte der Bayern, hrsg. von K. Bosl, 1965, 12–43.

Werner, J., u. E. Ewig (Hrsg.), Von der Spätantike zum frühen Mittelalter. Aktuelle Probleme in historischer und archäologischer Sicht, 1979.

Wolfram, H., Geschichte der Goten. Von den Anfängen bis zur Mitte des 6. Jahrhunderts, ²1980.

Zöllner, E., Geschichte der Franken bis zur Mitte des 6. Jahrhunderts, 1970.

Frühes und hohes Mittelalter

a) Agilulfinger

Die Anfänge des Klosters Kremsmünster (Mitteilungen des Oberösterreichischen Landesarchivs, Erg.-Bd. 2), 1978.

Baiernzeit in Oberösterreich. Das Land zwischen Inn und Enns vom Ausgang der Antike bis zum Ende des 8. Jahrhunderts, ³1977.

Cremifanum 777–1977. Festschrift zur 1200-Jahrfeier des Stiftes Kremsmünster (Mitteilungen des Oberösterreichischen Landesarchivs 12), 1977.

Dollinger, Ph., Der bayerische Bauernstand vom 9. bis zum 13. Jahrhundert, 1981.

Goez, W., Über die Anfänge der Agilulfinger, Jahrbuch für fränkische Landesforschung 34/35 (1975), 145–162.

Hlawitschka, E., Studien zur Genealogie und Geschichte der Merowinger und frühen Karolinger, Rheinische Vierteljahrsblätter 43 (1979), 81–95.

Krause, H., Die liberi der Lex Baiuvariorum, in: Festschrift für Max Spindler zum 75. Geburtstag, 1969, 41–73.

Schieffer, Th., Winfried-Bonifatius und die christliche Grundlegung Europas, 1954.

Störmer, W., Adelsgruppen im früh- und hochmittelalterlichen Bayern, 1972.

–, Früher Adel. Studien zur politischen Führungsschicht im fränkisch-deutschen Reich vom 8.–11. Jahrhundert, 2 Bde., 1973.

Zöllner, E., Die Herkunft der Agilulfinger, Mitteilungen des Instituts für österreichische Geschichtsforschung 59 (1951), 245–264; wieder in: Zur Geschichte der Bayern, hrsg. von K. Bosl, 1965, 107–134.

b) Karolingerzeit

Bischoff, B., Die südostdeutschen Schreibschulen und Bibliotheken in der Karolingerzeit, 2 Bde., 1940–1980; I ³1974.

Kraus, A., Civitas Regia. Das Bild Regensburgs in der deutschen Geschichtsschreibung des Mittelalters, 1972.

–, Marginalien zur ältesten Geschichte des bayerischen Nordgaus, Jahrbuch für fränkische Landesforschung 34/35 (1975), 163–184.

Metz, W., Das karolingische Reichsgut, 1960.

Mitterauer, M., Karolingische Markgrafen im Südosten. Fränkische Reichsaristokratie und bayerischer Stammesadel im österreichischen Raum, 1963.

Schmid, P., Regensburg. Stadt der Könige und Herzöge im Mittelalter, 1977.

Schulze, H. K., Die Grafschaftsverfassung der Karolingerzeit in den Gebieten östlich des Rheins, 1973.

c) Ottonen – Salier – Staufer

Appelt, H., Privilegium minus. Das staufische Kaisertum und die Babenberger in Österreich, ²1976.

Auer, L., Die bairischen Pfalzen in ottonisch-frühsalischer Zeit, Francia 4 (1976), 173–191.

Bosl, K., Die Markengründungen Kaiser Heinrichs III. auf bayerisch-österreichischem Boden, ZBLG 14 (1943/44), 177–247; wieder in: Zur Geschichte der Bayern, hrsg. von K. Bosl, 1965, 364–442.

Classen, P., Gerhoch von Reichersberg. Eine Biographie, 1960.

Engels, O., Die Staufer, ²1977.

Feldmann, K., Herzog Welf VI. und sein Sohn. Das Ende des süddeutschen Welfenhauses, Diss. Tübingen 1971.

Fichtenau, H., Von der Mark zum Herzogtum. Grundlagen und Sinn des Privilegium minus für Österreich, ²1965.

Fried, P., Zur „staatsbildenden" Funktion der Landfrieden im frühen bayerischen Territorialstaat, in: Festschrift für Max Spindler zum 75. Geburtstag, 1969, 283–306.

Glaser, H. (Hrsg.), Wittelsbach und Bayern (Ausstellungskatalog) I/1: Die Zeit der frühen Herzöge, 1980.

Goetz, H.-W., „Dux" und „Ducatus". Begriffs- und verfassungsgeschichtliche Untersuchungen zur Entstehung des sog. „jüngeren" Stammesherzogtums, Diss. Bochum, 1977.

Grad, T. (Hrsg.), Die Wittelsbacher im Aichacher Land, 1980.

Jordan, K., Heinrich der Löwe, 1979.

Kraus, A., Heinrich der Löwe und Bayern, in: Heinrich der Löwe, hrsg. von W.-D. Mohrmann, 1980, 151–214.

Lammers, W., Weltgeschichte und Zeitgeschichte bei Otto von Freising, 1977.

Reindel, K., Die bayerischen Luitpoldinger 893–989. Sammlung und Erläuterung der Quellen, 1953.

Schmid, A., Das Bild des Bayernherzogs Arnulf (907–937) in der deutschen Geschichtsschreibung von seinen Zeitgenossen bis zu Wilhelm von Giesebrecht, 1976.

Spindler, M., Die Anfänge des bayerischen Landesfürstentums, 1937.

Störmer, W., Stadt und Stadtherr im wittelsbachischen Altbayern des 14. Jahrhunderts, in: Stadt und Stadtherr im 14. Jahrhundert, hrsg. von W. Rausch, 1972, 257–273.

Volkert, W., Die älteren bayerischen Herzogsurbare, Blätter für oberdeutsche Namenforschung 7 (1966), 1–32.

Weinfurter, S., Salzburger Bistumsreform und Bischofspolitik im 12. Jahrhundert. Der Erzbischof Konrad I. von Salzburg (1106–1147) und die Regularkanoniker, 1975.

Wiesflecker, H., Meinhard der Zweite. Tirol, Kärnten und ihre Nachbarländer am Ende des 13. Jahrhunderts, 1955.

Die Zeit der Staufer. Geschichte – Kunst – Kultur (Ausstellungskatalog), 5 Bde., 1977–1979.

Spätes Mittelalter

Angermeier, H., Königtum und Landfriede im deutschen Spätmittelalter, 1966.

Angermeier, H., Bayern und der Reichstag von 1495, Historische Zeitschrift 224 (1977), 580–614.

Bosl, K., Die Geschichte der Repräsentation in Bayern: Landständische Bewegung, Landständische Verfassung, Landesausschuß und altständische Gesellschaft, 1974.

Brunner, O., Land und Herrschaft. Grundlagen der territorialen Verfassungsgeschichte Oesterreichs im Mittelalter, ⁵1965.

Homann, H.-D., Kurkolleg und Königtum im Thronstreit von 1314–1330, 1974.

Krieger, K.-F., Die Lehnshoheit der deutschen Könige im Spätmittelalter (ca. 1200–1437), 1979.

Lieberich, H., Kaiser Ludwig der Baier als Gesetzgeber, Zeitschrift für Rechtsgeschichte Germ. Abt. 76 (1959), 173–245.

–, Landherrn und Landleute. Zur politischen Führungsschicht Baierns im Spätmittelalter, 1964.

Rankl, H., Staatshaushalt, Stände und „Gemeiner Nutzen" in Bayern 1500–1516, 1976.

–, Das vorreformatorische landesherrliche Kirchenregiment in Bayern (1378–1526), 1971.

Schütz, A., Die Appellationen Ludwigs des Bayern aus den Jahren 1323/24, Mitteilungen des Instituts für österreichische Geschichtsforschung 80 (1972), 71–112.

–, Die Prokuratorien und Instruktionen Ludwigs des Bayern für die Kurie (1331–1345). Ein Beitrag zu seinem Absolutionsprozeß, 1973.

Schwöbel, H.-O., Der diplomatische Kampf zwischen Ludwig dem Bayern und der römischen Kurie im Rahmen des kanonischen Absolutionsprozesses 1330–1346, 1968.

Seibt, F., Karl IV. Ein Kaiser in Europa (1346–1378), ³1978.

Straub, Th., Herzog Ludwig der Bärtige von Bayern-Ingolstadt und seine Beziehungen zu Frankreich in der Zeit von 1391–1415, 1965.

Wiesflecker, H., Kaiser Maximilian I. Das Reich, Österreich und Europa an der Schwelle zur Neuzeit, bisher 4 Bde., 1971 ff.

Ziegler, W., Studien zum Staatshaushalt Bayerns in der zweiten Hälfte des 15. Jahrhunderts. Die regulären Kammereinkünfte des Herzogtums Niederbayern 1450–1500, 1981.

Humanismus und Reformation

Acta reformationis catholicae ecclesiam Germaniae concernentia saeculi XVI. Die Reformverhandlungen des deutschen Episkopats von 1520–1570, hrsg. von G. Pfeilschifter, 6 Bde., 1959–1974.

Adelmann, F. v., Dietrich von Plieningen. Humanist und Staatsmann, 1981.

Aventinus und seine Zeit (1477–1534), hrsg. von G. H. Sitzmann, 1977.

Blickle, P., Die Revolution von 1525, ²1980.

Boehm, L., Humanistische Bildungsbewegung und mittelalterliche Universitätsverfassung, in: Festschrift für Peter Acht zum 65. Geburtstag, 1976, 311–333.

Dorrer, E., Angelus Rumpler, Abt von Formbach (1501–1513) als Geschichtsschreiber, 1965.

Dünninger, E., Johannes Aventinus. Leben und Werk des bayerischen Geschichtsschreibers, 1977.

Franz, G., Der deutsche Bauernkrieg, ¹¹1977.

Iserloh, E., Johannes Eck (1486–1543), 1981.

Kaff, B., Volksreligion und Landeskirche. Die evangelische Bewegung im bayerischen Teil der Diözese Passau, 1977.

Kausch, W., Geschichte der Theologischen Fakultät Ingolstadt im 15. und 16. Jahrhundert (1472–1605), 1979.

Kraus, A., Die benediktinische Geschichtsschreibung im neuzeitlichen Bayern, Studien und Mitteilungen des Benediktinerordens und seiner Zweige 80 (1969), 205–229; wieder in: A. Kraus, Bayerische Geschichtswissenschaft in drei Jahrhunderten. Gesammelte Aufsätze, 1979, 106–148.

Lauchs, J., Bayern und die deutschen Protestanten. Deutsche Fürstenpolitik zwischen Konfession und Libertät 1534–1546, 1978.

Metzger, E., Leonhard von Eck (1480–1550). Wegbereiter und Begründer des frühabsolutistischen Bayern, 1980.

Mohrmann, W.-D., Angelus Rumpler als Humanist, Ostbairische Grenzmarken 14 (1972), 155–174.

Müller, R. A., Universität und Adel. Eine soziostrukturelle Studie zur Geschichte der bayerischen Landesuniversität Ingolstadt (1472–1648), 1974.

Pfnür, V., Einig in der Rechtfertigungslehre? Die Rechtfertigungslehre der Confessio Augustana (1530) und die Stellungnahme der katholischen Kontroverstheologie zwischen 1530 und 1535, 1970.

Rabe, H., Reichsbund und Interim. Die Verfassungs- und Religionspolitik Karls V. und der Reichstag von Augsburg 1547–1548, 1971.

Rischar, K., Johann Eck auf dem Reichstag zu Augsburg 1530, 1968.

–, Das Leben und Sterben der Wiedertäufer in Salzburg und Süddeutschland, Mitteilungen der Gesellschaft für Salzburger Landeskunde 108 (1968), 197–207.

–, Professor Dr. Johannes Eck als akademischer Lehrer in Ingolstadt, Zeitschrift für bayerische Kirchengeschichte 37 (1968), 193–212.

Roepke, C. J., Die Protestanten in Bayern, 1972.

Rössler, H., Geschichte und Strukturen der evangelischen Bewegung im Bistum Freising (1520–1570), 1966.

Schmid, A., Die historische Methode des Johannes Aventinus, Blätter für deutsche Landesgeschichte 113 (1977), 338–395.

Seifert, A., Logik zwischen Scholastik und Humanismus. Das Kommentarwerk Johann Ecks, 1978.

–, Statuten- und Verfassungsgeschichte der Universität Ingolstadt 1472–1586, 1971.

–, Die Universität Ingolstadt im 15. und 16. Jahrhundert. Texte und Regesten, 1973.

Ziegler, W., Das Benediktinerkloster St. Emmeram zu Regensburg in der Reformationszeit, 1970.

Katholische Reform und Gegenreformation

Acta Pacis Westphalicae, hrsg. von M. Braubach u. K. Repgen, 1962 ff.

Albrecht, D., Die auswärtige Politik Maximilians von Bayern 1618–1635, 1962.

Altmann, H., Die Reichspolitik Maximilians I. von Bayern 1613–1618, 1978.

Altmann, H. Chr., Die Kipper- und Wipperinflation in Bayern 1620–1623, 1976.

Becker, W., Der Kurfürstenrat. Grundzüge seiner Entwicklung in der Reichsverfassung und seiner Stellung auf dem Westfälischen Friedenskongreß, 1976.

Bierther, K., Der Regensburger Reichstag von 1640/41, 1971.

Bireley, R., Maximilian von Bayern, Adam Contzen S. J. und die Gegenreformation in Deutschland 1624–1635, 1975.

Breuer, D., Oberdeutsche Literatur 1565–1650. Deutsche Literaturgeschichte und Territorialgeschichte in frühabsolutistischer Zeit, 1979.

Briefe und Akten zur Geschichte des Dreißigjährigen Krieges in den Zeiten des vorwaltenden Einflusses der Wittelsbacher, hrsg. von der Historischen Commission bei der Königlichen Academie der Wissenschaften, Bde. 1–11, 1870–1909; Bd. 12, 1978.

Briefe und Akten zur Geschichte des Dreißigjährigen Krieges. Neue Folge. Die Politik Maximilians I. von Bayern und seiner Verbündeten. 1618–1651, hrsg. von der Historischen Kommission bei der Bayerischen Akademie der Wissenschaften, Teil 1, 2 Bde., 1966–1970; Teil 2, Bd. 1–4, 1907–1948; Bd. 5, 1964; Bd. 8, 1982.

Buxbaum, E. M., Petrus Canisius und die kirchliche Erneuerung des Herzogtums Bayern 1549–1556, 1973.

Dickmann, F., Der Westfälische Frieden, [4]1977.

Dollinger, H., Studien zur Finanzreform Maximilians I. von Bayern 1598–1618. Ein Beitrag zur Geschichte des Frühabsolutismus, 1968.

Dotterweich, H., Der junge Maximilian. Biographie eines bayerischen Prinzen, [2]1980.

Der Dreißigjährige Krieg. Beiträge zu seiner Geschichte, hrsg. von der Direktion des Heeresgeschichtlichen Museums Wien, 1976.

Glaser, H. (Hrsg.), Wittelsbach und Bayern (Ausstellungskatalog) II/1: Um Glauben und Reich, 1980.

Heydenreuter, R., Der landesherrliche Hofrat unter Herzog und Kurfürst Maximilian I. von Bayern (1598–1651), 1981.

Kraus, A., Kurfürst Maximilian I. von Bayern. Das neue Bild eines großen Fürsten, Historisches Jahrbuch 97/98 (1978), 505–526.

Lanzinner, M., Fürst, Räte und Landstände. Die Entstehung der Zentralbehörden in Bayern 1511–1598, 1980.

Neuer-Landfried, F., Die Katholische Liga. Gründung, Neugründung und Organisation eines Sonderbundes 1608–1620, 1968.

Oswald, J., Der päpstliche Nuntius Ninguarda und die tridentinische Reform des Bistums Passau (1578–1583), Ostbairische Grenzmarken 17 (1975), 19–49.

Repgen, K., Die römische Kurie und der Westfälische Frieden, I: Papst, Kaiser und Reich 1541–1644, 2 Teile, 1962–1965.

Rudolf, H.-U. (Hrsg.), Der Dreißigjährige Krieg, 1977.

Seils, E. A., Die Staatslehre des Jesuiten Adam Contzen, Beichtvater Kurfürst Maximilians I. von Bayern, 1968.

Sturmberger, H., Adam Graf Herberstorff, 1976.

Wittmütz, V., Die Gravamina der bayerischen Stände im 16. und 17. Jahrhundert als Quelle für die wirtschaftliche Situation und Entwicklung Bayerns, 1970.

Wolff, F., Corpus Evangelicorum und Corpus Catholicorum auf dem Westfälischen Friedenskongreß, 1966.

Zeeden, E. W. (Hrsg.), Gegenreformation, 1973.

Zeschik, J., Das Augustinerchorherrenstift Rohr und die Reformen in baierischen Stiften vom 15. bis 17. Jahrhundert, 1969.

Absolutismus und Aufklärung

a) Absolutismus

Aretin, K. O. v., Bayerns Weg zum souveränen Staat. Landstände und konstitutionelle Monarchie 1714–1818, 1976.

Bary, R. v., Henriette Adelaide, Kurfürstin von Bayern, 1980.

Glaser, H. (Hrsg.), Kurfürst Max Emanuel. Bayern und Europa um 1700 (Ausstellungskatalog), 2 Bde., 1976.

Hartmann, P. C., Geld als Instrument europäischer Machtpolitik, 1978.

Das Haus Wittelsbach und die europäischen Dynastien, hrsg. von A. Kraus (= ZBLG 44, 1), 1981.

Hopfenmüller, A., Der geistliche Rat unter den Kurfürsten Ferdinand Maria und Max Emanuel von Bayern (1651–1726), 1979.

Hüttl, L., Caspar von Schmid (1622–1693), ein kurbayerischer Staatsmann aus dem Zeitalter Ludwigs XIV., 1971.

Kruedener, J. v., Die Rolle des Hofes im Absolutismus, 1973.

Münch, Th., Der Hofrat unter Kurfürst Max Emanuel von Bayern (1679–1726), 1979.

Oestreich, G., Strukturprobleme des europäischen Absolutismus, Vierteljahrschrift für Sozial- und Wirtschaftsgeschichte 55 (1968), 329–347.

Patze, H. (Hrsg.), Aspekte des europäischen Absolutismus. Vorträge aus Anlaß des 80. Geburtstages von Georg Schnath, 1979.

Peter, W.-D., Johann Georg Joseph Graf von Königsfeld (1679–1750). Ein kurbayerischer Adeliger des Ancien Régime, 1977.

Probst, Ch., Lieber bayrisch sterben. Der bayrische Volksaufstand der Jahre 1705 und 1706, 1978.

Rall, H., Kurbayern in der letzten Epoche der alten Reichsverfassung von 1745–1801, 1952.

Schmidt, H., Philipp Wilhelm von Pfalz-Neuburg (1615–1690) als Gestalt der deutschen und europäischen Politik des 17. Jahrhunderts, I: 1615–1658, 1973.

Strauven, D., Die wittelsbachischen Familienverträge 1761–1779, 1969.

Vierhaus, R., Deutschland im Zeitalter des Absolutismus (1648–1763), 1978.

Weis, E., Der aufgeklärte Absolutismus in den mittleren und kleinen deutschen Staaten, ZBLG 42 (1979), 31–46.

b) Aufklärung (Kultur – Kunst – Wissenschaft)

Bauer, R., Der kurfürstliche geistliche Rat und die bayerische Kirchenpolitik 1768–1802, 1971.

Brückner, J., Staatswissenschaften, Kameralismus und Naturrecht. Ein Beitrag zur Geschichte der politischen Wissenschaften im Deutschland des späten 17. und frühen 18. Jahrhunderts, 1977.

Dülmen, R. v., Der Geheimbund der Illuminaten, ²1980.

Hammermayer, L., Gründungs- und Frühgeschichte der Bayerischen Akademie der Wissenschaften, 1959.

Kraus, A., Bayerische Geschichtswissenschaft in drei Jahrhunderten. Gesammelte Aufsätze, 1979.

–, Die historische Forschung an der Churbayerischen Akademie der Wissenschaften 1759–1806, 1959.

–, Die naturwissenschaftliche Forschung an der Bayerischen Akademie der Wissenschaften im Zeitalter der Aufklärung, 1978.

–, Vernunft und Geschichte, 1963.

Kreh, F., Leben und Werk des Reichsfreiherrn Johann Adam von Ickstatt (1702–1776), 1974.

Pflicht, S., Kurfürst Carl Theodor von der Pfalz und seine Bedeutung für die Entwicklung des deutschen Theaters, 1976.

Schmid, A., Die Rolle der bayerischen Klosterbibliotheken im wissenschaftlichen Leben des 17. und 18. Jahrhunderts, Wolfenbütteler Forschungen 2 (1977), 143–186.

Schmidt, H., Die Politik des Kurfürsten Carl Theodor, in: Carl Theodor und Elisabeth Auguste. Höfische Kunst und Kultur in der Kurpfalz (Ausstellungskatalog), 1979, 9–14.

Spindler, M., Der Ruf des barocken Bayern, Historisches Jahrbuch 74 (1955), 319–341; wieder in: M. Spindler, Erbe und Verpflichtung. Aufsätze und Vorträge zur bayerischen Geschichte, 1966, 55–77.

Bayern im Vormärz

a) Max I. Joseph

Glaser, H. (Hrsg.), Wittelsbach und Bayern (Ausstellungskatalog) III/1: König Max I. Joseph und der neue Staat, 1980.

Hausmann, F., Die Agrarpolitik der Regierung Montgelas, 1975.

Huber, E. R., Deutsche Verfassungsgeschichte seit 1789, III, ²1970; IV, 1969.

Langner, A., Säkularisation und Säkularisierung im 19. Jahrhundert, 1978.

Möckl, K., Der moderne bayerische Staat. Eine Verfassungsgeschichte vom aufgeklärten Absolutismus bis zum Ende der Reformepoche, 1979.

Rauscher, A., Säkularisierung und Säkularisation vor 1800, 1976.

Weis, E., Montgelas I: 1759–1799. Zwischen Revolution und Reform, 1971.

–, Zur Entstehungsgeschichte der bayerischen Verfassung von 1818. Die Debatten in der Verfassungskommission von 1814/15, ZBLG 39 (1976), 413–444.

Winter, A., Karl Philipp Fürst von Wrede als Berater des Königs Max I. Joseph und des Kronprinzen Ludwig von Bayern 1815–1825, 1968.

b) Ludwig I.

Armansperg, R. Gräfin, Josef Ludwig Graf Armansperg. Ein Beitrag zur Regierungsgeschichte Ludwigs I. von Bayern, 1976.

Baumann, K. (Hrsg.), Das Hambacher Fest, ²1982.

Böck, H. H., Karl Philipp Fürst von Wrede als politischer Berater König Ludwigs I. von Bayern (1825–1838), 1968.

Brandt, H., Landständische Repräsentation im Vormärz, 1968.

Dickerhof, H., Bildung und Ausbildung im Programm der bayerischen Universitäten im 19. Jahrhundert, Historisches Jahrbuch 95 (1975), 142–169.

Dickerhof, H. (Hrsg.), Dokumente zur Studiengesetzgebung in Bayern in der ersten Hälfte des 19. Jahrhunderts, 1975.

Dirrigl, M., Ludwig I., König von Bayern 1825–1848, 1980.

Domarus, M., Bürgermeister Behr. Ein Kämpfer für den Rechtsstaat, 1971.

Friauf, K. H., Der Staatshaushaltsplan im Spannungsfeld zwischen Parlament und Regierung, 1968.

Gruner, W.-D., Das bayerische Heer 1825 bis 1864, 1972.

Kantzenbach, F. W., Evangelischer Geist und Glaube im neuzeitlichen Bayern, 1980.

Kraus, A., Probleme der Abrüstung in Bayern von 1816 bis 1866, in: Vorträge zur Militärgeschichte I, hrsg. vom Militärgeschichtlichen Forschungsamt, 1980, 32–52.

Ostadal, H., Die Kammer der Reichsräte in Bayern von 1819 bis 1848, 1968.

Rall, H., Otto von Griechenland, ZBLG 44 (1981), 367–380.

Schärl, W., Die Zusammensetzung der bayerischen Beamtenschaft von 1806 bis 1918, 1955.

Schwaiger, G., Johann Michael Sailer. Der bayerische Kirchenvater, 1982.

Seidl, W., Bayern in Griechenland, ²1981.

Spindler, M., Erbe und Verpflichtung. Aufsätze und Vorträge zur bayerischen Geschichte, 1966.

Zorn, W., Gesellschaft und Staat im Bayern des Vormärz, in: W. Conze (Hrsg.), Staat und Gesellschaft im deutschen Vormärz 1825–1848, 1962, 113–142.

–, Die wirtschaftliche Struktur Bayerns um 1820, in: Festschrift für Max Spindler zum 75. Geburtstag, 1969, 611–631.

Zuber, K.-H., Der „Fürst-Proletarier" Ludwig von Oettingen-Wallerstein (1791–1870), 1978.

Maximilian II.

Franz, E., Ludwig Freiherr von der Pfordten, 1938.

Gruner, W. D., Die Würzburger Konferenzen der Mittelstaaten in den Jahren 1859 bis 1861 und die Bestrebungen zur Reform des Deutschen Bundes, ZBLG 36 (1973), 181–253.

Kirzl, G., Staat und Kirche im bayerischen Landtag zur Zeit Max II. (1848–1864), 1974.

Mößle, W., Bayern auf den Dresdener Konferenzen 1850/51. Politische, staatsrechtliche und ideologische Aspekte einer gescheiterten Verfassungsrevision, 1972.

Rumpler, H., Die deutsche Politik des Freiherrn von Beust 1848 bis 1850, 1972.

Thränhardt, D., Wahlen und politische Strukturen in Bayern 1848–1953, 1973.

Ludwig II. – Prinzregent Luitpold

Albrecht, W. (Hrsg.), Georg von Vollmars Reden und Schriften zur Reformpolitik, 1977.

Barton-Stedmann, I. v., Die preußische Gesandtschaft in München als Instrument der Reichspolitik 1871–1890, 1967.

Binder, H.-O., Reich und Einzelstaaten während der Kanzlerschaft Bismarcks, 1971.

Böhme, H., Probleme der Reichsgründungszeit 1848–1879, 1968.

Brandmüller, W., Ignaz von Döllinger am Vorabend des 1. Vaticanums. Herausforderung und Antwort, 1977.

Buchheim, K., Geschichte der christlichen Parteien vor 1918, 1973.

Bussmann, W., Das Zeitalter Bismarcks, [4]1968.

Conzemius, V. (Hrsg.), Ignaz von Döllinger. Briefwechsel, 4 Bde., 1965–1982.

Denk, H.-D., Die christliche Arbeiterbewegung in Bayern bis zum Ersten Weltkrieg, 1980.

Gruner, W.-D., Bayern, Preußen und die süddeutschen Staaten 1866–1870, ZBLG 37 (1974), 799–827.

Hacker, R., Ludwig II. von Bayern in Augenzeugenberichten, 1966.

Huber, E. R., u. W. Huber, Staat und Kirche im 19. und 20. Jahrhundert. Dokumente zur Geschichte des deutschen Staatskirchenrechts, 3 Bde., 1973–1983.

Jansen, R., Georg von Vollmar, 1958.

Kessler, E., Johann Friedrich (1836–1917). Ein Beitrag zur Geschichte des Altkatholizismus, 1975.

Körner, H.-M., Staat und Kirche in Bayern 1886–1918, 1977.

Lill, R., Vatikanische Akten zur Geschichte des deutschen Kulturkampfes: Leo XIII., I (1878–1880), 1970.

Möckl, K., Die Prinzregentenzeit. Gesellschaft und Politik während der Ära des Prinzregenten Luitpold in Bayern, 1972.

Morsey, R., Die deutschen Katholiken und der Nationalstaat zwischen Kulturkampf und Erstem Weltkrieg, Historisches Jahrbuch 90 (1970), 31–64.

Rall, H., u. M. Petzet, König Ludwig II., [6]1980.

Rauh, M., Föderalismus und Parlamentarismus im Wilhelminischen Reich. Der Bundesrat 1890–1909, 1973.

Richter, W., Ludwig II., König von Bayern, ⁹1979.

Ritter, G. A., Die deutschen Parteien vor 1918, 1973.

–, Wahlgeschichtliches Arbeitsbuch. Materialien zur Statistik des Kaiserreiches 1871–1918, 1980.

Roeder, E., Der konservative Journalist Ernst Zander und die politischen Kämpfe seines „Volksboten", 1972.

Rüddenklau, H., Studien zur bayerischen Militärpolitik 1871 bis 1914, 1972.

Schmidt, J., Bayern und das Zollparlament. Politik und Wirtschaft in den letzten Jahrzehnten vor der Reichsgründung, 1973.

Schrott, L., Der Prinzregent, 1962.

Stürmer, M., Das kaiserliche Deutschland. Politik und Gesellschaft 1870–1918, 1970.

Weber, Ch., Quellen und Studien zur Kurie und zur vatikanischen Politik unter Leo XIII., 1973.

Weber, M., Das I. Vatikanische Konzil im Spiegel der bayerischen Politik, 1970.

Ludwig III. – Revolution in Bayern

Albrecht, W., Landtag und Regierung in Bayern am Vorabend der Revolution von 1918. Studien zur gesellschaftlichen und staatlichen Entwicklung Deutschlands von 1912–1918, 1968.

Becker, W., Georg von Hertling 1843–1919 I, 1981.

Bosl, K. (Hrsg.), Bayern im Umbruch. Die Revolution von 1918, ihre Voraussetzungen, ihr Verlauf und ihre Folgen, 1969.

Deuerlein, E. (Hrsg.), Briefwechsel Hertling–Lerchenfeld 1912–1917, 2 Bde., 1973.

Eckardt, G., Industrie und Politik in Bayern 1900–1919, 1976.

Eisner, F., Kurt Eisner. Die Politik des libertären Sozialismus, 1979.

Hirschfelder, H., Die bayerische Sozialdemokratie 1864–1914, 2 Bde., 1979.

Kritzer, P., Die bayerische Sozialdemokratie und die bayerische Politik in den Jahren 1918 bis 1923, 1969.

Mitchell, A., Revolution in Bayern 1918/1919. Die Eisner-Regierung und die Räterepublik, 1967.

Rumschöttel, H., Das bayerische Offizierskorps 1866–1914, 1973.

Schade, F., Kurt Eisner und die bayerische Sozialdemokratie, 1961.

Schmolze, G. (Hrsg.), Revolution und Räterepublik in München 1918/1919 in Augenzeugenberichten, 1969.

Schnorbus, A., Arbeit und Sozialordnung in Bayern vor dem Ersten Weltkrieg (1890–1914), 1969.

Schwarz, K.-D., Weltkrieg und Revolution in Nürnberg, 1971.

Sendtner, K., Rupprecht von Wittelsbach, Kronprinz von Bayern, 1954.

Der Freistaat Bayern und die Weimarer Republik

Benz, W., Süddeutschland in der Weimarer Republik, 1970.

Deuerlein, E., Föderalismus. Die historischen und philosophischen Grundlagen des föderativen Prinzips, 1972.

Deuerlein, E. (Hrsg.), Der Hitler-Putsch. Bayerische Dokumente zum 8./9. November 1923, 1962.

Fenske, H., Konservativismus und Rechtsradikalismus in Bayern nach 1918, 1969.

Hoegner, W., Die verratene Republik. Geschichte der deutschen Gegenrevolution, ²1979.

Kessler, R., Heinrich Held als Parlamentarier. Eine Teilbiographie 1868–1924, 1971.

Menges, F., Reichsreform und Finanzpolitik, 1971.

Schönhoven, K., Die bayerische Volkspartei 1924–1932, 1972.

Schulz, G., Deutschland seit dem Ersten Weltkrieg 1918–1945, 1976.

Schwend, K., Bayern zwischen Monarchie und Diktatur. Beiträge zur bayerischen Frage in der Zeit von 1918 bis 1933, 1954.

Thoss, B., Der Ludendorff-Kreis 1919–1923. München als Zentrum der mitteleuropäischen Gegenrevolution zwischen Revolution und Hitler-Putsch, 1978.

Bayern unter dem Nationalsozialismus

Baier, H., Chronologie des bayerischen Kirchenkampfes 1933–1945, 1969.

–, Die Deutschen Christen Bayerns im Rahmen des bayerischen Kirchenkampfes, 1968.

Bayern in der NS-Zeit, hrsg. von M. Broszat u. a., bisher 6 Bde., 1977ff.

Bretschneider, H., Der Widerstand gegen den Nationalsozialismus in München 1933–1945, 1968.

Domröse, O., Der NS-Staat in Bayern von der Machtergreifung bis zum Röhm-Putsch, 1974.

Donohoe, J., Hitler's Conservative Opponents in Bavaria 1930–1945, 1961.

Frei, N., Nationalsozialistische Eroberung der Provinzpresse. Gleichschaltung, Selbstanpassung und Resistenz in Bayern, 1980.

Hanke, P., Zur Geschichte der Juden in München zwischen 1933 und 1945, 1967.

Die jüdischen Gemeinden in Bayern 1918–1945. Geschichte und Zerstörung, bearb. von B. Ophir u. F. Wiesemann, 1979.

Die kirchliche Lage in Bayern nach den Regierungspräsidentenberichten 1933–1943, hrsg. von der Kommission für Zeitgeschichte, 7 Bde., 1966.

Klenner, J., Das Verhältnis von Partei und Staat 1933–1945. Dargestellt am Beispiel Bayerns, 1974.

Volk, L. (Hrsg.), Akten Kardinal Michael von Faulhabers 1917–1945, 2 Bde., 1975.

Volk, L., Der bayerische Episkopat und der Nationalsozialismus 1930–1945, 1965.

Widerstand und Verfolgung in Bayern 1933–1945, hrsg. von der Generaldirektion der Staatlichen Archive Bayerns, 18 Bde., 1975–1977.

Wiesemann, F., Die Vorgeschichte der nationalsozialistischen Machtübernahme in Bayern 1932/1933, 1975.

Zofka, Z., Die Ausbreitung des Nationalsozialismus auf dem Lande, 1979.

Nachkriegszeit

Akten zur Vorgeschichte der Bundesrepublik Deutschland 1945–1949, hrsg. von Bundesarchiv und Institut für Zeitgeschichte, bisher 4 Bde., 1976 ff.

Baer, F. M., Die Ministerpräsidenten Bayerns 1945–1964, 1972.

Benz, W., Föderalistische Politik in der CDU/CSU. Die Verfassungsdiskussion im Ellwanger Kreis 1947/48, Vierteljahrshefte für Zeitgeschichte 25 (1977), 776–820.

Niethammer, L., Die amerikanische Besatzungsmacht zwischen Verwaltungstradition und politischen Parteien in Bayern 1945, Vierteljahrshefte für Zeitgeschichte 15 (1967), 153–210.

Niethammer, L., Entnazifizierung in Bayern, 1972.

Sonnenberger, F., Die Rekonfessionalisierung der bayerischen Volksschule 1945–1950, ZBLG 45 (1982), 87–155.

Stelzle, W., Föderalismus und Eigenstaatlichkeit. Aspekte der bayerischen Innen- und Außenpolitik 1945–1947, 1980.

Unger, I., Die Bayernpartei. Geschichte und Struktur 1945–1957, 1979.

Woller, H., Die Loritz-Partei. Geschichte, Struktur und Politik der Wirtschaftlichen Aufbau-Vereinigung (WAV) 1945–1955, 1982.

ÜBERSICHTSTAFELN

Bayerische Herzöge, Kurfürsten und Könige

ca. 555/61	– ca. 593	Garibald I.
ca. 593	– ca. 610	Tassilo I.
ca. 610	– ca. 630	Garibald II.
?		?
ca. 680	– 717	Theodo
ca. 711	– 720/25	Theodebert (Teilherzog)
ca. 711	– 728	Grimoald (Teilherzog)
1. Hälfte 8. Jh.		Theodolt (Teilherzog)
1. Hälfte 8. Jh.		Tassilo II. (Teilherzog)
ca. 727	– 736	Hucbert
737	– 748	Odilo
748	– 788	Tassilo III.
?	– 907	Luitpold (Markgraf)
907	– 937	Arnulf
937	– 938	Eberhard
938	– 947	Berthold
948	– 955	Heinrich I.
955	– 976	Heinrich II. der Zänker
976	– 982	Otto von Schwaben
983	– 985	Heinrich III. (Sohn Herzog Bertholds)
985	– 995	Heinrich II. der Zänker
995	–1004	Heinrich IV. (= 1002 Kaiser Heinrich II.)
1004	–1009	Heinrich V. von Lützelburg
1009	–1018	Kaiser Heinrich II. der Heilige
1018	–1026	Heinrich V. von Lützelburg
1026	–1027	Konrad I. (= König Konrad II.)
1027	–1042	Heinrich VI. (= 1039 Kaiser Heinrich III.)
1042	–1047	Heinrich VII. von Luxemburg
1047	–1049	Kaiser Heinrich III.

269

1049	–1053	Konrad I. von Zütphen († 1055)
1053	–1054	Heinrich VIII. (= späterer Kaiser Heinrich IV.)
1054	–1055	Konrad II.
1055	–1061	Agnes, Gemahlin Kaiser Heinrichs III. († 1077)
1061	–1070	Otto von Northeim († 1083)
1070	–1077	Welf I.
1077	–1095	Kaiser Heinrich IV.
1095	–1101	Welf I.
1101	–1120	Welf II.
1120	–1126	Heinrich IX. der Schwarze
1126	–1138	Heinrich X. der Stolze († 1139)
1139	–1141	Leopold von Babenberg, Markgraf der Ostmark
1141	–1143	König Konrad III.
1143	–1156	Heinrich XI. Jasomirgott von Babenberg, Markgraf der Ostmark
1156	–1180	Heinrich XII. der Löwe († 1195)
1180	–1183	Otto I.
1183	–1231	Ludwig I. der Kelheimer
1231	–1253	Otto II. der Erlauchte
1253	–1255	Ludwig II. der Strenge und Heinrich XIII. gemeinsam

Oberbayern (und Pfalz)	Niederbayern (versch. Linien)
1255–1294 Ludwig II. d. Strenge	1255–1290 Heinrich XIII.
1294–1319 Rudolf I.	1290–1312 Otto III.
1294–1340 Ludwig IV. d. Bayer	1290–1296 Ludwig III.
	1290–1309 Stephan I.
	1310–1339 Heinrich XIV. d. Ältere
	1312–1339 Heinrich XV. d. Jüngere
	1310–1334 Otto IV.
	1339–1340 Johann I.

Gesamtbayern

1340–1347	Ludwig IV. d. Bayer
1347–1349	gemeinsame Regierung der Söhne Ludwigs IV: Ludwig V., Stephan II., Wilhelm I., Albrecht I., Ludwig VI. d. Römer, Otto V. d. Faule

270

Oberbayern mit Brandenburg (Markgrafen)

1349–1351 Ludwig V. der Brandenburger,
Ludwig VI. und Otto V. gemeinsam

Niederbayern mit Holland

1349–1353 Stephan II., Wilhelm I. und Albrecht I. gemeinsam

Oberbayern

1351–1361 Ludwig V.
1361–1363 Meinhard
1363 Oberbayern fällt
an Niederbayern-
Landshut

Brandenburg

1351–1365 Ludwig VI.
1351–1373 Otto V.
(† 1379)

Niederbayern-Landshut

1353–1375 Stephan II.
1375–1392 Stephan III. d.
Kneißel, Fried-
rich und
Johann II.
gemeinsam

Niederbayern-Straubing mit Holland

1353–1358 Wilhelm I. ⎫ gemein-
(† 1389) ⎪ same Re-
1353–1404 Albrecht I. ⎬ gierung
1404–1417 Wilhelm II. ⎪
1417–1425 Johann III. ⎭

Bayern-München

1392–1397 Johann II.
1397–1438 Ernst ⎫ gemeinsame
1397–1435 Wilhelm ⎬ Regierung
1438–1460 Albrecht III.
1460–1463 Johann IV. und Sigmund
1463–1467 Sigmund und Albrecht IV.
1467–1503 Albrecht IV. d. Weise

Bayern-Ingolstadt

1392–1413 Stephan III. d. Kneißel
1413–1447 Ludwig VII. d. Gebartete
1443–1445 Ludwig VIII. d. Höckrige

Bayern-Landshut

1392–1393 Friedrich
1393–1450 Heinrich XVI.
1450–1479 Ludwig IX. d. Reiche
1479–1503 Georg d. Reiche

271

Gesamtbayern (ab 1777 mit Pfalz)

1503–1508	Albrecht IV. d. Weise
1508–1550	Wilhelm IV. und Ludwig X. († 1545)
1550–1579	Albrecht V.
1579–1597	Wilhelm V. d. Fromme († 1626)
1597–1651	Maximilian I. (ab 1623 Kurfürst)
1651–1679	Ferdinand Maria
1679–1726	Max II. Emanuel
1726–1745	Karl Albrecht (als Dt. Kaiser Karl VII. ab 1742)
1745–1777	Max III. Josef
1777–1799	Karl Theodor, Kurfürst von der Pfalz
1799–1825	Max IV. Josef (seit 1806 als König Max I. Joseph)
1825–1848	Ludwig I. († 1868)
1848–1864	Maximilian II.
1864–1886	Ludwig II.
1886–1913	Otto († 1916), regierungsunfähig, dafür:
1886–1912	Luitpold, Prinzregent
1912–1918	Ludwig III. (1912–1913 als Prinzregent) († 1921)

Ministerpräsidenten des Freistaates Bayern

1918–1919	Kurt Eisner (USPD)
1919–1920	Johannes Hoffmann (SPD)
1920–1921	Gustav von Kahr
1921–1922	Hugo von und zu Lerchenfeld (BVP)
1922–1924	Eugen Ritter von Knilling
1924–1933	Heinrich Held (BVP)
1945	Fritz Schäffer (BVP)
1945–1946	Wilhelm Hoegner (SPD)
1946–1954	Hans Ehard (CSU)
1954–1957	Wilhelm Hoegner
1957–1960	Hanns Seidel (CSU)
1960–1962	Hans Ehard
1962–1978	Alfons Goppel (CSU)
1978–	Franz Josef Strauß (CSU)

PERSONEN- UND ORTSREGISTER

283

Plato (427–347 v. Chr.), griech. Phil. 72

Plieningen zu Eisenhofen u. Schaubeck, Dietrich v. (ca. 1450–1520), Humanist 70

Pöhner, Ernst (1870–1925), Polizeipräs. v. München 221

Polling, Kl. 26. 36. 121. 125

Prag 88. 110 f.

–, Friede v. (1463) 65

–, – (1635) 95

–, – (1866) 181

–, Schlacht a. Weißen Berg 89. 93 Preßburg

–, Friede v. (1805) 141

–, Schlacht v. (907) 13

–, Spruch zu (1429) 63

Preuß, Hugo (1860–1925), Staatsrechtler, Reichsinnenmin. (1919) 217

Prüfening, Kl. 35

Pythagoras (u. 570 v. Chr.), griech. Phil. 72

Queri, Georg (1879–1919), Schriftsteller 200

Radowitz, Josef Maria Frhr. v. (1797–1853), preuß. General u. Pol. 174

Ranke, Leopold v. (1795–1886), Hist. 167. 171 f. 199

Ranshofen 26

–, Kl. 35

Raßler, Johann Christoph SJ (1654–1723), Theol. 98

Rastatt, Friede v. (1714) 107

Rastizlaw, Hg. v. Mähren (846–870) 10

Rathenau, Walther (1867–1922), Industrieller u. Pol., Reichsaußenmin. (1920) 222 f.

Rattenberg 68

Rautenstrauch, Franz Stephan OSB (1734–85), Schulreformer in Österreich 127

Ravensberg, Gfft. 88

Ravensburg 27

Rechberg, Johann Bernhard Gf. v. (1806–1899), österr. Staatsmann 177

Regensburg 5. 7. 11. 14. 16. 21. 24. 26. 36 f. 42. 67. 70. 95. 124. 145. 159. 238. 247

–, Bf./Btm./Hst. 6 f. 25 f. 31. 41. 45 f. 53. 137. 142 f.

–, Burggfn. 35

–, Kurfürstentag (1630) 92 f.

–, Niedermünster 33

–, Reichstag 30

–, St. Emmeram 11. 30. 32. 125. 131

–, St. Jakob 35. 125

Reichel, Hans (1570–1642), Bildhauer 98

Reichenbach a. Regen, Kl. 35

Reichenhall 46. 53

–, Hallgfn. 26

–, Kl. St. Zeno 35

Reiffenstuel, Anaklet OFM (1642–1703), Theol. 121

Reinmar v. Hagenau (ca. 1160– vor 1210), Minnesänger 38

Rheinfelden, Schlacht b. (1638) 95

Richard v. Cornwall, Kg. (1257–72) 48

Richel, Bartholomäus, Dr. (1580–

296

Aus dem weiteren Programm

4827-X Bardong, Otto (Hrsg.):
Friedrich der Große. (SteinQNZ, Bd. 22.)

1982. XXI, 580 S., 1 Stammtaf., Gzl.

Das Bild des roi-philosophe wird sowohl aus amtlichen Äußerungen wie aus privaten herausgearbeitet. Philosophische und religiöse Grundeinstellung, politische Maximen, Innen-, Wirtschafts- und Sozialpolitik, Stellung zum Recht, kultureller Standorte werden ebenso behandelt wie die Außenpolitik, zu der die kennzeichnendsten Stücke aus der umfangreichen politischen Korrespondenz gebracht werden.

4841-5 Fenske, Hans (Hrsg.):
Unter Wilhelm II. 1890–1918. (SteinQPD, Bd. 7.)

1982. (II)XXXI, 555 S., Gzl.

Der Band dokumentiert anhand von weit über hundert Quellenstücken die wichtigsten Bereiche der öffentlichen Diskussion in der wilhelminischen Ära und während des Ersten Weltkrieges. Besonders berücksichtigt werden dabei die Erörterungen über die deutsche „Weltpolitik", die Bewertung verfassungspolitischer Fragen und die Auseinandersetzung über die Probleme des Ersten Weltkriegs.

8428-4 Katz, Jacob:
Zur Assimilation und Emanzipation der Juden. Ausgewählte Schriften.

1982. VIII, 209 S., kart.

Die mit der Vertreibung und Vernichtung zu Ende gegangene Geschichte der Juden in Deutschland wird hier in einer ihrer entscheidenden Phasen dargestellt, nämlich in dem Versuch, die Juden im 18. und 19. Jahrhundert durch Absorbierung in Staat und Gesellschaft zu neutralisieren.

8020-3 Kerner, Max (Hrsg.):
Ideologie und Herrschaft im Mittelalter. (WdF, Bd. 530.)

1982. VIII, 508 S., Gzl.

In den Rahmen des hier behandelten Themas gehören alle mediävistischen Versuche, die die geistigen Grundlagen mittelalterlicher Herrschaft sowie deren Besonderheit und Funktion thematisieren. Aus diesem Gesamtbereich wird eine Beiträgeauswahl geboten.

7735-0 Michalka/Lee (Hrsg.):
Gustav Stresemann. (WdF, Bd. 539.)

1982. XXVII, 465 S., Gzl.

Dieser Band präsentiert und diskutiert erstmals die Stresemann-Forschung am Beispiel zentraler Interpretation. Er bietet weniger biographische Studien, sondern behandelt primär den Bereich Stresemannscher Politik: sein politisches Weltbild, seine Rolle als Parteipolitiker, die Innen- und Außenpolitik sowie die Kontinuitätsproblematik u. a. Außerdem wird der Versuch einer Gesamtbeurteilung gemacht.

83/I

WISSENSCHAFTLICHE BUCHGESELLSCHAFT
Hindenburgstr. 40   D-6100 Darmstadt 11

Aus dem weiteren Programm

6875-0 Möncke, Gisela (Hrsg.):
Quellen zur Wirtschafts- und Sozialgeschichte mittel- und oberdeutscher Städte im Spätmittelalter. (SteinQMA, Bd. 37.)

1982. VII, 433 S., Gzl.

Der Band behandelt unter wirtschafts- und sozialgeschichtlichen Aspekten die Geschichte der spätmittelalterlichen Stadt außerhalb des niederdeutsch-hansischen Raums. Aus den verschiedenen und weit verstreuten Quellen wird eine Auswahl geboten, die die vielfältigen wirtschaftlichen und gesellschaftlichen Zusammenhänge städtischen Lebens erkennen läßt und auch an neuere Fragestellungen der Stadtgeschichtsforschung zu diesem Problemkreis heranführt.

7328-2 Müller, Klaus (Bearb.):
Absolutismus und Zeitalter der Französischen Revolution (1715 bis 1815). (Quellenkunde, Bd. 3.)

1982. X, 208 S., kart.

Dieser Band behandelt Akten, Urkunden und persönliche Quellen zum Zeitalter des Absolutismus (ab 1715) und der Französischen Revolution (bis 1815). Obwohl der Schwerpunkt auf der deutschen Geschichte liegt, wird auch die außerdeutsche Geschichte berücksichtigt.

9365-8 Ranke, Leopold von:
Über die Epochen der neueren Geschichte. Vorträge dem Könige Maximilian II. von Bayern gehalten. (1954)

Reprogr. Nachdr. 1982. VIII, 167 S. Paperback.

In den berühmten Vorlesungen, die Ranke im Jahre 1854 vor dem bayerischen König hielt, hat er den Versuch gemacht, in kurzem Abriß die historische Entwicklung von der ausgehenden Antike bis zur Mitte des 19. Jahrhunderts aufzuzeigen, von den Grundlagen des römischen Weltreiches bis zur „konstitutionellen Zeit".

7247-2 Siemann, Wolfram (Bearb.):
Restauration, Liberalismus und nationale Bewegung (1815–1870). (Quellenkunde, Bd. 4.)

1982. X, 225 S., kart.

Dieser Band bringt im ersten Teil die großen Aktenwerke der europäischen Regierungen für die Zeit von der Gründung des Deutschen Bundes 1815 bis zum Deutsch-Französischen Krieg 1870/1871. Der zweite Teil vereint die gesammelten Werke und Memoiren bedeutender Persönlichkeiten der Zeit von 1815 bis 1870.

6095-4 Skalweit, Stephan:
Der Beginn der Neuzeit. Epochengrenze und Epochenbegriff. (EdF, Bd. 178.)

1982. IX, 169 S., kart.

Es handelt sich um eine Untersuchung über die Epochengrenze zwischen Mittelalter und Neuzeit und eine kritische Würdigung älterer und neuerer Anschauungen dieses Periodisierungsproblems.

WISSENSCHAFTLICHE BUCHGESELLSCHAFT
Hindenburgstr. 40   D-6100 Darmstadt 11